WHAT I UNDERSTAND:
SHIP HANDLING THEORY

我所理解的船舶操纵

李志伟 著

哈尔滨出版社
HARBIN PUBLISHING HOUSE

图书在版编目（CIP）数据

我所理解的船舶操纵 / 李志伟著. -- 哈尔滨：哈尔滨出版社，2024.3
ISBN 978-7-5484-7678-8

Ⅰ.①我… Ⅱ.①李… Ⅲ.①船舶操纵 Ⅳ.①U675.9

中国国家版本馆 CIP 数据核字（2023）第 239748 号

书　　名：我所理解的船舶操纵
　　　　　WO SUO LIJIE DE CHUANBO CAOZONG

作　　者：李志伟　著
责任编辑：韩金华
封面设计：树上微出版

出版发行：哈尔滨出版社（Harbin Publishing House）
社　　址：哈尔滨市香坊区泰山路 82-9 号　邮编：150090
经　　销：全国新华书店
印　　刷：武汉市籍缘印刷厂
网　　址：www.hrbcbs.com
E-mail：hrbcbs@yeah.net
编辑版权热线：（0451）87900271　87900272
销售热线：（0451）87900202　87900203

开　本：880mm×1230mm　1/32　印张：11.75　字数：199 千字
版　次：2024 年 3 月第 1 版
印　次：2024 年 3 月第 1 次印刷
书　号：ISBN 978-7-5484-7678-8
定　价：68.00 元

凡购本社图书发现印装错误，请与本社印制部联系调换。
服务热线：（0451）87900279

序言

还记得自己多年以前第一次上船的感觉，尽管上船之前已经在学校积累了一定的理论知识，但到船上相当长的一段时间里还是对船舶操纵一无所知，后来开始渐渐领悟，也对船舶操纵越来越感兴趣，但很遗憾，船上热心的驾驶员只懂得传授避碰知识，不懂得传授操纵知识，以至于自己在三副和二副的职业生涯里，经常对船长或者引航员加减车操纵的时间点感到百思不得其解，再后来做到了大副和船长，自己有幸跟一些专业的引航师傅学习引航技术，才慢慢开始对为什么要这样操船形成自己的观点。

最近几年，自己也由外转内，在国内南北线做起自引自靠船舶的船长。当然，自己在工作之余一直没有忘掉引航师傅的一句话："记得把学到的东西与大家分享！"我想这应该是自己写本书的初衷。虽然如此，但有时候还会觉得自己任职船长的资历尚浅，如果把我个人关于船舶操纵的理解写出来，那么在资深船长面前可能就是班门弄斧。

　　但岁月不饶人，如果真的要等自己资历变深时再动笔写作，我就真的老了。更何况，国内还有不少养老船长或者体系船长，我想也应该为他们做点事，希望改变一下这种现状。

　　最后说一下，由于本人水平有限，不足之处在所难免，恳请多多包涵、指正！

李志伟
2020 年 3 月

目录

第 一 章　瞭望……………………………………001

第 二 章　船舶旋回性能…………………………023

第 三 章　船舶停船性能…………………………049

第 四 章　目测串视线……………………………095

第 五 章　船舶转心………………………………185

第 六 章　风浪流对船舶操纵的影响……………205

第 七 章　螺旋桨的致偏效应……………………245

第 八 章　舵的使用………………………………257

第 九 章　船舶用锚………………………………269

第 十 章　侧推器的运用…………………………297

第十一章　拖轮协助………………………………307

第十二章　港内掉头………………………………327

第十三章　靠离泊操纵……………………………345

第一章 瞭望

第一章 瞭望

你有没有发现,资深驾驶员与新手驾驶员在瞭望方面的区别?资深驾驶员通常只要短时间看看窗户外面,并参考一下雷达和电子海图,此时不管窗户外面船多船少,一般均能很快掌握局面。新手驾驶员的瞭望手法虽然也跟资深驾驶员差不多,但在船多的时候他经常会感觉不舒服,因为他会对如何采取避碰行动无从下手。如果说这种情况下新手驾驶员还在担心把船长叫上驾驶台会被认为是不合格的驾驶员,那么就会造成延误避碰时机的危险。

是不是每个新手驾驶员在刚进入职场时,或多或少都会经历如此不自信的阶段?一定程度上这种不自信正是源于新手驾驶员掌握瞭望知识碎片化并无法将碎片化

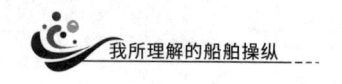

的知识统一起来。新手驾驶员要么太过依赖雷达瞭望，要么太过依赖视觉瞭望，虽然避碰规则讲过要用一切可用的手段进行瞭望，但新手驾驶员很难将各种瞭望手段统一起来。

一般远洋船舶都备有两部雷达，资深驾驶员知道视觉瞭望的局限性，当周围船多的时候，他会主动开启两部雷达瞭望，并自觉跟视觉瞭望对比，从而做到对物标一个不漏地瞭望。新手驾驶员虽然也在进行视觉瞭望，但更多时候他却依赖雷达瞭望。他可能忘了雷达盲区的存在，即本船烟囱或者船舶起重机会造成雷达天线扫描的死角；又或者忘了雷达很难探测到非铁质材料的物标，比如印度尼西亚或者菲律宾海域的一些木质渔船。这些木质渔船经常让新手驾驶员感到头疼，因为雷达探测不到这些物标时，新手驾驶员就无法利用自动雷达标绘仪（ARPA）的功能判断它们是否存在碰撞危险。另外在晚上的时候，这些木质渔船的通常做法是当有过往商船靠近时，船上人员就拿起手电筒朝过往商船闪一闪，而后又灭了。新手驾驶员在晚上如果只盯着雷达而没有注意到窗户外面的情况，后果可想而知。

新手驾驶员也可能太过依赖视觉瞭望，殊不知视觉瞭望也有很多弊端。比如在天气晴朗的白天里，驾驶员视觉瞭望的能见距离也就 10 海里左右，对于 10 海里外的物标，驾驶员则很难看清楚轮廓。再比如，在天气晴朗的夜间，假如说岸上背景灯光鲜艳华丽，而驾驶员只用视觉瞭望而不看雷达的话，就很难锁定物标的位置或者动态。不仅如此，如果说本船在岛屿间航行时，驾驶员只凭视觉瞭望将很难看到岛屿后面的物标。另外按照我个人的理解，在交通复杂的水域如果只依赖视觉瞭望，驾驶员正常情况下最多只能一次性处理3个物标。假如说有3个以上物标同时存在碰撞危险，驾驶员便会觉得大脑不够用，此时再不借助雷达或者船舶自动识别系统（AIS）等助航仪器瞭望，就有可能对其他物标是否也存在碰撞危险浑然不知。

这里顺便说一下，当需要对多个物标进行同一时间处理时，新手驾驶员即使借助雷达或者AIS也是很难同时记住多个物标的最近会遇时间（TCPA）与最近会遇距离（DCPA）的。资深驾驶员虽然也避不开人类记忆力无法瞬时记住多个数据这一弊端，但在同一时间处理多个物标时，资深驾驶员会有物标危险等级的概念，他会优先处理危险等级最高或者TCPA最短的物标。不光如此，资深驾驶员还会利用一切可用手段，帮助其记忆其他危险物标，比如利用雷达电子距标圈或者雷达电子方位线跟踪危险物标就比记住硬邦邦的TCPA与DCPA数据容易得多。新手驾驶员通常没有物标危险等级的概念，当物

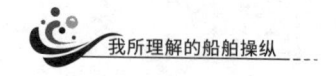

标越来越多时,他会感觉到处都是碰撞危险以致不知如何处理。

说到TCPA与DCPA,我们顺便讨论一下雷达对水运动模式与对地运动模式的区别。这边假设两种雷达模式均采用真北向上显示方式。当驾驶员设置雷达为对水运动模式时,雷达屏幕上将显示本船和他船同时对水运动,驾驶员利用ARPA得到他船的数据是以本船的电罗经航向和计程仪航速作为参数,因为能够排除水流的影响,本船雷达上显示他船的速度矢量线方向(又称雷达真矢量)也比较符合他船的实际船首航向。我们再看一下雷达对地运动模式的情况。雷达屏幕上将显示本船和他船同时对地运动,但驾驶员利用ARPA得到他船的数据是以本船的GPS对地航向和对地速度作为参数,这样就无法排除水流的影响,本船雷达上显示他船的速度矢量线方向必然与他船的实际船首航向存在一定误差。不知驾驶员会不会觉得这种误差属于小误差,因此无足轻重?举个例子:本船与他船在同一航线上对驶,水流影响本船右舷、他船左舷;双方驾驶员为保证各自船舶行驶在航线上,本船需要向右适当偏离航线、他船需要向左适当偏离航线才行。这样两船相互驶近致有碰撞危险时,本船驾驶员用视觉看到他船就会认为两船处于交叉相遇局面;同样,当雷达设置成对水运动模式时,速度

第一章　瞭望

矢量线方向也会显示两船为交叉相遇局面。但雷达设置成对地运动模式时，速度矢量线方向很可能会认为两船处于对遇局面。很明显，驾驶员用眼睛观察到的两船会遇态势与雷达对水运动模式下两船的会遇态势更符合。正是如此，国际海事组织（IMO）才建议当用雷达ARPA执行船舶碰避行动时，驾驶员应使用对水运动模式，而不是对地运动模式。

虽然有IMO的建议，笔者还是建议采用雷达对地运动模式。首先，雷达对地运动模式下，驾驶员可以利用雷达船首线的帮助，清楚他船在本船的哪一舷侧，从而有助于判断构成碰撞危险时两船的会遇态势。假如说驾驶员想让雷达物标图像更加直观，还可以采取船首向上显示方式。其次，如果我们比较一下对水运动模式与对地运动模式下的雷达速度矢量线方向，就会发现对地运动模式下雷达速度矢量线方向经常与船首线分开，这有助于驾驶员判断本船的实际航迹向（即对地航向），特别是在狭水道或者航道内更可以帮助驾驶员导航。驾驶员不要小瞧雷达速度矢量线的作用，有这么一个案例，在新加坡DG7，××船在引航员下去之后便计划穿越通航分道东行，但当时西行船舶流量特别大，船长于是采取减速停车措施以避让沿通航分道行驶的西行船舶。船长这一停船操纵非常不幸，××船不知不觉漂到右边的

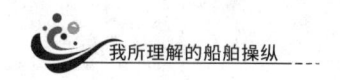

一处浅滩去了。这个案例中船长可能是把雷达设置成对水运动模式了，从而对本船的实际航迹向浑然不知？第三，驾驶员采用雷达对地运动模式加上尾迹跟踪的方式容易分辨出他船的动态，此时他船不管静止还是运动，驾驶员可以通过雷达上的他船是否显示尾迹做出判断；而驾驶员如果采用雷达对水运动模式加上尾迹跟踪的方式，即使是锚泊船也会显示出相当的尾迹，这将不利于驾驶员区分静止或者运动物标。

驾驶员可以看出上述雷达对地运动模式的诸多好处。虽然如此，我们也不能否认雷达对水运动模式，毕竟IMO建议有它的道理，而且相当部分的驾驶员还是习惯使用雷达对水运动模式。针对这种情况，驾驶员在交接班时一定要清楚雷达是如何设置的，曾差点出这么一个事故，××集装箱船大副刚接班二副，因为二副的班都是使用雷达对地运动模式，而大副喜欢雷达对水运动模式，但大副刚接班时忘了把雷达设置成自己喜欢的模式，以致××集装箱船与他船构成碰撞危险时，大副采取了与他船不协调的行动，导致两船紧迫局面发生。幸好大副很快反应过来，并及时纠正错误，从而避免事态进一步恶化。那么，雷达到底哪种模式比较好呢？驾驶员在大洋航行时最好采用雷达对水运动模式；而在沿岸或者港内航行时最好采用雷达对地运动模式。这主要

第一章 瞭望

考虑到本船在沿岸或者港内航行时，船舶交通情况会比较复杂，驾驶员采用对地运动模式能够更好掌握各种船舶的动态。有的驾驶员可能会说，很多船舶管理公司在SMS（安全管理体系）体系文件中规定驾驶员避碰时一定要采用对水运动模式，而不区分本船在哪里航行。船舶管理公司这样规定只是为了规避法律风险，但本船在沿岸或者港内航行时，驾驶员不光要考虑船舶之间的避碰，还要考虑各种船舶的动态，以及本船是否存在搁浅或者触礁的危险，等等，所以说驾驶员只采用雷达对水运动模式是远远不够的。

　　我们继续讨论TCPA与DCPA。驾驶员需要注意，不管雷达是对水运动模式还是对地运动模式，ARPA计算出的TCPA与DCPA数值同实际比较，还是会有一定的误差，并且这种误差无法消除。首先，ARPA是把本船和他船当成点的形式进行计算，而没有考虑双方船舶实际的长度和宽度。比如ARPA显示他船直角横穿本船船首时的DCPA为0.5海里，如果本船是长度为360米的大集装箱船，在扣除本船的船长和他船的一半船宽之后，实际DCPA应不足0.3海里。其次，ARPA从电罗经和计程仪或者GPS得到的原始数据本身也有一定的误差，这样ARPA将不可避免计算结果出现误差。第三，ARPA的计算结果显示有一定的滞后性，这点驾驶员应该很清楚，

009

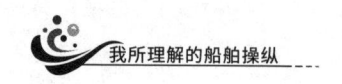

在雷达上使用 ARPA 捕捉他船的时候，通常需要等待一定的时间才能显示计算结果。另外，即使 ARPA 计算结果显示在雷达屏幕上，但如果本船或者他船的航向和（或）航速突然发生改变，计算结果又将变得不准确，而新的计算结果显示还是会有一定时间的延迟。第四，在用 ARPA 计算 TCPA 与 DCPA 时，本船与他船的流场（即水文环境）可能不一致，这也会导致计算结果有误差。

虽然 ARPA 计算得出的 TCPA 与 DCPA 数值存在以上误差，但驾驶员应该感到庆幸，因为总体误差值在可控范围内。在雷达性能标准里，IMO 规定：DCPA 数值的误差不能超过正负 0.3 海里。我们以这个误差值作为评判标准，如果说 ARPA 计算出的 DCPA 数值比误差值大很多，那么可信度就很高，这也是驾驶员能够依赖 DCPA 数值作为判断本船能否清爽他船的依据。但如果 ARPA 计算出的 DCPA 数值不超过 0.3 海里，此时驾驶员还继续依赖 DCPA 数值就有可能导致碰撞危险的发生。笔者自己还是远洋船上大副的时候，对此就深有感触。当时是在新加坡海峡，本船（长度 185 米，船速 10 节）近距离追越左舷他船（长度 240 米，船速 9 节）。船长担心航向偏右，在风流影响下可能会偏离出航道外面，所以在本船与他船并排行驶时，就要求本船向左微调航向。但笔者观察到他船舷角方位朝后变化较慢，就跟船长建

第一章 瞭望

议暂时不要向左微调。然而胳膊拧不过大腿，船长坚持向左微调航向，笔者也只能服从船长的命令。就在笔者向左微调航向后，他船的舷角方位突然不发生变化，笔者立马意识到两船存在碰撞危险，但本船雷达仍然显示他船DCPA为0.2海里。笔者跟船长申明他船的舷角方位不变，两船之间可能会发生船吸作用，船长才同意重新向右更改航向。在写这一段亲身经历时，笔者认为自己当时与船长主要存在三点分歧：首先，在追越左舷他船时，曾建议船长适当提高船速，等追越完成后再减速；但船长不同意，他说不愿意在新加坡海峡冒险。但笔者确信本船追越左舷他船后，前方仍然有足够水域空间行驶，因为当时本船距离前面其他同向行驶的船舶还有大概2海里的距离。其次，船长当时没有意识到左舷他船的舷角方位变化太慢的问题，在本船还没有真正驶过让清时，船长可能更依赖ARPA上的DCPA数据进行判断。第三，当时危险等级最高的物标与船长的想法有所差别。本船航向没发生改变之前，雷达速度矢量线方向在船首线的右边，矢量线的箭头终端之外的右侧存在浅滩。本船当时雷达速度矢量线时间设置值为15分钟，那么本船到达浅滩水域也要在15分钟之后，在这一时间里务必优先处理左舷他船舷角方位变化慢的问题，但船长却根据DCPA判断他船已不存在碰撞危险，于是就想

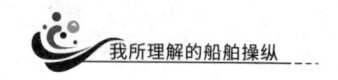

处理本船向右前方浅滩行驶的问题。写到这里，不知驾驶员会不会存在这样一个问题，当他船 DCPA 小于 0.3 海里时，该如何判断是不是存在碰撞危险？要真是这样子，驾驶员则太过依赖 ARPA 上的 DCPA 数据了。避碰规则讲过，在判断是否存在碰撞危险时，驾驶员必须以罗经方位法作为判断的依据。笔者也将在以后的章节介绍目测串视线知识，讨论如何利用目测串视线判断碰撞危险。

就船舶操纵实践而言，我们经常面临水域空间受限的问题。比如，什么才是狭水道？每个驾驶员的认识都是不同的，当航道宽度不超过 2 倍船长距离时就应认为是狭水道，驾驶员在这样的水域内最好备车航行。在航道宽度一定的前提下，假如说本船与他船的船宽之和达到航道宽度的 1/4，驾驶员除了备车航行外，还得避免在航道内追越他船或者在转向点附近会船；另外，当本船船宽达到航道宽度的 1/2 时，这是单船能够在航道中行驶的极限。经常在航道行驶的驾驶员应该清楚，单船船宽如果超过航道宽度的 1/4 时，交管一般就会对航道采取单向管制措施。不知驾驶员会不会觉得要求有点高？毕竟对于大部分驾驶员来说，当航道宽度小于 4～5 倍的船长距离时，在航道内行驶就难免会有紧张的感觉，他们也许认为这就是狭水道。当然，不管怎么认为都没有错，驾驶员只有对本船与航道宽度的关系有清醒

第一章 瞭望

的认识，才会明白哪些航道可以走，哪些航道不能走。

资深驾驶员深知AIS对瞭望的重要性。当电子海图屏幕布满其他船舶的AIS符号时，资深驾驶员能够分清楚哪些是运动物标，哪些是静止物标，哪些物标存在碰撞危险，等等。资深驾驶员不会像新手驾驶员一样认为AIS物标丢失了就丢失了，不管不顾。资深驾驶员看到附近锚泊船的AIS符号时，他会从锚泊船的AIS符号方向判断风流影响方向，这将为本船挂高船位行驶提供依据。关于如何挂高船位，将在以后的章节具体介绍。AIS对驾驶员瞭望的重要性无与伦比，随便举几个例子，比如，本船即将抛锚，驾驶员就可以在抛锚之前读取相邻锚泊船的船舶尺寸信息以更好确认本船的抛锚位置，驾驶员肯定不希望抛锚时太过靠近比本船尺寸大很多的其他锚泊船；再比如，本船过弯道水域前，驾驶员通常会查看弯道水域后面是否存在其他船舶的AIS符号，这将弥补本船雷达天线扫描时因受居间障碍物影响，不能及时发现弯道水域后面物标的不足；又比如，在交通复杂的水域，驾驶员可以通过查看他船的目的港信息，掌握他船大概行驶方向，从而对如何采取避碰行动提供参考建议。AIS虽然好用，但也有局限性。比如AIS一般只能提供30海里以内的船舶信息，而无法提供30海里以外的船舶信息。针对这种情况，假如说船上网络信号

013

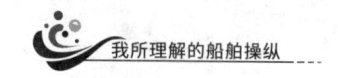

发达，驾驶员还可以利用船讯网查看 AIS 无法提供的服务。我们举一下例子，本船靠泊之前，驾驶员通过船讯网很容易提前知道泊位是否清爽；另外，假如说本船要去一个陌生的港口，驾驶员不清楚进港航线的话，就可以利用船讯网调出泊位附近其他船舶的航行轨迹作为进港航线的参考。

　　资深驾驶员懂得把握用甚高频无线通信系统（VHF）联系他船的时间点。新手驾驶员对这个时间点把握没那么好，要么太早呼叫他船，要么太晚呼叫他船。在交通复杂的水域如果太早用甚高频无线通信系统（VHF）联系他船，他船可能就难以判断到底是哪艘船在呼叫，又或者他船可能认为时间太早不好判断两船的会遇局势，干脆不予理睬；同样，在交通复杂的水域如果太晚用甚高频无线通信系统（VHF）联系他船，两船可能产生不协调的行动，新手驾驶员也会非常被动。资深驾驶员在用甚高频无线通信系统（VHF）联系他船之前，一般都会确保本船有两个避免碰撞危险的计划。具体来讲，第一个计划是希望通过甚高频无线通信系统（VHF）呼叫之后，他船能够及时配合本船行动以避免碰撞危险；第二个计划是万一他船不配合行动时，本船也能够采取其他措施以避免碰撞危险。当然，资深驾驶员为保证用甚高频无线通信系统（VHF）联系他船的时间点恰到好处，更主要考虑第二个计划能否刚好顺利执行。比如本船在航道内欲追越他船，资深驾驶员一般都会考虑两船距离是否刚好足够进行正常制动操纵才会用甚高频无线通信系统（VHF）联系他船。资深驾驶员的这种做法，就是为防止他船如果不同意协调避让时，本船也有足够的水域空间进行正常制动操纵。关于驾驶员正常制动操纵所需的足够水域空间，将在以后章节具体介绍本船的制动冲程。这里提前说一下两船在不同会遇态势时，驾驶员用甚高频无线通信系统（VHF）联系他船最佳时机的距离：
1. 对追越局面中的追越船来说，驾驶员距离他船及雷达速度矢量线至少还有L_1长度值（适用于狭水道或者航道内）或者旋回圈进距（适用于宽阔水域）时；2. 对追越局面中的被追越船或者两船大角度交叉相遇局面中的任意一船来说，驾驶员距离他船至少还有2倍旋回圈进距时；3. 对两船对遇或者小角度交叉相遇局面的任意一船来说，当驾驶员距离碰撞危险区域至少还有雷达速度矢量线L_2长度值或者2倍旋回圈进距时（取两者中的大值）。

  资深驾驶员在长期的视觉瞭望中，会注重培养自己的视觉距离意识。资深驾驶员通过视觉瞭望就能判断距离前面物标还有多少海里，当然这个距离判断不需要准确无误，但资深驾驶员的判断一定不会偏差太多。资深驾驶员正是通过对物标距离的视觉判断，才知道本船是否来得及转向或者制动避让,这些都源于他平时对视觉距离意识一点一点的积累。那么,新手驾驶员该如何锻炼这种视觉距离意识?大概只有经常比较目测距离与雷达距离,才能慢慢形成自己的视觉距离意识。有些驾驶员很聪明,他会根据物标大概在桅杆上的哪个位置判断距离,这与他平时的日积月累是分不开的。写到这里,可能也有驾驶员不屑一顾,认为锻炼视觉距离意识有什么用?驾驶员如果平常不注重这些细节的培养,时间长了就会与资深驾驶员的差距越拉越大。我们举个例子,同样是在狭窄水域内掉头转向,有些驾驶员敢做,有些驾驶员就不敢做。敢做的驾驶员在掉头转向过程中肯定知道船首及船尾的大概水线位置,而不敢做的驾驶员就没有这方面的视觉距离意识了。

去年有幸读了《驾驶台资源管理》一书,书中介绍了视觉判断到他船距离的方法。这些方法非常实用,现把书中的目测经验给大家分享一下。白天时,如果能够目测到他船的水线时,此时大概距离他船为 4 海里;如果能够目测到他船水线上的浪花时,此时大概距离他船为 2 海里;如果能够目测到他船螺旋桨的排出流痕迹时,则大概距离他船为 1 海里。夜间时,如果能够偶尔看到他船的窗户灯光时,此时大概距离他船为 4 海里;如果能够看清他船的每个窗户灯光时,此时大概距离他

第一章 瞭望

船为2海里;如果能够看到他船的灯光呈十字形散开时,则大概距离他船为1海里。非常感谢该书作者,他的目测经验让我对夜间如何视觉判断本船到装有高强度白光渔船的距离有了灵感。笔者曾经很忌讳这种高强度白光渔船,原因有两点:首先,渔船的高强度白光让人第一感觉距离很近;其次,会让人担心雷达会探测不到渔船。正因为这样,原来每次都假设高强度白光渔船距离本船很近,可是每次都很失望。但在读了该书之后,夜间尝试观察渔船的高强度白光投射到水面上的亮度,真是太神奇了,当能够看到高强度白光映照在水面呈泛白颜色时,表示此时雷达测量到渔船距离也就1海里左右。写到这里,讲一下上个月有艘船出的一个事故,驾驶员夜间当班,当时周围有很多捕鱿鱼的渔船(高强度白光渔船),大副便认为它们距离很近,于是把瞭望精力都放在这些捕鱿鱼的渔船上面,以致忽视了从左边驶近的起锚艇。很可惜,双方驾驶员都没有意识到两船存在碰撞危险,起锚艇最后把这艘船的船首撞了个洞。如果驾驶员当时懂得视觉判断高强度白光渔船的距离,就不会把瞭望精力集中在这些捕鱿鱼的渔船上面了。

为什么目测距离如此重要?我们知道时间等于距离除以速度。两船距离的远近,在相对速度不变的前提下,决定了驾驶员能有多少时间进行避让。驾驶员视觉判断

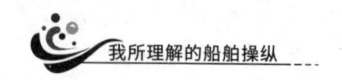

距离相较于雷达测距，在时间成本上更有优势，驾驶员将有更多的时间采取避碰措施，特别是在两船近距离时更能体现出这种优势。驾驶员想成为一名优秀的船长或者引航员，除了上述提到的内容之外，还得对一些常用距离的水线位置熟悉才行。具体如下：15倍船长距离的水线位置，意味着驾驶员海上航行时紧急倒车的下限；2倍旋回圈进距的水线位置，意味着本船正常转向避让前方他船时的下限；1倍旋回圈进距的水线位置，意味着本船紧急转向避让前方他船时的下限；2倍船长距离的水线位置，意味着船首盲区距离的开始；船首及船尾的水线位置，意味着本船港内掉头时能否清爽危险物标。

  瞭望的目的不仅是对两船碰撞危险的局面评估，还在于对各种潜在危险的局面评估。避碰规则要求驾驶员必须利用一切可用手段进行瞭望，那么，还有哪些助航仪器能够有助于瞭望？电子海图的出现可以说是雷达和AIS之后所有助航仪器中最具革命性的创新，哪怕最优秀的驾驶员也不能视而不见。在没有电子海图的年代，经常有驾驶员把浮标A误认为是浮标B，从而过早或者过晚转向，导致搁浅事故的发生，电子海图的重要性不言而喻。为什么这样说呢？驾驶员通过电子海图，就可以迅速了解本船所在位置的水深，以及本船所在位置到陆地、浅滩、障碍物、助航设施等物标的距离，这对船位是否安全极其重要。虽然现在很多远洋船舶都配备IMO认可的正规电子海图，但管理公司仍然要求驾驶员在交通复杂的水域频繁定位。然而，这种做法是很不合时宜的。比如马六甲海峡，船长一般都不上驾驶台，那么驾驶员又是瞭望，又是定位，有时真的会手忙脚乱。在没有电子海图的年代，曾有一艘超大型油轮（VLCC）在马六甲海峡通往印度洋的出海口附近发生搁浅，当时就是因为驾驶员在海图室里忙着定位，而把更重要的瞭望晾在一边。

我们继续讨论电子海图。上文说到船位安全，如果驾驶员想让船位绝对安全，还得主动掌握电子海图中各种跟船位有关的安全和警告信息才行。比如，本船需要抛锚时，驾驶员就不能把跟抛锚作业有关系的海底电缆、管道、隧道、障碍物、禁锚区等海图信息过滤掉，否则就会像××船一样，抛锚时的锚爪凑巧抓到了海底电缆，造成起锚时锚机负荷太大。驾驶员没有这方面经验，继续绞锚，最终海底电缆断了，经济损失可想而知。再比如，禁航区通常具有一定的政治、经济、军事或者环境功能，假如说驾驶员不知道军事禁航区的存在而驶入，本船就有被当作靶打目标的风险。这里再说一下，电子海图虽然很强大，但不是所有跟船位有关的安全和警告信息都能通过电子海图显示出来，比如广东河

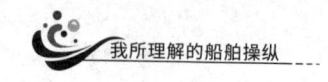

道水域的大桥星罗棋布，电子海图通常只会显示这些大桥的净空高度信息，而不显示通航桥孔宽度信息，如果说稍微大一点的船舶进入广东河道水域行驶，当遇到通航跨度较小的桥孔时就会非常尴尬。再比如，港口定线制水域的规章制度一般也不会通过电子海图显示出来，假如说驾驶员不从其他资料查找这些相关信息，而随意进入分隔带、沿岸通航水域，或者不按限速规定行驶、警戒区或者航道随意追越，等等，就要面临扣分扣证书的处罚。

　　有的驾驶员可能会说，IMO认可的正规电子海图一般都具备航线绘制功能，如果让机器自动绘制航线，出错率会不会小一些？机器绘制的航线并不一定是最佳航线，毕竟机器考虑的是最短航程航线但不一定适合本船。针对这种情况，资深驾驶员总会对机器绘制的航线进行各种考虑各种修改，比如上海至宁德的航线，在充分考虑渔船渔网的前提下，资深驾驶员会选择浮鹰岛东面的推荐内航路而不是机器绘制浮鹰岛西面的小安水道。如果我们更进一步，假如说同样是浮鹰岛周围的可航水域，当本船尺寸足够大时，资深驾驶员更会将计划航线修改至东面更远的开阔水域以避开推荐内航路行驶的小型船舶。当资深驾驶员修改航线后，他也会开启航线自检功能，以保证计划航线确实安全可行。这里既然提到计划航线，现在很多管理公司都会要求船舶开航前举行会议，这种做法非常有必要。驾驶员可以讨论计划航线上可能出现的各种状况，从而做到集思广益并有的放矢。比如计划航线经过警戒区时，驾驶员通过讨论其他船舶可能在同一警戒区内的不同航法，就可以预先判断各种会遇局面，从而谨慎处理。积极的沟通有助于航行安全，××轮船长如果事先告知引航员螺旋桨部分露出水面，引航员关于"集装箱船都是操纵性能良好"根深蒂固的思想就会得到改变，那么操纵船舶也不敢麻痹大意，2020年初韩国釜山港大型集装箱船撞击岸吊的事件也就不可能发生。

  驾驶员可以依靠电子海图，但绝不能依赖电子海图。还记得几年前厦门港出口航道附近××集装箱船搁浅的事，如果当时电子海图能够显示九折礁水域南边有临时倾倒区的话，船长可能就不会把船开进临时倾倒区水域了。当然，这起事故是否存在其他可能，比如驾驶员把电子海图关于永久性或者临时性通告信息过滤掉，造成船长无法及时读取跟临时倾倒区有关的信息？个中原因不予猜测。显然，电子海图功能的确很强大，每一位驾驶员都应该熟练掌握该设备的操作，否则只依赖船上二副对电子海图进行维护管理，就有可能因为其他驾驶员误操作导致安全事故发生。

第二章 船舶旋回性能

第二章　船舶旋回性能

作为船员，如果想去一家知名的大公司应聘船长职务，面试官通常会直接拒绝应聘请求，理由是最近几年没有相应的大公司经历。面试官的这种做法非常不妥，这就好比国内引航站招聘引航员一样，引航员首先必须具备本科学历，这种一刀切的做法直接把国内很多优秀的丙类船长排除在门槛之外。众所周知，现在国内南北线很多船长都能够自引自靠，论技术真的一点不比远洋船长差，而且他们不需要依靠拖轮或者艏侧推器的靠离泊方法肯定对船舶操纵有更深层次的理解。前阵子笔者亲眼见过引航员操纵一艘400米的大型集装箱船右舷离泊，当时4～5级吹拢风，船尾来流但不急。引航员请了4艘拖轮，采取开尾离泊掉头方式。当船尾甩至与码

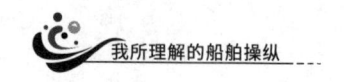

头呈70°～80°时，此时大型集装箱船依旧微速后退，但引航员还是这样配置拖轮：一艘左舷船首顶推，两艘左舷船尾拖曳，一艘右舷船尾顶推。但大型集装箱船掉头转向还是非常缓慢，引航员也没有尝试改变拖轮协助方式，就这样大型集装箱船把码头泊位的前后水域空间占据了好久，我们船没法靠泊。大型集装箱船微速后退时，转心将在距离船尾大概1/4的船长位置，船尾拖轮难以发挥作用，再说右舷来流也不利于大型集装箱船继续向右掉头转向。假如说这种情况下引航员换个思路就好了，即至少把3艘拖轮改为配置在左舷船首顶推，如此一来，不信大型集装箱船不好掉头。

其实不管什么样的船舶，都必须满足IMO关于船舶性能的规范要求。所以，不要把尺寸大的船跟尺寸小的船区分开，不要把双车双舵船跟单车单舵船区分开，不要把前驾驶船跟后驾驶船区分开。我想只要是避碰规则中所称呼的船舶，驾驶员就可以根据马斯克的"第一性原理"，即从IMO关于船舶性能的规范要求了解船舶的操纵性能。本章将主要介绍船舶的旋回性能。

我们首先了解一下IMO对旋回圈进距的规范要求。简单说一下，旋回圈进距不能超过4.5倍的船长距离。那么，这个信息是不是告诉我们，如果正前方4.5倍的船长距离有一整片陆地的话，驾驶员是不是满舵旋回操纵就能避开了？答案要是这么简单就好了。船舶操纵实践中，驾驶员必须考虑影响本船旋回圈的方方面面：首先，IMO规定的旋回圈进距是航向变化90°时重心的纵向移动距离，但驾驶员不能把本船的移动只当成一个重心的移动，还得考虑船长和船宽。其次，在航向变化90°时，本船重心的线速度并不与首尾中心线（旋回圈切线）呈重合状态，而是存在一个漂角，那么漂角的存在势必使本船再往外移一小段距离才会往里转，这点从驾驶台旋回圈图即可看出。第三，IMO规范要求必须满载全速满舵试验得到旋回圈数据，试问驾驶员又有几个敢进行这样的旋回操纵。就船舶操纵实践而言，本船全速满舵很容易产生横倾，造成货物移动；同时辅机负荷也会变大，形成失电风险。第四，IMO进行这样的操纵性试验需有一定的风流场和水深前提条件，而本船实际的风流场可能达不到IMO的规范要求。第五，哪怕4.5倍的船长距离能够避开陆地或者他船，驾驶员还得考虑岸壁或者船间效应的影响。本船全速从陆地或者他船的旁边驶过时，驾驶员应保持不低于2倍船长距离才能抵消这种影响。

综合以上考虑，笔者认为在船舶操纵实践中，假如说正前方4.5倍的船长距离有一整片陆地的话，任何一个优秀的驾驶员都会觉得这样的水域空间本船难以全速

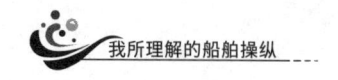

满舵旋回避开。有的驾驶员可能会说，紧急情况可能就没想那么多了，万一成功了呢？笔者从来没有过试航经验，但一直认为驾驶台张贴的操纵性能表数据属于驾驶员紧急操纵时的数据，假如说驾驶员全速满舵旋回能够避开的话，本船距离陆地也是非常接近的。驾驶员可能继续说，本船可以在宽阔的水域空间试验一下。然而，笔者比较倾向于舒舒服服进行船舶操纵，举个例子，假如说用10°舵角就能够让本船安全旋回转向，就不会考虑用20°舵角。这种舒舒服服的船舶操纵既不会明显产生横倾，又不会增加辅机负荷，所以在本书中也将这种船舶操纵称为正常操纵。有些船长很会来事，他们认为这种船舶操纵既可以享受喝咖啡，又可以享受操纵船舶，可以说是一举两得。旋回圈进距的数值因船舶而异，本书中也没有对船舶种类进行细分，所以如果没有特别交代，本书中所有的操纵数据都是以IMO规定的最大数值写的，比如本船的旋回圈进距为4.5倍的船长距离。

  正常操纵所需要的水域空间与紧急操纵所需要的水域空间的比值有一种固定的关系，即2比1的倍数关系。对于这样的一个比例关系，驾驶员应该不会有疑问吧，毕竟正常旋回操纵时，驾驶员都需要考虑到影响旋回圈的方方面面。驾驶员如果想知道正常旋回操纵所需要的水域空间，就可以把驾驶台张贴的紧急操纵数据乘以2，

第二章 船舶旋回性能

从而得到正常操纵数据，即驾驶员正常操纵所需要的水域空间。我们举个例子，假如说驾驶员需要进行90°旋回操纵，如果驾驶台张贴的旋回圈进距是3.5倍的船长距离，那么驾驶员正常旋回操纵时，就得确保本船到正前方一整片陆地有7倍船长距离作为正常旋回操纵所需要的水域空间。驾驶员在这个距离时进行90°旋回操纵，在考虑影响旋回圈的方方面面之后，本船还是会有一定的安全余量。有的驾驶员可能会说，这里面会不会存在问题，因为船速越高，满舵旋回时横倾越厉害。驾驶员这样的考虑还是很有安全意识的。驾驶员最好在满舵旋回前把海速降为港速再进行满舵旋回操纵。驾驶员可能继续说，船速降低后如果舵效变差怎么办？正常港内前进四行驶时的速度也有10～12节，本船满舵时的舵效还是挺好的。假如说舵效很差的话，驾驶员还是可以再加车提高舵效。这种旋回操纵方式将进一步降低旋回圈。写到这里，可能也有驾驶员认为不降低船速，但降低舵角也是可以的。虽然降低舵角虽然能够减轻横倾幅度，但舵角的减小却又增大旋回圈。至于增加多少，笔者无法告知答案。如果驾驶员既想保持速度，又想降低舵角，笔者认为正常旋回90°所需要的水域空间就得超过2倍旋回圈进距。

本章的标题叫作船舶旋回性能，我们将重点讨论驾

029

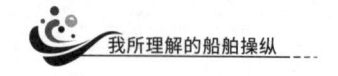

驶员在旋回操纵 90°的过程中，本船是如何运动的。

船舶操纵中提到，旋回过程分为三个阶段：转舵初始阶段，过渡阶段，稳定旋回阶段。首先介绍一下转舵初始阶段。转舵初始阶段的特点是"尾离首不离"，即船尾离开初始航线，但船首不离开初始航线。针对转舵初始阶段这一特点，IMO 有如下规定：操 10°舵角，本船必须满足在不大于 2.5 倍船长距离内至少航向改变 10°的要求，即本船的初始转向能力要求。现在船舶操纵性能好，基本都能在 1～2 倍的船长距离内满足这一要求。在本书中，为了能够将初始转向能力与船首盲区距离联系起来，便认为驾驶员操 10°舵角时，本船就能够在 2 倍的船长距离内满足至少转向 10°的要求。不知驾驶员会不会认为初始舵角越大，本船在 2 倍船长距离内改变航向的幅度越大？如果驾驶员这样认为，可能就没有真正领悟转舵初始阶段的特点。虽然舵角不同将造成旋回圈大小不一样，但在转舵初始阶段，驾驶员无论操什么舵角，旋回圈轨迹都会与初始航向基本吻合。

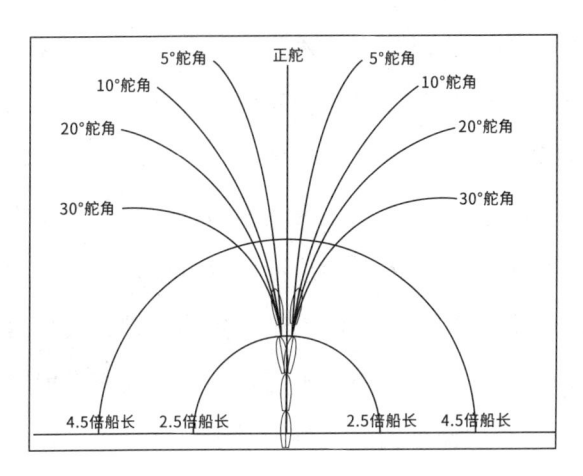

图 2-1 不同舵角与旋回圈形状的关系图

驾驶员如果仔细观察，这一段重合距离大约是 2 倍的船长；另外，本船行驶这一段距离时转心位置基本在初始航向上。通常我们假设前进时转心在距离船首之后的大概 1/4 船长位置，这是什么概念？如果以一艘长度 300 米的大型船舶为例子，那么在转舵初始阶段，船首将偏离 $300×1/4×Sin10°=13$（米）。计算结果告诉我们，驾驶员在转舵初始阶段无论用多少舵角，船首只能偏离原航线 13 米，如果我们再考虑 300 米大船的实际船宽时，驾驶员真的无法避让进入正前方船首盲区以内的物标。有的驾驶员可能会说，为什么很多时候本船近距离接近浮标时还是能够避得开？这样的问题多少有点偷换概念，因为船舶操纵实践中，哪怕浮标距离再近，驾驶

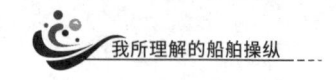

员是都不会允许浮标进入本船正前方的船首盲区。驾驶员应该要表达的是如果浮标比较靠近本船舷侧，那么驾驶员只要等浮标接近转心位置时，再对浮标转向就可以拉开本船与浮标的距离。我们再举个例子，船舶操纵中提到过人员落水时的各种旋回操纵方法，驾驶员朝落水人员一侧满舵转向，目的也是避免船尾螺旋桨把落水人员吸进去，这个例子中落水人员位置也没有在船首盲区以内。就船舶操纵实践而言，对于浮标或者漂浮物类的海上小物标，驾驶员只有不让其进入正前方船首盲区才能避免发生碰撞。假如说更大的物标就不好说了，就像上述例子中如果是宽度超过13米的物标在船首盲区附近，300米大船的驾驶员在转舵初始阶段就很难避得开。

过渡阶段的特点是"首离尾不离"，即船首离开初始航向，但船尾还未离开初始航向。我们在分析驾驶台旋回圈图的时候，这一阶段发生于驾驶员做旋回操纵时重心移动的第2～3倍船长距离之时；如果驾驶员再看不同舵角与旋回圈形状的关系图，这一阶段就能够慢慢分辨出各个旋回圈形状。在过渡阶段，驾驶员会明显感觉到船首偏转幅度加快了。我们可以总结规律：初始舵角越大，在过渡阶段船首偏转的幅度越大，旋回圈也会越小。有的驾驶员可能会说，假设正前方3倍的船长距离有一物标，是否意味着初始舵角越大，船尾就越能甩得开？答案是否定的。前面讲过，通常我们假设本船前进时转心在距离船首之后的大概 1/4 船长位置，如果船首航向改变得越快，那么按照船尾的转向速率将为船首的 3 倍计算，此时船尾偏离原航向的距离越多，船尾越需要时间离开初始航向。本船可能因为船尾过度偏转导致船尾发生碰撞；反过来，如果船首航向改变得越慢，船尾变化幅度也会相对缓和，此时船尾偏离原航向的距离虽然不算多，但船尾需要行驶更长距离才能离开初始航向。本船同样也会有船尾发生碰撞的危险。关于上述内容，驾驶员从不同舵角与旋回圈形状的关系图也可以看出，驾驶员在过渡阶段虽然能开始分清不同舵角产生的各个旋回圈，但各个旋回圈的轨迹在这一阶段的间距也还是比较紧凑的。这说明对于正前方 3 倍船长距离的物标，驾驶员无论操什么样的舵角，船尾都是会有碰撞危险。

虽然如此，对于正前方 3 倍船长距离的物标，取决于物标的大小，驾驶员还是有机会避免本船与物标发生碰撞的，但前提是这个物标不能太大，否则就没有意义了。举个例子，现有一艘小船在大船的船首盲区以外而且距离较近时（假设两船的距离为 3 倍的大船长度），大船驾驶员如果只操同一方向的舵角，那么根据过渡阶段的特点，大船的船尾将很难避开小船，但大船驾驶员如

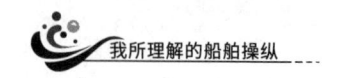

果能够结合初始阶段的特点一起考虑，先转舵让船首盲区避开小船，等小船靠近大船的转心位置时，大船驾驶员再操反舵角，从而让大船船尾也能够避开小船。这种操纵方法即驾驶员平常所说的"先摆首，再摆尾"。当然，这种操纵方法能否成功主要取决于驾驶员如何用舵。且不说不同船舶产生舵效的快慢程度不一样，驾驶员在操反舵角之后，本船并不会立即反向更改航向，而是会继续向初始转舵方向增加一定度数后才会反向更改航向。笔者认为这种现象就是物理学讲的"惯性"，但船舶操纵里有个好听的名字，叫作航向超越角。这里顺便说一下，IMO有专门针对航向超越角的规定，可见航向超越角很重要。按照笔者的经验，驾驶员在操舵后发现船首偏转很快时，如要想迅速抑制这种"惯性"，那么操反舵的度数就不能低于原来舵角的度数才行。这边更进一步，驾驶员在发现船首偏转速率慢下来以后，如果不想让本船反向偏转，那么回舵速度也要快，否则船首将很快朝另外一个方向偏转。转向操纵后的把定航向就是这么做的。

同样上述问题，驾驶员什么时间操舵及什么时间操反舵角，才能避开正前方3倍船长距离的物标？什么时间操舵比较好理解，近距离避开此类物标，当然是越早操舵越好。至于用多少舵角才会产生舵效，我想主要取决于当时船速的快慢。船速越快,需要转舵的角度越小。在本书中,当船速为15节以上时,正常需要不超过5°的舵角即可有效转向;当船速为10～15节时,需要用5°～10°的舵角才能有效转向;当船速为5～10节时,需要用10°～15°舵角才能有效转向;当船速为5节以下时,则需要15°以上舵角才能有效转向。如果说驾驶台装有回转速率仪表盘,驾驶员便可以依据上述船速的快慢操适当的舵角,将本船的回转速率控制在15°/分钟左右。这个回转速率既不会太快,也不会太慢,而且驾驶员在操反舵角时,也容易对这个回转速率产生的航向超越角进行抑制。我们继续这个例子,驾驶员什么时间用反舵角?相关资料中没有明确的记载。按照笔者的理解,首先,初始航向的改变幅度应有一个"度",即初始航向的改变幅度应以小船刚好能够离开大船的正前方船首盲区为宜,否则如果初始航向改变太多太快,将会造成大船驾驶员即使操反舵角也来不及反向更改航向,进而导致大船船尾与小船发生碰撞。其次,在反向更改航向之前,大船驾驶员如果时间允许,应先把定航向,控制小船在大船的舷侧附近,同时小船不能离开大船驾驶员的视线,这主要是防止小船再次进入大船正前方的船首盲区。第三,当小船接近大船船首时,驾驶员就可以慢慢开始操反舵角;第四,当小船接近大船的转

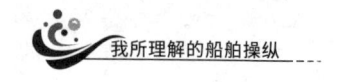

心位置时，大船驾驶员应视情况将反舵角进一步加大，从而使大船船尾真正甩开小船。关于什么时间操反舵角的问题，如果说能够观察到小船的舷角方位发生变化时，大船驾驶员便可认为是能够操反舵角的时机。

稳定旋回阶段的特点是"首尾皆离"，即此时船首船尾均已离开初始航向。稳定旋回阶段开始于驾驶员做旋回操纵时重心移动的第 3～4 倍船长距离之时，如果驾驶员满舵旋回，那么本船重心移动到第 4.5 倍船长距离将完成旋回 90°。另外驾驶员从旋回圈形状可知，假设物标在本船正前方 4 倍船长距离，那么初始舵角越大本船距离物标越远。虽然如此，这一结论也不完全准确，如果说物标足够宽足够大，此时驾驶员虽然满舵旋回操纵，但显然物标在正前方 4 倍船长距离还是不能避开。所以驾驶员应该有清醒的认识，驾驶员能否避开前方物标，除了与本船到物标的距离有关外，物标的位置与大小也是需要考虑的一个因素。建议驾驶员采取正常转向避让的时机最好不要让物标距离低于 2 倍旋回圈进距。这边再说明一下用这个数据的原因，因为之前提到过本船只要有 2 倍旋回圈进距的水域空间，驾驶员满舵旋回 90°就可以避开前方一整片陆地。因为物标再大也大不过一整片陆地，所以驾驶员正常转向避让前方物标，只要记住这个下限距离，就可以不需要太考虑物标的位置与大小了。对于浮标或者漂浮物类的海上小物标来说，驾驶员在更近的距离避让也是可以的，但这个距离最好不低于旋回圈进距。驾驶员需要记住无论如何不能让这类小物标进入本船正前方的船首盲区以内。

就船舶操纵实践而言，正规管理公司都会要求驾驶员在采取避碰行动时，不能低于管理公司关于避碰行动最晚时机的规定。比如，笔者原来管理公司对避碰行动的最晚时机就有这样的规定：对于正在被追越的他船不少于2海里就必须采取避碰行动；对于交叉相遇局面的他船不少于4海里就必须采取避碰行动；对于对遇局面的他船不少于6海里就必须采取避碰行动。笔者原来管理公司的船舶长度都是185米，对于这样的规定无可厚非，我们遵守就是了。但很多驾驶员可能会有疑问，比如，本船正在追越他船而且船速只比他船快一节，如果说本船驾驶员在距离他船为2海里时就开始采取避碰行动，计算一下，那也得花费2个小时，这追越时间是不是有些长？笔者认为，如果本船在公海上正常追越他船时，这样的时间的确有些长，但船舶管理公司想得比较久远，更多考虑的是本船可能遇到的各种突发情况。我们来假设这样的一个突发状况，如果说他船因为水深不足导致突然搁浅停住的话，此时本船距离他船为2海里，这个距离足够让驾驶员及时转向避让操纵；但假如说航

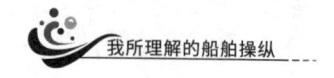

道宽度受限只能采取紧急制动避让，本船降速前速度为15节，驾驶员在采取紧急制动后本船前方可能只剩下0.5海里左右的水域空间，但万一本船驾驶员需要进一步核实情况从而延迟采取紧急制动措施呢，毫无疑问剩余的水域空间恐怕只会更小。所以，考虑到本船及他船各种可能情况，笔者原来管理公司对于追越他船时采取避碰行动最晚时机的距离规定是经过深思熟虑的。

我们继续讲旋回圈。船舶操纵中是这样解释稳定旋回阶段的：本船进入稳定旋回阶段以后，舵力转船力矩，漂角水动力转船力矩和阻尼力矩相平衡，旋回角加速度变为零，旋回角速度达到最大值并稳定于该值，本船将进入稳定旋回阶段。基于这样的表述，此时驾驶员观察船首航向的改变将呈匀速变化状态，而不会有类似过渡阶段船首偏转速率有越来越快的感觉。船舶操纵实践中，驾驶员除了可以利用驾驶台的回转速率仪表盘观察船首航向的变化率外，也可以观察船首航向方位的变化率与本船附近参照物串视线方位的变化率，进行两者的对比。比如参照物串视线位于正横时，驾驶员可以通过比较单位时间内船首航向方位的变化率与参照物串视线方位的变化率，如果说两者变化率相等时，就类似于物理学中的一条直线相切于某个圆做匀速圆周运动，本船在旋回过程中将与该参照物保持等距；反之当船首航

第二章　船舶旋回性能

向方位的变化率大于参照物串视线方位的变化率时，说明本船转向过快，转向过程将同时接近参照物。举个例子，当驾驶员在岛屿之间转向操纵时，便可以利用正横附近的物标作为参照物，在转向过程中尽量保持船首航向方位的变化率与参照物串视线方位的变化率一致，从而达到完美转向的效果。

讲到完美转向，有些驾驶员可能不以为意，认为明明可以提前转向，为什么非要等到物标在正横的时候才开始转向？的确是这样子。比如表明转向位置的浮标，驾驶员一般都是在浮标还在本船前方的时候就开始转向了。那么，这种情况驾驶员该怎么比较船首航向方位的变化率与浮标串视线方位的变化率？只要两者方位的变化率相等，驾驶员在朝浮标转向的过程中将会与浮标越来越接近，并最终撞上浮标。当然，这种说法是有理论依据的，这与等角螺线性质一样，当本船沿着等角螺线曲线的切线匀速前进时，最终将越来越接近曲线的中心。所以对于围绕前方的浮标进行转向，驾驶员想让本船不发生碰撞，就一定要确保转向过程中船首航向方位的变化率小于浮标串视线方位的变化率。

以上内容讲到串视线，将在后面的章节具体讨论目测串视线知识。继续讲旋回圈。针对稳定旋回阶段的旋回圈，IMO还有一个重要的指标，即旋回初径要求。旋

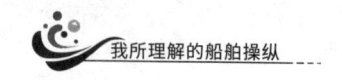

回初径是指从操舵开始到航向转过180°时重心所移动的横向距离，IMO规定不能超过5倍的船长距离。同样假设，驾驶员是否能在横距大约为5倍的船长距离时，顺利转向180°？可能驾驶员也必须像分析旋回圈进距一样，考虑到影响本船旋回圈的方方面面，这边就不再讨论。既然驾驶台操纵性能表里的数据属于紧急操纵数据，那么在旋回转向180°时，驾驶员旋回操纵所需要的水域空间就不能低于旋回初径的2倍。有的驾驶员可能会说，在具体分析旋回圈形状时，如果考虑到实际情况可能会与IMO规定的背景条件不一致，那么旋回圈形状可能是一个不规则的圆。这确实没错，船舶操纵实践中，旋回圈形状将受旋回方向、舵角、船速、水深、吃水、纵横倾、风流等因素同时影响，实际的旋回圈形状更像不规则的螺旋形曲线。驾驶员在考虑这些因素对旋回圈形状的影响时，应该抓大放小，区别对待。下面我们将一一分析影响旋回圈形状的各个因素：

旋回方向对旋回圈形状的影响不大。向左旋回还是向右旋回首先是取决于能够掉头水域的空间，在不考虑风流因素的前提下，对于右旋式固定螺距螺旋桨（右旋式单车FPP）船舶来说，向左旋回360°比向右旋回360°需要的时间更短，这主要是螺旋桨的致偏效应使然。虽然如此，旋回时间不是本书要谈论的重点，如果

第二章 船舶旋回性能

说掉头水域空间足够，多数驾驶员将会更倾向于朝右转向掉头，原因大概有两点：一是朝右转向是海员的通常做法，驾驶员也会感到舒服些。二是右旋式单车FPP型船舶在倒车时也会促使船首航向继续向右转向；而驾驶员如果采取向左掉头，万一需要倒车就会对掉头转向帮倒忙。

舵角对旋回圈形状的影响相当有分量。我们说驾驶台的旋回圈轨迹是本船满舵时重心的轨迹，所以不适合驾驶员进行正常旋回操纵。本船在开阔水域进行正常旋回操纵，驾驶员需要使用多大舵角，除了船速必须考虑外，初稳性高度、掉头水域空间、装载情况、他船距离、天气海况等也必须考虑。不用说，在满足这些因素的前提下，舵角越大，旋回圈越小。笔者曾经有过这样的猜想，不同舵角之间的旋回圈形状会不会有这样一个固定的比例关系：比如操20°的舵角是不是比操10°的舵角时旋回圈大一倍？很可惜，由于资料不足，本书中没法给出确切的答案。有的驾驶员可能会说，比较不同舵角时的旋回圈形状没多大意义，因为在船舶操纵实践中，驾驶员总是根据实际需要不断改变舵角的大小。这种想法非常有道理，比如，人员落水后的威廉逊旋回法：首先，为了让本船能够回归到原航线的反航向，驾驶员需要船首满舵转过60°后再向反向满舵。其次，为了防

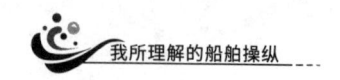

止本船可能过度偏转，驾驶员需要在船首转至与原航线的反航向相差20°时再正舵，我们也称之为及早回舵，从而为最后的把定航向做好准备。

船速对旋回圈形状的影响比较复杂。总的来说，同一艘船在做旋回圈运动时，初始船速不同，旋回时间不同，但旋回圈形状大小基本相同，这点可以从驾驶台的旋回圈图推出，即本船从刚开始旋回到进入稳定旋回阶段以后，虽然降速幅度为初始船速的25%～50%，但旋回圈形状并未明显变大或者缩小。假如说在旋回运动过程中，驾驶员人为地去干扰船速以致舵角发生改变，比如通过加车或者减车的方式使舵角发生改变，毫无疑问，旋回圈形状将发生变化，这点与驾驶员在旋回过程中增加舵角或者减少舵角类似，具有异曲同工之处。写到这里，有的驾驶员可能会说，船速降低，舵效变差也会影响到旋回圈形状。本船进入稳定旋回阶段以后，初始船速的下降幅度如果没有低至无法改向时，旋回圈形状将基本不受影响。

水深和吃水对旋回圈形状有一定的影响。在本书中，水深和吃水均指富余水深对旋回圈形状的影响。水深增加，富余水深将增加；吃水增加，富余水深将减少。驾驶员会不会认为两者对富余水深的影响互为矛盾关系。没错，分开讨论更可能导致驾驶员容易混淆，所以最好利用水深吃水比这一概念将两者结合起来，好处显而易见。现在正规管理公司的SMS体系文件都有关于如何计算富余水深的详细规定，然而，这个计算程序复杂烦琐，但如果用更接地气的话，比如吃水的××倍来形容水深吃水比可能更为简单。驾驶员应该听说过下面这些知识点：泊位水深不应低于吃水的1.05倍；狭窄航道水深不应低于吃水的1.1倍；抛锚水域水深不应低于吃水的1.2倍；开阔水域水深不应低于吃水的2倍。驾驶员将这些知识点记住了，不管本船到哪里都会心中有数。

回到正题，接着讨论水深吃水比对旋加回圈形状的影响。船舶操实践中，水深吃水比小于2.5时驾驶员就必须重视，水深吃水比小于1.5时旋回圈形状将成倍增加，这边谨记"成倍"两个字。驾驶员很少有机会在水深吃水比大于2.5的水域空间中进行旋回操纵，因为这类水域属于开阔水域，驾驶员通常只需改变航向就能避免碰撞危险了。驾驶员通常需要180°旋回的水域是进出港口、锚地或者靠离码头，比如新加坡海峡东行的船舶为进入新加坡港口驶向引水站（PEBGA），想想在新加坡海峡的分道通航制里掉头转向时，驾驶员除了要考虑航道水深对旋回圈形状的影响外，更重要的是考虑船长尺寸、航道宽度、通航密度、风流环境，等等，所以旋

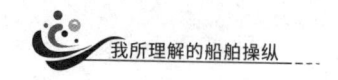

回圈形状注定是不规则的螺旋形曲线。这边更进一步，在航道宽度一定的前提下，如果说本船的尺寸越大，那么驾驶员越需要先降速再进行掉头转向。我们还是以新加坡海峡为例，如果有一艘东行的360米大型集装箱船想在PEBGA上引水，假设旋回初径为4倍的船长距离，那么按照本书正常旋回需要的水域空间，航道宽度就得需要 $360 \times 8/1852 \approx 1.55$ 海里；而新加坡海峡航道的平均宽度才1海里左右，所以说驾驶员在掉头转向前不先降低船速是不可能操纵成功的。写到这里，不知驾驶员会不会认为正常旋回水域空间不足，但紧急旋回水域空间足够？本书认为，驾驶员如果想要在这样的水域空间里进行紧急旋回操纵，就不能舒舒服服地进行船舶操纵。这点将在后面的章节具体介绍港内掉头。

纵横倾对旋回圈形状也有一定的影响。就船舶操纵实践而言，具有横倾的船舶不多见，这边只略带提一下。我们举个例子，本船左倾，左舷吃水比右舷大，这种情况下在不考虑其他因素的前提下，本船向右旋回就比向左旋回时更费劲，旋回圈也更大。原因很简单，本船旋回操纵时转心在距离船首大概1/4船长位置，当驾驶员进行旋回转向时，转心后面水线以下的面积左舷比右舷更大，受到的水阻力也更大，因此驾驶员向右旋回转向更困难。其实在比较重载与空载的旋回圈大小时，也是一样道理，驾驶员可以自己分析一下本船空载比重载旋回圈更小的理由。我们接着讲纵倾对旋回圈形状的影响。纵倾包括首倾和尾倾，毫无疑问，在不考虑其他因素的前提下，首倾比尾倾时的转心位置更靠前，即舵力作用距离越长，转船力矩也越好。在本书中，本船纵横倾对旋回圈形状的影响可以忽略不计。

上述我们讲到了旋回方向、舵角、船速、水深、吃水、纵横倾对旋回圈形状的影响，笔者认为无论怎么影响，旋回圈形状基本还是一个规则的圆，只不过大小会不一样。接下来我们将讨论风流对旋回圈形状的影响。风流对旋回圈形状的影响可就没这么客气了，顺风流时船速提高，顶风流时船速降低。当不考虑风流影响时，本船旋回90°所需要的时间大约为旋回180°所需要时间的一半。假如说本船顺风流旋回转向360°时，那么第一个90°将增加航程，第二个90°将减少航程，第三个90°将减少航程，第四个90°将增加航程，所以画出来的旋回圈形状将会是一个朝前延伸的螺旋形曲线。同样道理，当本船顶风流旋回转向360°时，画出来的旋回圈形状将会是一个朝后延伸的螺旋形曲线。不知驾驶员会不会有疑问，风跟流影响经常用于不同方向，稍不注意，就很容易把它们混淆？的确，不管是风的影响，还是流的影响，均能够把旋回圈形状变成一个不规则的螺旋形曲线。

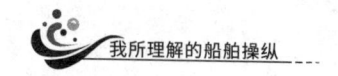

驾驶员如果硬要把风跟流区分开，分别计算风和流如何影响旋回圈形状将会变得异常复杂：首先，计算过程中风和流的单位不一样；其次，风和流影响将涉及水线以上和水线以下两部分面积。如果这样计算，只能高学历的人来跑船了，普通人十个脑子都不够用。船舶操纵实践中，通常我们说的风流影响，即为风流合力的影响。至于风流合力如何影响旋回圈形状，驾驶员并不需要精确计算，但是必须知道风流合力的方向。这点相当重要，尤其是本船只需掉头转向180°时。这里顺便说一下，假如说船速特别慢时，比如抛起锚或者靠离泊操纵，驾驶员最好将风和流的影响分开考虑。这将在以后章节具体讨论风流对船舶操纵的影响。

驾驶员了解旋回初径的最主要意义就是要确保有足够的掉头水域空间。前面我们已经分开讨论旋回方向、舵角、船速、水深、吃水、纵横倾、风流等因素对旋回圈形状影响，并得出本船在受这些因素影响时，旋回圈形状是螺旋形曲线的结论。在本书中，虽然只要有2倍旋回初径的水域空间，驾驶员在考虑上述因素影响之后，满舵旋回180°还是会有一定的安全余量。但这种做法并不提倡，毕竟还要考虑满舵旋回将造成横倾这个因素，所以驾驶员并不能舒舒服服地进行旋回转向。如果驾驶员既想保持速度，又想降低舵角，只要正常旋回180°所需要的水域空间无论如何都得超过2倍初回初径。至于增加多少，无从得知，但驾驶员可以尝试着从雷达速度矢量线的长度值进行解决，这种方法主要适合本船在2倍旋回圈进距以内进行掉头转向。就船舶操纵实践而言，只要驾驶员能够将船首航向的旋转速率控制在15°/分钟左右，就不会有旋转速度太快或太慢的感觉。至于为什么会是这个数据？前面我们说过，驾驶台操纵性能表里的数据都是紧急操纵数据，这当中也包括全速满舵旋回180°大概需要6分钟左右的时间。如果驾驶员把这个时间放大一倍，将会得到正常旋回操纵180°所需要的时间。驾驶员用180°除以这个时间，就可以得到正常旋回操纵需要的旋转速率，即15°/分钟。具体计算一下：本船的正常旋转速率=（180°/6分钟）×2=15°/分钟，如果驾驶员在正常旋回操纵时将转向速率控制在这个数值区间，就能舒舒服服地进行旋回操纵。

第三章　船舶停船性能

第三章 船舶停船性能

港内操船跟开车很像,驾驶员如果无法进行转向避让,那就得随时做好刹车准备。这两天微信公众号有这样一篇文章《万吨巨轮径直撞上码头,背后的原因令人深思》,大概讲的是××轮从航道驶向泊位的过程中,引航员未料到调度会与拖轮沟通有误,以致拖轮无法在指定位置准时协助,而××轮到达指定位置时船速还有9.9节;引航员采取减速措施后航道又突然出现一艘渔船,两船大概相距0.4海里,但此时××轮船速还有9.1节;引航员又采取一系列措施避让渔船,但很不幸,引航员避让渔船的一系列动作也让××轮越来越靠近码头,这种情况又导致引航员在渔船清爽后反向转舵来不及避让码头,最终××轮以5.2节的速度撞上码头。看

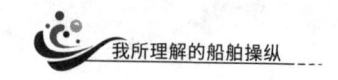

似一切都是船速太快惹的祸，但实际上是引航员对××轮停船性能的把握尺度做得还是不到位。

写到这里，顺便说一下几年前关于引航员的一道面试题：

面试官："你船快到码头了，如何把船停住？"

考生："倒车把船停住！"

面试官："车钟无法减速，你如何处理？"

考生："呼叫轮机员在集控室或者机旁降速！"

面试官："轮机员说集控室降速和机旁降速设备全部锁死，你如何处理？"

考生："用拖轮把船拉停住！"

面试官："你叫拖轮，拖轮没回复，你如何处理？"

考生："用公共频道叫拖轮！"

面试官："拖轮船长睡着了，你如何处理？"

考生："操满舵，把船驶向安全水域或者左右舵，使船速降下来！"

面试官："操舵水手突然报告，舵角卡住不动了，你如何处理？"

考生："切换到应急舵！"

面试官："船长告诉你应急舵坏了有一段时间，你如何处理？"

考生："紧急抛锚！"

第三章　船舶停船性能

面试官："海图上标明此处是禁锚区，你如何处理？"

考生："禁锚区也分性质，如果不涉及海底电缆或者管路，我也要坚持抛锚！"

面试官："好吧，船首大副告诉你锚出不来，你如何处理？"

……

可以说面试官给的每个问题都惊心动魄，而考生在回答每个问题时也是承受着巨大的心理压力。面试官想了解的是考生的心理素质及应急反应能力。换成是我们，面对如此刁钻的问题，又能走到第几步呢？

回归本船的停船性能主题。IMO规定紧急倒车冲程不能超过15倍船长距离；对于超大型船舶，主管机关认为该标准不能满足时，可进行修订，但任何情况下不应超过20倍船长距离。IMO这样规定，估计所有的船舶都能够满足。IMO的紧急停船规范也在告诉我们：当驾驶员不得不用倒车采取紧急避让时，就得在至少15或者20倍船长距离之外采取行动。远洋船舶驾驶台的车钟面板一般都会有紧急倒车按钮，当驾驶员按下这个按钮后，将取消主机操纵过程中的部分程序限制，这样就能使主机迅速达到车钟命令所需要的转速。有的驾驶员可能会说，如果不按下车钟面板上的紧急倒车按钮，而

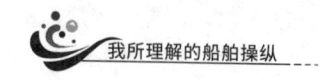

直接拉全速倒车是否可以？如果驾驶员只是将车钟拉到全速倒车位置，更像是驾驶员在进行正常制动操纵，主机只能按既定程序进行减速，无法像紧急制动一样缩短本船倒车运动所需的时间。

虽然如此，作为一名合格的驾驶员，还是有必要了解主机是如何制动的。现在远洋船舶基本都是二冲程低速柴油主机，我们就以这种柴油主机类型的本船作为例子。本船满载并在狭窄航道内全速行驶时，驾驶员为紧急避让前方突然发生碰撞的两船，将车钟从全速前进拉到全速后退位置，并按下车钟面板上的紧急倒车按钮，一般情况下，主机控制系统不会马上启动压缩空气，而是先把燃油供应切断，主机转速迅速降低，本船速度也会因为水流的阻力逐步下降。当主机转速低于额定转速的40%（即主机应急换向规定的转速），并且本船速度降至设计船速的60%～70%以下时，这时压缩空气将分两次进入气缸，从而迫使主机启动紧急倒车程序：首先，压缩空气第一次进入气缸，在气缸内燃烧膨胀，对正转的主机转速进行强制制动归零操作。其次，当主机转速归零后，压缩空气再一次进入气缸内燃烧膨胀，主机控制系统也将启动紧急倒车程序，并逐步恢复燃油供应。在主机倒车的刚开始阶段，本船仍然具有较高的余速，所以主机刚开始倒车时的转速不会太高，一般会被

第三章 船舶停船性能

限定在厂商规定的转速之内（网上资料认为 Dead Slow Astern 的转速以下）；而后，主机倒车转速将随着本船速度的降低而上升，并最终达到最大值（通常认为主机倒车额定功率为主机正车额定功率的 60%～70%）。

我们从上述可知，本船全速时驾驶员进行紧急制动操纵，压缩空气并不会马上对正转的主机转速强制归零制动，而是需要等待主机转速低于额定转速的 40%，并且本船速度降至设计船速的 60%～70% 以下时，压缩空气才会进入主机气缸，此时本船可能已经行驶了 6～7 倍的船长距离。如果驾驶员想让主机转速和本船速度尽快符合这两个指标，驾驶员其实还可以结合大角度旋回制动或者 Z 形制动一起使用，以使主机转速和本船速度更快降下来，本船紧急制动冲程也将进一步减小。至于减小到多少，一般网上资料认为紧急制动冲程将缩短至 6～7 倍船长距离。船舶操纵实践中，驾驶员如果让本船舵角始终处于"0"位再进行紧急制动的话，主机只能在大约 2 分钟后启动倒车程序，这样本船完全停下来时，紧急制动冲程可能达到 12～13 倍船长距离。这里顺便说一下，假如驾驶员当时只是把车钟放在停车位置并按下车钟面板上的紧急停止按钮，这种情况下本船的停车冲程可能会达到 34 倍船长距离。

按照本书的观点，本船港内前进一（Dead Slow

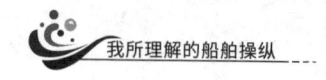

Ahead）或者前进二（Slow Ahead）对应的速度远低于设计船速的 60%～70%，对应的主机转速也满足低于额定转速 40% 的要求。所以驾驶员在港内前进一或者前进二速度时进行紧急制动操纵，实际上只需要少量的压缩空气就能对正转的主机转速强制归零，主机的紧急倒车程序也将迅速启动。我们再看一下本船港内前进三（Half Ahead）或者前进四（Full Ahead）对应主机转速和船速的情况。通常来讲，这种情况只有船速符合指标要求。驾驶员如果在港内前进三或者前进四速度时进行紧急制动操纵，主机转速虽然也能够迅速下降至指标要求，但本船毕竟有较高的初始速度，所以需要更多的压缩空气对正转的主机转速强制归零制动；另外，当主机倒车程序启动以后，主机倒转运动建立起来的刚开始时刻本船向前行驶的惯性还是很大，所以驾驶员在港内前进三或者前进四速度时的紧急制动冲程，无法与在港内前进一或者前进二速度时的紧急制动冲程成线性比例关系。同样道理，驾驶员在海上全速时进行紧急制动操纵，主机转速和船速两个指标都不满足要求，主机需要花费更多的时间才能启动倒车程序，所以紧急制动冲程也会更长。写到这里，驾驶员会不会觉得船速越高，越不适合紧急制动操纵？这种说法虽然没错，但根据 IMO 停船性能的规范要求，驾驶员如果能够留出至少 15 倍船长距离作为紧急制动操纵所需要的水域空间，本船还是能够在全速前进时停下来的。

有的驾驶员可能会说，当本船以港内前进一或者前进二速度行驶时，实际上只要正常制动操纵，主机转速也会很快归零；驾驶员也能很快拉倒车，所以没有紧急制动的必要。事实确实如此，本船以港内前进一或者前进二速度行驶时，此时驾驶员如果将车钟放在停车位置，那么主机转速归零时间通常来说绝不会超过30秒，所以非常方便驾驶员迅速拉倒车，基本没有紧急制动的必要。虽然如此，如果本船当时足够危险，驾驶员该紧急制动就紧急制动，毕竟紧急制动操纵能够让本船在更短的时间内停下来。驾驶员可能继续说，如果在集控室或者机旁进行人工制动，能不能在主机较高转速的情况下将压缩空气注入气缸，从而早点倒车操纵？关于这点，笔者认为在主机过快转速的情况下强制归零制动，无疑会消耗更多的压缩空气，这种情况将导致第二阶段压缩空气的不足，主机可能无法启动倒车程序。在船舶操纵实践中，如果本船当时速度超过设计船速的60%～70%，压缩空气很可能起不了刹车作用（即对主机转速强制归零制动），这将白白浪费掉压缩空气。写到这里，可能也有驾驶员认为主空压机能够源源不断补充压缩空气。笔者觉得虽然没错，但主空压机补充压

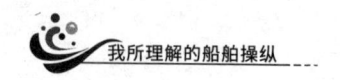

缩空气无法在短时间内达到启动主机的要求。人工制动时一定要考虑到实际情况，否则本船还是无法避免发生碰撞。

本书虽然提到驾驶员可以在非常危险的情况下启动紧急倒车操纵，但平心而论，还是建议驾驶员慎用紧急倒车按钮，理由有三：1. 主机操纵过程中的部分限制程序被取消，导致驾驶员非正常操纵主机，将会给主机和轴系带来很大伤害；2. 轮机员如果平常不注重主机控制系统和主机燃油系统的维护保养，驾驶员紧急倒车制动不一定能够成功；3. 对于右旋式单车FPP型船舶来说，当驾驶员进行紧急制动操纵时，船首航向可能不受控制地向右偏转，这种情况如果发生于狭水道或者航道内将是极其危险的。正因为如此，一旦发生紧急情况时，驾驶员还真不能太过指望主机紧急制动按钮能帮上大忙。

写到这里，不知驾驶员会不会觉得非常有必要用正常制动来代替紧急制动？驾驶员该如何与前面的危险物标保持距离，万一需要正常制动操纵才会游刃有余？我们还是以装有二冲程低速柴油主机的远洋船舶为例，当本船从海上驶向港内时，驾驶员需要将海速降为港速，即备车航行。那么，备车航行意味着需要备车时间，每一艘船的备车时间都会因为轮机员需要准备时间、本船降速之前的主机转速、驾驶员开始降速位置等不同而不同，所以这里我们就不准备讨论本船从海速降至港速具体需要多少备车时间。我们再看一下本船从海速降至港速后的情况。那么，这一过程主机控制系统到底是如何工作的？我们首先看一下驾驶员把车钟由港内前进四拉到停车位置的情况。主机控制系统将经历先切断燃油供应，让主机转速迅速降低；当主机转速低于额定转速的20%（即主机正常换向规定的转速）时，压缩空气进入气缸燃烧膨胀，强制正转的主机转速归零操作。不知驾驶员会不会有疑问，这次为什么不对船速提要求？因为正常制动操纵时，如果船速较高的话，驾驶员停车后主机转速是不会很快降下来的。所以当主机转速低于额定转速的20%时，其实已经默认到了船速已经下降到符合启动制动空气的要求了。我们再看一下驾驶员把车钟由停车拉至倒车位置的情况。此时主机控制系统就会启动倒车程序，并逐步恢复燃油供应；主机倒车转速将按照既定程序上升至驾驶员要求的转速。驾驶员从上述可知，本船初始速度越低，驾驶员越能够随心所欲进行正常制动操纵，当本船以港内前进一或者前进二速度行驶时，此时驾驶员如果将车钟放在停车位置，那么主机转速归零时间通常来说绝不会超过30秒，所以非常方便驾驶员迅速拉倒车；而驾驶员如果以港内前进三或者前进四的速度进行正常制动操纵，无疑需要等待更长时间

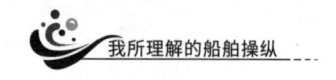

才能倒车操纵。

上述讲完了装有二冲程低速柴油主机的船舶如何正常制动，现在解答驾驶员该如何与前面的危险物标保持距离，万一需要正常制动才会游刃有余的问题，这应该也是驾驶员最想要知道的答案。一般情况下，驾驶员制动操纵时，需要考虑船长尺寸、吃水和速度。船长尺寸越大、吃水越大或者速度越快，说明本船惯性越大，驾驶员需要距离越长的制动冲程。写到这里，驾驶员会不会觉得船长尺寸、吃水和速度三者之间好像没什么联系？其实IMO的停船性能标准已经将这三者联系起来了。我们回顾一下IMO这一停船性能标准，即紧急倒车冲程不能超过15倍船长距离。这句话中包含了船长尺寸和吃水两个因素：首先，15倍船长距离与船长尺寸有关，其次，IMO的停船性能标准要求本船必须是满载吃水。驾驶员会不会觉得没有提到船速？没关系，我们干脆假设本船港内前进四的速度为15节，综合以上，我们可以这样认为：即满载吃水的本船以港内前进四的速度15节行驶时，驾驶员进行紧急制动的冲程不会超过15倍船长距离。至于为什么本书会把15节船速与前进四的速度联系起来？这主要考虑到前进四的速度属于港内速度，而港内速度相较于海上速度更方便驾驶员进行正常制动操纵。船舶操纵实践中，基本没有船舶港内前进四的速度能够达到15节，所以上述假设的15节速度除了能够与15倍船长距离相互对应外，驾驶员的紧急制动冲程还是会有一定的安全余量。这里顺便说一下，这样的假设也是有事实根据的，驾驶员如果翻看一下本船的操纵性能手册，就会发现本船港内前进三或者前进四时的紧急倒车冲程将小于该速度与船长尺寸的乘积；同样，本船港内前进一或者前进二时的紧急倒车冲程将小于该速度与船长尺寸乘积的一半。正因为这样，船速与紧急制动冲程存在这样一种关系：如果本船港内前进三或者前进四的速度为 V_2 节，则紧急制动冲程不会超过 V_2 倍船长距离；同样，如果本船港内前进一或者前进二的速度为 V_1 节，则紧急制动冲程不会超过 $V_1/2$ 船长距离。有的驾驶员可能会说，为什么会有这样的区别？前面已经分析过了，当驾驶员进行紧急制动操纵时，如果说初始船速越低，主机将越快启急倒车程序，本船也越容易停下来。

有了船速与紧急制动冲程这样一种关系，驾驶员对于什么时候开始减速就应该心中有数了。当然，上面结论说的是紧急制动操纵，而驾驶员需要的是正常制动操纵。正常操纵所需要的水域空间与紧急操纵所需要的水域空间的比值有一种固定的关系，即2比1的倍数关系。这个比例关系对旋回操纵适用，对制动操纵同样适用。

这样一来，可以针对港内速度与正常制动冲程的关系，进行如下概括：如果本船港内前进一或者前进二的速度为 V_1 节，则正常制动冲程不会超过 V_1 倍船长距离；同样，如果本船港内前进三或者前进四的速度为 V_2 节，则正常制动冲程不会超过 $2V_2$ 倍船长距离。当然，"不会超过"并不代表驾驶员可以在距离危险物标很近时才进行正常制动操纵，一切操纵都需要留有余地，如果驾驶员以港内前进一或者前进二 V_1 节速度行驶本船，正常制动冲程至少需要 V_1 倍的船长距离；同样，如果驾驶员以港内前进三或者前进四 V_2 节速度行驶本船，正常制动冲程至少需要 $2V_2$ 倍的船长距离。这个概括应该回答了驾驶员该如何与前面危险物标保持距离，万一需要正常制动才会游刃有余的问题。有的驾驶员可能会说，假如说本船以海上全速行驶，那该如何与前面的危险物标保持距离，万一需要正常制动才会游刃有余？关于这个问题，通常情况下，驾驶员海上避碰基本不会考虑正常制动操纵的，因为主机备车时间需要 0.5～1 小时，而驾驶员也不可能在大老远时就开始备车减速，毕竟这不符合实际船舶操纵。当然，如果说本船以海上全速行驶，驾驶员在 $2V_2$ 倍的船长距离时采取紧急制动也来得及，有关原因将在以后讲到雷达速度矢量线时，再进一步解释。这里顺便说一下，本船海上全速行驶时，如果说驾驶员有足够转向和制动操纵所需要的水域空间，驾驶员更应该考虑转向避让操纵而不是制动操纵。

为巩固正常制动冲程的结论，我们举个例子，本船（长度185米）准备靠码头，如果当时船速为前进二7节，驾驶员正常制动操纵将需要0.7海里的水域空间；如果当时船速为前进四12节，驾驶员正常制动操纵将需要2.4海里的水域空间。关于驾驶员的正常制动操纵，这里再说一下装有二冲程低速柴油主机船舶的启动次数。这个对于驾驶员来说同样重要，因为主机转速每次归零及再次启动时，主机气缸一般都需要用到压缩空气，而本船的压缩空气又不能无限次被供应，驾驶员频繁用车势必造成压缩空气供应不足。这种类型主机的船舶连续启动次数一般不会超过6次，至于具体多少次数，很难给出确切答案。当然，驾驶员如果有机会抛锚，还是可以在抛锚后对主机的连续启动次数进行试验以便心中有数。

以上我们主要讨论了主机控制系统如何进行制动操纵及制动操纵所需要水域空间的话题。这里顺便说一下，船舶操纵中也介绍了以下其他几种制动方法：1. 大角度旋回制动；2. Z形制动；3. 拖轮协助制动；4. 抛锚制动。船舶操纵实践中，大角度旋回制动和Z形制动主要适合本船高速时使用；拖轮协助制动和抛锚制动主要适合本船低速时使用。船舶操纵介绍的这几种制动方法也能够配合正常制动操纵一起使用。比如，驾驶员把车钟放在停车位置时，如果说主机转速没有很快归零的意图，那么就可以利用大角度旋回制动或者Z形制动帮忙把船速降下来；当船速降下来后，主机转速也会很快归零的。同样，驾驶员把车钟放在倒车位置时，此时如果正前方的水域空间不足以进行正常制动操纵，那么就可以利用拖轮协助制动或者拖锚制动帮忙把船停住。

我们首先说一下大角度旋回制动。如果说本船周围的水域空间足够大，驾驶人员就可以进行大角度旋回操纵。在上一章我们提过驾驶员满舵旋回时，本船进入稳定旋回阶段以后，船速下降幅度将达到初始船速的25%～50%。当然，这边说的是大角度旋回制动，所以驾驶员在大角度旋回的同时，还需要进行减速操纵。毫无疑问，驾驶员一边旋回转向一边进行正常制动操纵，船速还会下降更多。当然，船速下降更多也意味着舵效也会越来越差，那么驾驶员大角度旋回操纵所需要的水域空间也会变得越来越大。船舶操纵实践中，如果说驾驶员在大角度旋回制动时进行无休止的旋回转向并不符合海员的通常做法，针对这种情况，最为理想的状态是当速度降至可维持最低舵效的速度以后，驾驶员再将船首航向置于顶风流状态，那就非常完美了。这里顺便说一下，大角度旋回制动方法一般适合本船呈 90°方向驶向港口但泊位仍未清爽时的候泊操纵。

我们再说一下 Z 形制动。有些资料也把 Z 形制动称为 S 形制动或者蛇形制动，驾驶员从字面上就很容易看出这种操纵方法需要一边降速，一边频繁操舵转向。相比较大角度旋回制动，Z 形制动所需要水域空间的宽度小很多。如图 3-1 所示，如果驾驶员以 11～12 节的初始速度进行 Z 形制动，本船将在大约 7 倍的船长距离位置停下来。驾驶员如果再仔细观察，这张图片也在告诉驾驶员 Z 形制动需要的水域宽度大约为 2 倍船长距离。当然，图片的这种操纵方法要求驾驶员在第一次航向改变 40°时就务必反向满舵操纵，接下来后续航向的调整要求尽量与初始航向保持一致。在船舶操纵实践中，驾驶员没有必要刻意记住第一次满舵需要改变多少航向，航向改变的幅度主要取决于可以操纵水域的宽度。如果说可以操纵水域的宽度越小，驾驶员越需要频繁操舵转向。这边再次强调一下，驾驶员每次操反舵角之后，船首航向在"惯性"作用下，势必继续产生一定的航向超越角后才会反向更改航向。驾驶员务必让航向超越角在可控范围内，以避免本船超出航道水域宽度。Z 形制动方法主要适合驾驶员在航道里进行减速操纵。

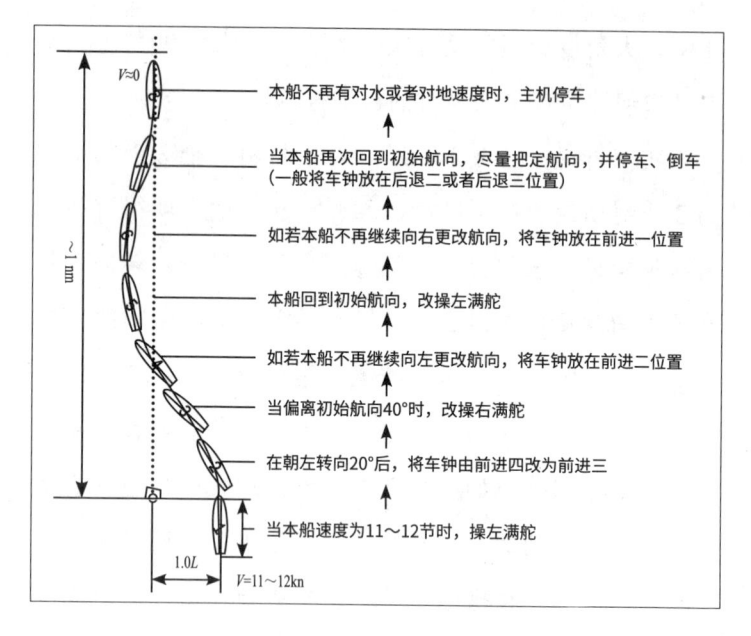

```
V≈0 ──→ 本船不再有对水或者对地速度时,主机停车

      ──→ 当本船再次回到初始航向,尽量把定航向,并停车、倒车
          (一般将车钟放在后退二或者后退三位置)

      ──→ 如若本船不再继续向右更改航向,将车钟放在前进一位置

~1 nm ──→ 本船回到初始航向,改操左满舵

      ──→ 如若本船不再继续向左更改航向,将车钟放在前进二位置

      ──→ 当偏离初始航向40°时,改操右满舵

      ──→ 在朝左转向20°后,将车钟由前进四改为前进三

      ──→ 当本船速度为11~12节时,操左满舵

1.0L
V=11~12kn
```

图 3-1 Z形制动网络图

我们接着讨论拖轮协助制动。驾驶员港内操船如果有拖轮协助,那么拖轮协助制动也是很常用的制动方法,比如有些重载大型船舶,港内前进一的速度就超过6节。这种船舶在靠泊时,随着泊位距离越来越近,驾驶员越需要进一步降低船速。此时就非常考验驾驶员的船舶操纵技术,因为停车滞航很容易使重载大型船舶丧失舵效。驾驶员千万别慌,如果说拖轮缆绳带上了,这时拖轮协助制动就能派上用场。有的驾驶员可能会说,拖轮缆绳带在本船的哪个位置制动效果最好?如果只想

让拖轮协助本船制动操纵，那么拖轮缆绳带在船尾最中间的导缆孔最有效，拖轮的重量及拖轮倒车拉力都可以帮助本船降低船速；另外，拖轮缆绳带在这个位置，驾驶员也不需要担心拖轮会施加使本船偏转的横向力。驾驶员可能继续说，船舶操纵实践中，好像有很多拖轮缆绳带在左船首或者右船首。当拖轮缆绳带在左船首或者右船首时，驾驶员更主要的意图是想让拖轮帮助控制船首。这里顺便说一下，拖轮在协助本船制动时，本船驾驶员也不能太过指望拖轮能够按照自己的设想协助制动。比如，拖轮驾驶员也需要考虑拖轮缆绳的安全负荷及拖轮主机功率，正常情况下是不会输出百分之百的倒车功率的。曾有这样一个案例，××船驶向泊位时，引航员没有逐步进行减车操纵，而是在临近泊位时全速拉倒车，并呼叫拖轮协助制动。但很可惜，××船速度还是太快，前面拖轮也未能及时把船首拉开。××船最终还是撞向码头泊位。不知驾驶员看完这个案例有何感想？笔者建议驾驶员无论如何都得提前减速，这样才能避免过快船速后再倒车时的手忙脚乱。

关于拖锚制动，我想国内南北线船舶的驾驶员都经历过拖锚制动，当然，国内南北线船舶的驾驶员拖锚制动不光是为了减速，更重要是为了稳住船首。其实，远洋船舶也是如此，比如本船进港时，驾驶员就会吩咐水

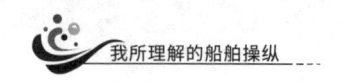

手长船首备锚。备锚的目的是在紧急情况下能够抛锚，即所谓的应急用锚。应急用锚可以说是在车舵或者拖轮一起制动时仍然无法阻止本船发生碰撞，驾驶员能够采取制动措施的最后一招。记得有部电影叫作《生死时速2：海上惊情》，里面讲过这样一个故事：一艘控制系统包括舵机被锁死的邮轮一直无法减速和改向，船员便冒险将缆绳缠绕在螺旋桨上面，但还是无法让船舶减速；眼看就要撞向码头了，船员没办法只能抛下海锚，让海锚拖着海底行走从而使邮轮减速。尽管减速效果不是很好，但至少降低了邮轮撞击码头的速度。所以说应急抛锚是最后一招，如果这一招仍然无法阻止本船发生碰撞，驾驶员就要考虑怎么碰撞才能使损失最小化，比如本船舷侧擦碰码头泊位肯定比船头或者船尾触碰码头损失小。当然，如何减轻碰撞损失不是本书想要讲解的内容，所以点到为止。不知驾驶员会不会认为紧急抛锚前，如果条件允许，务必使船速降到最低以减轻过高船速对锚机或者锚链的伤害？虽然没什么错，但如果船速太高导致驾驶员不敢抛锚的话，就有点得不偿失了。一般来说，紧急抛锚是能够让船速降下来的最后一招，而如何用好最后一招，也要讲究策略。曾听说有船长在紧急抛锚前只是简单地告诉大副"下锚！"但没告诉要抛多少锚链。结果没有经验的大副一次性出链长度太多，以致船速太

第三章　船舶停船性能

快造成断链事故。正确的做法是紧急抛锚时出链长度宜控制在不超过 2 倍的水深，具体原因将在后面的章节分析。当拖锚制动使船速降下来以后，驾驶员就应该增加出链长度，让部分锚链平铺于海底，从而增加本船的锚泊力。我们更进一步，如果说驾驶员在紧急情况下想让船速下降更快些，驾驶员就有必要抛双锚。抛双锚时的制动拉力约为抛单锚时的 2 倍，减速的效果也会更好一些。这里顺便说一下，驾驶员也无需担心抛双锚时的两个锚链会彼此缠绕，因为两边都是短节锚链，双锚彼此缠绕的机会微乎其微。有驾驶员可能会问，紧急抛锚时，如果抛单锚会不会使本船发生偏转？在一定程度上是这样子的，毕竟单锚泊的转心位置还是有点偏离首尾中心线，但这不是问题，假如说本船当时船速仍然很高，驾驶员还是能够用舵克服偏转的。

前面我们介绍了几种制动方法，按照本书的观点，无论是拖锚制动，还是拖轮协助制动，驾驶员最好能够分清主次，并思考哪几种制动方法可以一起使用，这样才能够真正提高船舶操纵技术。写到这里，驾驶员千万不要认为本书关于制动操纵的内容全部写完了。关于制动操纵的内容，很重要的一个方面是何时用车制动的问题，这也是驾驶员非常感兴趣的一个问题。船舶操纵实践中，很多新手驾驶员经常会对船长或者引航员加减车

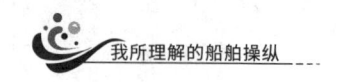

操纵的时间点感到困惑，他们为什么会在这个时间点进行加减车操纵，而不是在其他时间点进行加减车操纵？其实，在知道船速与正常制动冲程的关系后，这个问题就迎刃而解了。船速与正常制动冲程的关系对于驾驶员减速时机的确定非常重要，因为船舶操纵实践中，驾驶员一般都会根据船速来决定本船的减速时机。

我们回顾一下船速与正常制动冲程的关系：如果驾驶员以港内前进一或者前进二 V_1 节速度行驶本船，正常制动冲程至少需要 V_1 倍的船长距离；同样，如果驾驶员以港内前进三或者前进四 V_2 节速度行驶本船，正常制动冲程至少需要 $2V_2$ 倍的船长距离。驾驶员当知道本船有多少节速度以后，就可以根据船速与正常制动冲程的关系计算正常制动操纵所需要的冲程。按照本书的观点，这个距离也是驾驶员进行正常制动操纵的最佳减速时机。有的驾驶员可能会说，本船每次降速前的初始速度都不一样，如果驾驶员在每次减速操纵前都需要根据船速去计算正常制动冲程岂不很麻烦？实际上，驾驶员应该感到庆幸，因为雷达速度矢量线刚好能够帮驾驶员解决这个问题。驾驶员只需给雷达速度矢量线设置正确的时间值即可。现在我们分析一下，驾驶员应该知道，假设本船长度为 L 米，船速为 V 节。那么，正常制动冲程与船速跟船长尺寸的乘积有关，驾驶员可以对雷达速度矢量线的时间值进行这样设置：当本船为港内前进一或者前进二速度时，时间值 $T_1 = \dfrac{V \times L}{V \times 1852} \times 60 \approx 0.033L$（分钟）；当本船为港内前进三或者前进四速度时，时间值 $T_2 = \dfrac{2V \times L}{V \times 1852} \times 60 \approx 0.066L$（分钟）。驾驶员从上述公式可知，$T_1$ 或者 T_2 时间值只与船长尺寸有关，T_1 或者 T_2 时间值知道了，则对应雷达速度矢量线长度值 $L_1 = \dfrac{T_1 \times V}{60}$（海里）或者 $L_2 = \dfrac{T_2 \times V}{60}$（海里）就可以求出来了。$L_1$ 或者 L_2 长度值也意味着驾驶员正常制动操纵所需要的水域空间。当然，本书不是叫驾驶员亲自去计算雷达速度矢量线的 L_1 或者 L_2 长度值，因为驾驶员只要将鼠标放到矢量线的箭头终端就可以直接读取了。不知驾驶员发现没有，雷达速度矢量线的 L_1 或者 L_2 长度值是随船速变化而变化的，但不管本船速度怎么变化，驾驶员只要有了雷达速度矢量线，就很容易得到正常制动操纵所需要的水域空间 L_1 或者 L_2 长度值。如果说雷达速度矢量线的箭头终端触到碰撞危险区域时，按照本书的观点，则意味着驾驶员减速时机的开始。船舶操纵实践中，驾驶员是否真的需要进行减速避让操纵，还得首先评估转向避让操纵是否行得通。

驾驶员正确设置雷达速度矢量线将有以下好处：1.驾驶员可以通过雷达速度矢量线方向知道本船的对地航向（即实际航迹向）；2.驾驶员可以通过雷达速度矢

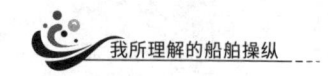

量线与船首线的夹角知道本船的风流压差；3. 驾驶员可以通过雷达速度矢量线的方向知道本船是否驶向碰撞危险区域；4. 驾驶员可以通过雷达速度矢量线的长度值知道本船距离碰撞危险区域还要多少时间。5. 当雷达速度矢量线的箭头终端触到碰撞危险区域时，驾驶员还可以由此确定本船的减速时机……在写雷达速度矢量线的诸多好处之后，不知驾驶员会不会存在这样一个疑问，比如港内操船，驾驶员需要将船速从前进三的 9 节降到前进二的 7.2 节；但在把车钟放在前进二位置后，船速并不会从 9 节立即变为 7.2 节，而是需要时间减速才会变成 7.2 节。这种情况下当驾驶员把车钟放在前进二位置时，能不能直接把雷达速度矢量线的 T_2 时间值换成 T_1 时间值，从而让 L_1 长度值作为本船的正常制动冲程？按照笔者个人的理解，如果驾驶员在船速还未降到前进二的 7.2 节时，就直接把雷达速度矢量线设置成 T_1 时间值，这种结果将使正常制动操纵所需要的水域空间被人为缩小，驾驶员按照 L_1 长度值进行正常制动操纵就会显得水域空间不足，所以驾驶员无论如何都得等船速降至 7.2 节时才更改雷达速度矢量线的时间值设置。这里顺便说一下，船舶操纵实践中，有时候因为风流的影响，驾驶员再怎么以港内前进二的速度行驶，上述例子中的船速也会经常超过 7.2 节。驾驶员碰见这种情况就需要进一步减车，从而使船速满足正常制动所需要水域空间的要求。

本船以海速行驶时，上述 L_1 或者 L_2 长度值公式并不能反映驾驶员正常制动操纵所需要的水域空间，原因是本船从海速降为港速时，需要额外的备车时间。但如果驾驶人员以 T_2 时间值设置雷达速度矢量线，我想说本船无论以何种海速行驶，其对应的长度值 L_2 都能够满足驾驶员进行紧急制动。比如，一艘25万吨的超大型油轮（VLCC），总长330米，吃水20米，海上全速16.2节，驾驶员通过操纵性能表知道，VLCC的紧急制动冲程为4350米（2.34海里），需要23分钟的时间；同时，VLCC完全停下来后，将偏离初始航向1280米（0.69海里）。我们再计算一下VLCC的 T_2 时间值大约需21分钟，换算成 L_2 长度值就是5.67海里。这个数值远大于VLCC操纵性能表上的紧急制动冲程。当然，有的驾驶员可能会说，VLCC紧急制动操纵时的行驶路径并非直线，而是像"弯钩"一样的抛物线。这没关系，即使我们以VLCC纵距和横距之和作为紧急制动冲程考虑，则VLCC的紧急制动冲程等于2.34+0.69=3.03（海里），这个数值也是远远小于VLCC雷达速度矢量线的 L_2 长度值5.67海里。驾驶员可能继续说，如果说本船为慢速船，那么海上全速对应的 L_2 长度值小于2倍旋回圈进距怎么办？针对这

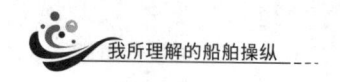

种情况，如果我们以 IMO 关于旋回圈进距要求的数值计算，2 倍旋回圈进距不应超过 9 倍船长距离，那么按照 L_2 长度值等同于 2 倍旋回圈进距来考虑，L_2 长度值对应的速度就不应超过 4.5 节。这个速度应该非常接近港内前进一的速度，驾驶员将很方便进行正常制动操纵。驾驶员更进一步，既然 4.5 节速度非常接近港内前进一的速度，那么按照本书的观点，正常制动冲程不会超过 4.5 倍船长距离，换成紧急制动冲程也是小于 2.25 倍的船长距离，这个距离将远远小于 9 倍船长距离（即 2 倍旋回圈进距对应的 L_2 长度值）。综合以上观点，推测驾驶员以 T_2 时间值设置雷达速度矢量线，无论本船是快速船还是慢速船，其对应的 L_2 长度值都足够驾驶员进行紧急制动。

　　港内行驶时，如果有了雷达速度矢量线的帮助，驾驶员就可以随心所欲进行变速操纵。我们举个例子，比如需要携带拖轮时，驾驶员通常要将前进三或者前进四速度变为比较固定的一个速度比如说 5 节。那么驾驶员就可以在速度矢量线的箭头终端触到拖轮带缆水域时开始考虑减车。驾驶员的通常做法是边减车边观察船速下降的快慢程度，因为有时候船速不一定下降得很快，驾驶员就需要进一步减车，直到船速符合要求为止。我想对于驾驶员来说，最为重要的是把雷达速度矢量线的 T_1

或者 T_2 时间值设置正确，这样驾驶员的减速时机既不会太早也不会太晚。有的驾驶员可能会说，既然这样子，是以 T_1 时间值设置雷达速度矢量线还是以 T_2 时间值设置雷达速度矢量线好？笔者建议驾驶员最好以 T_2 时间值设置雷达速度矢量线，这样就不需担心本船重载或者顺风流时船速难以降下来的情况。船舶操纵实践中，驾驶员必须对计划航线中的每一段航程需要什么样的速度心中有数，比如进出船多的锚地通常不能超过港内前进二对应的速度；接送引航员的船速需要控制在 8～10 节；抵达泊位时需要将船速减为零；经过交通复杂的水域或者急弯前需要将船速先降下来，等等。我们还是具体举个例子，上海长江口航段的圆圆沙警戒区，经常有各种上下行船舶或者进出临时锚地的船舶汇集此区域，驾驶员务必要考虑到达警戒区之前把船速降下来，以做到在警戒区时本船能够以安全航速行驶。

说到安全航速，我们把本船的制动话题进行延伸，何谓安全航速？根据对避碰规则的理解，安全航速是每一船舶在任何时候均应使用的一种速度。安全航速并无固定速度的限制，而应根据船舶种类、性能及航行环境而定。驾驶员要知道本船行驶的速度是否为安全航速，需要同时满足以下两个条件：1. 这种速度下驾驶员是否能够采取适当和有效的行动以避免碰撞。2. 这种速度

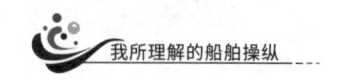

下驾驶员是否能够在与当时环境和情况相适应的距离以内把船停住。为满足关于安全航速的这两点要求，驾驶员需要认识到本船的操纵性能，并结合当时的环境和情况，以便制定各种可能避碰方案。其实，本船的各种可能避碰方案就是驾驶员需要考虑如何改变航向和（或）航速以达到避免碰撞的目的；另外，在所有的避碰方案当中，驾驶员如何在适宜的距离以内把船停住这一种避碰方案最不可或缺的。

严格来讲，驾驶员如何改变航向和（或）航速将包含很多种避碰方法，比如单纯改变航向或者单纯改变航速，或者航向和航速同时改变。单纯改变航向不仅意味着单纯朝一个方向改变航向，还包括前面讲过的"先摆首，再摆尾"转向避让行动；同样，单纯改变航速不仅包括单纯加速或者单纯减速，也包括先加速再减速或者先减速再加速等措施。如果我们将改变航向和改变航速同时考虑，或者将改变航向和（或）航速的幅度进一步细化，还将得到更多的避碰方法。

我们可以把这些避碰方法分为三种避碰方案：1. 只朝一个方向改变航向，理由是这种避碰方案是海上最为常见的避碰方案；2. 制动操纵，包括减速，理由是这种避碰方案不可或缺；3. 剩下的其他避碰方案，本书也称为特殊操纵。驾驶员如果想要以这三种避碰方案衡量本船是否以安全航速行驶，就要从三个层面给予考虑：一，本船速度一般只要能够同时满足第一种和第二种避碰方案，就可以跟安全航速扯上关系，但这并不意味着本船的速度就是安全航速。本船速度是否为安全航速，还要看驾驶员是否能通过正常转向避让和正常制动操纵达到免碰撞的目的。二，本船速度虽然能够同时满足第三种和第二种避碰方案，但我们也认为这种速度并不一定属于安全航速。这种情况下要衡量本船速度是否属于安全航速，还需要确保本船速度不能满足第一种避碰方案才行。三，本船速度无需满足第一种或者第三种避碰方案，而只需满足第二种避碰方案，我们也认为本船当时的速度属于安全航速。

感觉以上写的内容有点跟绕口似的，所以千万不要认为安全航速很好满足。比如，快速船驾驶员认为本船舵效好，便在距离他船较近时进行转向避让。虽然快速船驾驶员虽然能够避免碰撞他船，但毫无疑问，快速船驾驶员在近距离采取避碰行动的行为如果牺牲了正常制动操纵所需要的水域空间，就不能称为安全航速。同样，慢速船驾驶员在雷达速度矢量线的 L_2 长度值触到碰撞危险区域时才进行转向避让操纵，如果慢速船的 L_2 长度值小于的 2 倍旋回圈进距，也就意味着慢速船驾驶员的转向避让行为没有考虑到正常转向避让操纵所需要的水域

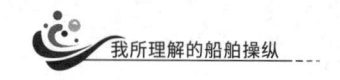

空间，所以也称不上安全航速。再比如，一艘尺寸较大的快速船与一艘尺寸较小的慢速船交叉相遇，那么如何确定两船距离才能保证让路船的速度属于安全航速？其实，不管尺寸大小，不管船速快慢，让路船在避让直航船时，驾驶员就得确保本船要有正常转向和制动操纵所需要的足够水域空间才行。

那么驾驶员如何满足安全航速要求的第一种避碰方案。本书把只朝一个方向改变航向称为第一种避碰方案。关于驾驶员转向避让操纵所需要的足够水域空间，第二章已经分析很清楚了，虽然驾驶员在距离碰撞危险区域还有旋回圈进距时能够转向避让他船，但旋回圈进距属于紧急操纵数据，不能作为正常操纵时使用。驾驶员想要正常旋回操纵所需要的足够水域空间，那么到碰撞危险区域的距离就得至少需要2倍旋回圈进距。这里顺便说一下碰撞危险区域，我们对不同类型的物标理解不一样。对于静止物标来说，碰撞危险区域就在静止物标身上，驾驶员只要在静止物标距离至少2倍旋回圈进距时开始行动就会满足安全航速要求的第一种避碰方案。对于移动物标来说，可能会比较复杂一点，因为如果我们根据避碰规则的内容理解，航行船舶之间会有三种不同会遇态势：对遇局面，追越局面与交叉相遇局面。而交叉相遇局面又分为小角度交叉相遇和大角度交叉相遇。当两船为对遇局面或者小角度交叉相遇局面时，驾驶员在采取转向避让操纵时，一般只需考虑碰撞危险区域至少要超过2倍旋回圈进距即可，此时的碰撞危险区域即为两船在同一时间抵达同一地点的水域；同样，当两船大角度交叉相遇时，驾驶员转向避让除了考虑到碰撞危险区域的距离以外，更主要考虑他船是否在2倍旋回圈进距以外；而两船追越局面时，追越船驾驶员则只需他船距离在旋回圈进距时采取转向避让措施即可。

　　接下来说一下驾驶员如何满足安全航速要求的第二种避碰方案。我们把制动操纵包括减速称为第二种避碰方案。同样，制动操纵包括紧急制动操纵和正常制动操纵。从安全航速的角度讲，如果驾驶员在这个速度之下能够进行正常制动操纵，那么这个速度就可以称为安全航速。写到这里，好像感觉本书关于安全航速的理解，又回到了正常制动冲程的话题上。其实关于安全航速与制动冲程的关系，航海界也有一条不成文的规定：安全航速应根据半距规则来确定，即驾驶员当时所行使的速度应能够使本船在距离碰撞危险区域还有一半的水域空间内停下来，则可称为安全航速。按照本书的观点，正常制动冲程与紧急制动冲程的比值是2比1固定的倍数关系。如果我们把紧急制动冲程等同于半距规则里面提

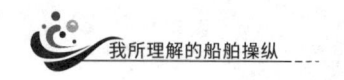

到的距离碰撞危险区域一半的水域空间，那么正常制动冲程将等同于距离碰撞危险区域全部的水域空间。正常制动冲程可以通过雷达速度矢量线 L_1 或者 L_2 长度值取得，驾驶员在雷达上观察，只要双方船舶雷达速度矢量线的箭头终端没有触到同一碰撞危险区域，那么正常制动冲程势必小于本船到碰撞危险区域的实际距离，或者说紧急制动冲程小于本船到碰撞危险区域的实际距离。根据对半距规则的理解，此时 L_1 或者 L_2 长度值所对应的雷达速度应能使本船在距离碰撞危险区域还有一半的水域空间内停下来，即这时候的雷达速度就可以称为安全航速。我们再进一步，雷达速度矢量线的 L_1 或者 L_2 长度值是按照不同的港内速度划分的，而当本船在海上全速行驶时，我们也曾分析过，驾驶员以 T_2 时间值设置雷达速度矢量线，得到的 L_2 长度值将足够驾驶员进行紧急制动操纵，写到这里，不知驾驶员会不会认为，本船以海上全速行时驶时，L_2 长度值只能满足紧急制动的需要，所以本船当时的速度不能算是安全航速。一般情况下，本船海上全速行驶时的 L_2 长度值比 2 倍旋回圈进距大很多，驾驶员在海上避让的通常做法也是优先考虑转向操纵；另外，如果说驾驶员非要在海上全速行驶时的 L_2 长度值进行紧急制动，我们说此时两船相距比较远，驾驶员结合大角度旋回制动或者 Z 形制动，也是能够使本船在距离碰撞危险区域还有一半的水域空间内停下来。综合以上，推断本船在海上全速行驶时雷达速度矢量线的箭头终端只要不触到碰撞危险区域，此时的本船速度就可以称为安全航速。

写到这里，好像感觉还是有不对的地方。比如，假设本船速度只有3节，那么驾驶员以T_1时间值设置雷达速度矢量线，得出的L_1长度值将变得非常小。这种情况下如果说速度矢量线的箭头终端触到碰撞危险区域时，即本船速度不再属于安全航速了，驾驶员就有采取避碰行动的必要。如果此时驾驶员单纯依靠转向操纵这一种避碰方案可能会行不通，因为此时舵效会变得很差。驾驶员没有办法，只能采取正常制动操纵措施，即在适宜的距离内把船停住。驾驶员会不会由此觉得船速低的船舶只能有一种避碰方案？没错，如果只有一种避碰方案，其实非常不符合实际船舶操纵，即本船速度不能同时满足第一种和第二种避碰方案，所以不能认为是安全航速。当慢速船驾驶员以T_1时间值设置雷达速度矢量线的箭头终端触到碰撞危险区域时，实际上两船的距离将非常靠近。就船舶操纵实践而言，慢速船驾驶员通常会在这一距离之前优先考虑转向避让操纵，而不是等距离近了再直接把船停住。驾驶员可能会说，在考虑慢速船的安全航速时，能不能以T_2时间值代替T_1时间值，

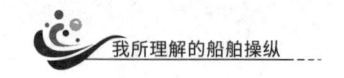

这样雷达速度矢量线的 L_2 长度值就会比 L_1 长度值多一倍距离，多一倍距离就也可以弥补慢速船舵效差转向慢的缺陷。即使用 T_2 时间值代替 T_1 时间值也不一定能够保证慢速船驾驶员有正常旋回操纵所需要的足够水域空间，驾驶员可以比较一下2倍旋回圈进距与雷达速度矢量线 L_2 长度值之间的关系：首先，根据IMO规定旋回圈进距的最大数值计算，2倍旋回圈进距等于9倍的船长距离；其次，假设 L_2 长度值要求与9倍船长距离相等，则驾驶员只需4.5节的船速就能使雷达速度矢量线的 L_2 长度值等同于9倍船长距离，即2倍旋回圈进距。这样分析，如果慢速船速度小于4.5节，驾驶员以 T_2 时间值设置雷达速度矢量线得到的 L_2 长度值将小于2倍旋回圈进距，即慢速船驾驶员以 T_2 时间值代替 T_1 时间值，也无法保证正常旋回操纵所需要的水域空间足够。

按照本书的观点，慢速船驾驶员想要进行转向避让，无论如何都需要至少2倍旋回圈进距作为正常旋回操纵所需要的水域空间。有的驾驶员可能会说，如果船速真的太慢，能不能进行转向避让操纵还真不好说。如果船速太慢真的影响到舵效，驾驶员一般都要采取制动操纵包括减速这种避碰方案。驾驶员可能会继续说，对于慢速船来说，是否也可以进行特殊操纵，比如采取先停车再满舵加车这种转向避让方式？这种情况下慢速船驾驶员即使能通过特殊操纵避让他船，但毕竟不属于海员的通常做法。慢速船驾驶员应首要考虑本船是否能够正常转向避让，而不是首要考虑特殊操纵避让。如果我们更进一步，并不是所有的慢速船都能够在距离碰撞危险区域还有不到2倍旋回圈进距时，驾驶员通过特殊操纵就能有效避让他船。比如有些慢速船的低船速是由自身马力不足引起，那么驾驶员采取先停车再满舵加车这种特殊操纵，不一定会比正常制动操纵更有效。写到这里，顺便说一下，一般商船在抵达泊位或者抛锚地点前，通常需要停车淌航一段时间让船速降下来，假如说商船在停车淌航时与他船发生碰撞危险，驾驶员在考虑如何避让他船时，也是会考虑如何转向避让或者制动避让，而不会考虑如何特殊操纵避让。正因为这样，慢速船驾驶员想要采取正常转向避让措施，无论如何都需要至少2倍旋回圈进距作为正常转向操纵所需要的水域空间。本船速度一般只要能够同时满足第一种和第二种避碰方案，就可以跟安全航速扯上关系，但这并不意味着本船的速度就是安全航速。判断本船速度是否为安全航速，还要看驾驶员是否能通过正常转向避让和正常制动操纵达到免碰撞的目的。

最后说一下驾驶员如何满足安全航速要求的第三种避碰方案。驾驶员从前面关于安全航速的观点也可以看

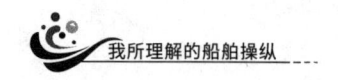

出，驾驶员采取特殊操纵时的速度如果要满足安全航速要求，必须符合两点：1. 驾驶员的特殊操纵避让行动是适当而有效的。2. 当无法采取特殊操纵避让行动时，那么这种速度下驾驶员必须能够在与当时环境和情况相适应的距离以内把船停住。前面我们也举过例子，如果能够采取正常转向操纵避让，但驾驶员不要这样做而非要采取特殊操纵避让，这种行动就不能认为是适当而有效的避碰行动，所以本船采取特殊操纵时的速度就不能认为是安全航速。正因为这样，驾驶员在第三种避碰方案下的安全航速是严格受到限制的，即驾驶员无法采取第一种避碰方案。比如，两船在狭窄航道里会遇，双方驾驶员只能采取"先摆首，再摆尾"这种操纵方式避免发生碰撞，我们就可以认为双方驾驶员当时均以安全航速行驶。又比如，本船在河道里面行驶，驾驶员只能通过先减车，再满舵加车的形式才能顺利过大弯道，我们也认为这种特殊操纵下的速度属于安全航速。这里顺便说一下，这两个例子中，如果驾驶员认为无法通过特殊操纵在狭窄航道里避让他船或者在河道里顺利过大弯道，于是及时采取把船停下来的正常制动操纵措施，我们说只要不发生碰撞，本船当时行驶的速度就可以认为是安全航速。

如果本船无需满足第一种或者第三种避碰方案，而只需满足第二种避碰方案，我们也认为本船当时的速度为安全航速。当然，这种情况主要适合于本船抵达泊位或者抛锚地点前的正常制动操纵。驾驶员需要记住，此时本船不一定需要具备转向操纵或者特殊操纵的能力，因为正常制动操纵才是驾驶员的意图。我们举个例子，正常行驶中的本船如果舵效突然失灵，在这种情况下的本船在碰撞危险到来之前，驾驶员如果能通过正常制动操纵使本船停下来，我们就可以认为本船当时行驶的速度属于安全航速。有的驾驶员可能会说，为什么不是紧急制动操纵？因为紧急制动操纵毕竟不符合海员的通常做法。另外如果从避碰规则层面的意思来看，紧急制动操纵虽然是有效的避碰行动，但不是适当的避碰行动。

记得有句话叫作"小心驶得万年船"，作为一名合格的驾驶员，无论如何都得在本船还处于安全航速时，就要考虑到万一发生碰撞危险时的各种可能避碰方案。就船舶操纵实践而言，本船在海上或者港内行驶时，正常情况下驾驶员都会同时具备正常转向制动和正常制动操纵两种避碰方案。有的驾驶员可能会说，既然本船同时具备这两种避碰方案，那么驾驶员何时采取避让行动才算安全？可能每个驾驶员对何时采取避碰行动都会有不同的看法，比如之前提到过的快速船驾驶员在距离他船较近时进行转向避让，我们说这种情况下快速船驾驶员只要能够避让他船，就不能认为不安全。当然，如果快速船驾驶员能够早点采取转向避让操纵，我们更会觉得快速船驾驶员的安全意识很强。驾驶员可能继续说，当两船发生碰撞危险时，新手驾驶员如果想早点采取避碰行动，但资深船长认为没有必要这么早采取避碰行动，但如果想晚点采取避碰行动又感觉避碰时机把握不好，这该如何是好？当两船发生碰撞危险时，本书将根据本船距离碰撞危险区域的远近进一步划分为三个阶段：碰撞危机、紧迫局面、紧迫危险。船舶操纵实践中，绝大多数驾驶员都是在碰撞危机或者紧迫局面阶段采取避碰行动的，这没有对错之分。因为篇幅的关系，在后面的章节详细讨论关于碰撞危险的三个阶段。

驾驶员如果以 T_2 时间值设置雷达速度矢量线，当矢量线的箭头终端触到碰撞危险区域时，就说明本船进入碰撞危险。虽然如此，双方驾驶员在各自 ARPA 雷达上设置速度矢量线时，如果两船的尺寸和速度不一样，这将导致双方驾驶员在各自 ARPA 雷达上的 T_2 时间值设置标准不一样，由此得到的 L_2 长度值也不一样。正因为如此，双方驾驶员对何时进入碰撞危险的三个阶段无法形成统一的认识。我们举个例子，假设商船甲：长度230米，船速 15 节；商船乙：长度 92 米，船速 6 节。商船甲驾驶员设置的 T_2 时间值为 15 分钟，商船乙驾驶员设

置的 T_2 时间值为 6 分钟。我们再根据两船的速度计算各自的 L_2 长度值，在商船甲 ARPA 雷达上：商船甲为 3.75 海里，商船乙为 1.5 海里；同样，在商船乙 ARPA 雷达上：商船乙为 0.6 海里，商船甲为 1.5 海里。不知驾驶员发现没有，双方驾驶员在各自 ARPA 雷达上发现他船速度矢量线的 L_2 长度值与他船实际的 L_2 长度值均不一样，这是因为本船 ARPA 雷达无法识别他船尺寸，以至本船 ARPA 雷达在计算他船速度矢量线的 L_2 长度值时，只能默认他船的尺寸与本船的尺寸一样。在这种情况下假如说两船处于对遇局面时，商船甲驾驶员将认为两船进入碰撞危险的距离为 3.75+1.5=5.25 海里；而商船乙驾驶员则认为两船进入碰撞危险的距离为 0.6+2.5=2.1 海里。有的驾驶员可能会说，假如商船乙驾驶员想在其雷达速度矢量线的箭头终端触到危撞危险区域时才开始行动，那么这个距离会不会有点近？我们分析一下：商船乙驾驶员开始采取避碰行动时，此时距离商船甲为 2.1 海里。但问题是，商船甲驾驶员是否允许商船乙在这个距离时采取避碰行动？正常情况下都不会出现这种局面，商船甲驾驶员肯定会在这个距离之前就开始采取避碰行动。至于为什么会这样？因为这个距离对于商船乙驾驶员来说才刚进入碰撞危机阶段，而商船甲驾驶员则认为已经进入紧迫局面阶段了。这种情况也符合驾驶

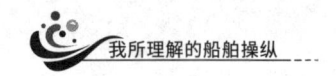

员在海上看到的场景，比如，尺寸大的船舶与尺寸小的船舶交叉相遇致有碰撞危险时，尺寸小的船舶驾驶员总认为可以晚点行动，这种做法就像渔船避让商船一样，可以在1海里甚至更短的距离内采取避碰行动，但商船驾驶员的想法可不一样，他必须考虑自身船舶的操纵性能，所以需要在更远的距离采取避碰行动。

继续这个例子。假设商船乙驾驶员一直不采取避碰行动，而商船甲驾驶员在距离碰撞危险区域还有3.75海里时才考虑开始行动，此时两船相距5.25海里。我们再计算一下商船甲的2倍旋回圈进距，这边同样以IMO规范要求的最大数值考虑，由此计算得到商船甲的2倍旋回圈进距为1.12海里。不知驾驶员发现没有，从3.75海里到1.12海里，中间差值为2.63海里。如果说有足够的水域空间，商船甲驾驶员晚点行动也是可以的，毕竟商船甲驾驶员有足够正常转向避让操纵所需要的水域空间。这种情况下对商船甲驾驶员来说，开始转向避让的时机在距离船商乙为2.62～5.25海里。驾驶员想象一下两船的这种距离，这是不是非常符合实际船舶操纵？我们换位思考一下，假设商船甲驾驶员一直不采取避碰行动，而商船乙驾驶员在距离碰撞危险区域还有0.6海里时才考虑开始行动,此时两船相距2.1海里。商船乙的2倍旋回圈进距同样以IMO规范要求的最大数值考虑，我们计算得到0.45海里。按照本书的观点，0.6海里与0.45海里两个数值相差不大，假如说商船乙驾驶员没有在距离碰撞危险区域还有0.6海里时开始行动，当两船距离再减少0.15海里时，此时商船乙驾驶员如果还以转向避让操纵为主，那么将达不到正常转向操纵所需要水域空间的要求。0.15海里的距离就对遇局面来说，也就转瞬即逝的事，商船乙驾驶员想要进行转向避让操纵，务必在距离他船至少还有1.95海里时采取避碰行动才是合适的。

有的驾驶员可能会说，商船乙雷达速度矢量线的箭头终端触到碰撞危险区域时，转向避让操纵时机为什么会这么短？前面我们说过，4.5节速度刚好满足雷达速度矢量线的L_2长度值等同于2倍旋回圈进距，而商船乙以6节速度行驶我认为这个速度比较靠近4.5节，所以计算得出的L_2长度值也会比较靠近2倍旋回圈进距，驾驶员如果不及时转向避让操纵，那么在1.5分钟后就会丧失正常旋回操纵所需要的水域空间。为避免这种情况发生，一旦本船速度只要不超过9节时，驾驶员就得非常小心。具体来讲，当本船速度在4.5节～9节时，如果驾驶员以T_2时间值设置速度矢量线的箭头终端触到碰撞危险区域，驾驶员最好立即采取转向避让行动。这里顺便说一下，以上不超过9节的速度，本书是以IMO

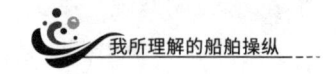

规范要求旋回圈进距的最大数值考虑的。船舶操纵实践中，驾驶员可以根据本船的实际旋回圈进距，得到自己所需要的速度。一般情况下，大部分船舶2倍旋回圈进距对应的速度应在6～8节。这里再介绍一下本书关于2倍旋回圈进距所对应速度的看法，这个速度应该非常接近港内前进二时对应的速度。本书中偶尔也会提到慢速船与快速船。关于慢速船与快速船的区分，本书是以港内前进二时速度作为衡量标准的。另外，本书中除非另有说明，不然均假设本船为快速船。

前面讲了很多次的碰撞危险区域，我们现在分析一下。按照雷达手册的观点，本船与物标在同一时间抵达同一地点即所谓的碰撞危险区域，在雷达上将显示本船与物标两个速度矢量线的箭头终端触到同一区域。驾驶员一定要明白碰撞危险区域存在的条件，即本船与物标在"同一时间"和"同一地点"这两个条件必不可少。同一时间可以是同样一段很长的时间，也可以是同样一段很短的时间，这就好比驾驶员可以对雷达速度矢量线进行时间值设置一样，如果说设置的时间值越大，雷达速度矢量线的长度越长，也越有利于驾驶员及早判断本船是否存在碰撞危险。本书中并不鼓励驾驶员对雷达速度矢量线的设置超过T_2时间值标准，主要有以下考虑：
1. 在交通复杂的水域，驾驶员同时对多船进行ARPA雷达标绘,将会造成多条雷达速度矢量线相互交错的局面,反而不利于判断碰撞危险;2.这种做法很容易让驾驶员丧失避碰操纵的原则性,即对有碰撞危险的他船太早进行避让,长久以往将造成驾驶员船舶操纵技术水平的下降。比如笔者原来公司的一个船长,在新加坡海峡如果碰见本船与其他两艘船舶同时发生碰撞危险,就会把没有当班的驾驶员全部叫上来解决碰撞危险问题。当然,这也没有什么错,因为原来管理公司SMS体系文件对瞭望的规定分为5个等级。等级最高的时候,即本船在交通复杂的水域航行时,驾驶台需配备足够的驾驶员和瞭望人员。表面上看,船长是在执行体系文件关于船舶交通密集水域航行自查表的内容条款,但如果本船只与其他两艘船同时发生碰撞危险,般长是否真需要把不当班的驾驶员都叫上驾驶台?这里不作讨论。

我们继续讨论碰撞危险区域存在的另外一个条件——同一地点。同一地点只能是本船与物标在同一时间抵达的共同地点,即所谓的碰撞危险区域。当本船与物标发生碰撞了,本船受损可能只是一个点,或者一个面,或者一个部分,或者一个整体,所以说是碰撞危险区域。我想说碰撞危险区域不论大小,驾驶员采取避碰行动时都要尽量远离碰撞危险区域,就像避碰规则所说的在安全的距离上驶过。关于安全的距离,本书中认为,

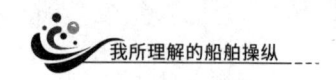

本船海上全速从陆地或者他船旁边驶过时，应避免发生岸壁或者船间效应，到陆地或者他船应不低于2倍船长距离才算安全。如果说本船无法满足这个条件，驾驶员就应备车航行。

在交通复杂的水域，本船速度矢量线的延长线上可能汇集好几个碰撞危险区域，即本船将与多船在不同的时间段发生会遇，导致存在好几个碰撞危险区域。在众多的碰撞危险区域当中，本船将与最早到达同一碰撞危险区域的他船发生碰撞。不知驾驶员发现没有，当本船与多船同时发生碰撞危险时，如果雷达速度矢量线的 L_2 长度值越大，驾驶员越不容易辨别本船将与哪艘船先发生碰撞，针对这种情况，必要地修改一下雷达速度矢量线的时间值或许可以解决，但修改值无论如何都不能低于 T_1 时间值。另外，驾驶员如果能够确认物标与本船不发生碰撞危险，就不要对其进行ARPA雷达标绘，以免对危险物标的雷达速度矢量线造成不必要的干扰。在对多个危险物标同一时间处理时，这里我们再回顾一下此前章节写过的一段话：资深驾驶员会有物标危险等级的概念，他会优先处理危险等级最高或者TCPA最短的物标。不光如此，资深驾驶员还会利用一切可用手段，帮助其记忆其他危险物标，比如利用雷达电子距标圈或者电子方位线跟踪危险物就比记住硬邦邦的TCPA与DCPA

数据容易。关于碰撞危险区域，还存在另外一种可能，即本船与多船在同一时间汇集在一起时的碰撞危险区域，比如通航分道的端部或者警戒区就容易出现这种情况，这种结果将导致本船与多船在同一时间同一地点发生碰撞危险，驾驶员应尽量避免此类情况发生。

驾驶员该如何避免此类情况发生或者说如何避免发生碰撞？我们按照雷达手册的观点，碰撞危险区域存在时，本船与物标在"同一时间"和"同一地点"这两个条件必不可少。既然这样，驾驶员只要破坏了其中的一个条件，本船与物标发生的碰撞危险将不复存在。驾驶员的通常做法是要么改变航向，即创造所谓的空间差，使本船与物标错开同一空间，即同时但不同地出现；或者说要么改变航速甚至把船停住，即创造所谓的时间差，使本船与物标错开同一时间，即同地但不同时出现。当然，驾驶员也可以将改变航向和改变航速两个措施结合在一起，即同时创造所谓的时间差和空间差，使本船与物标错开同一时间和同一空间，即不同时也不同地出现。

第四章　目测串视线

第四章 目测串视线

这一章非常重要，驾驶员学好目测串视线知识，可以毫不夸张地说，就可以逐渐摆脱对助航仪器的依赖。

本船由港口驶向泊位的过程中，大多数驾驶员一定对引航员不怎么依赖助航仪器的操船技能非常羡慕。具体来讲，引航员在驾驶台时，通常只需看看窗户外面，就能及时了解本船是否处于安全水域内；当周围存在他船或者障碍物时，引航员也能迅速判断本船是否存在碰撞危险；当驶向码头泊位时，引航员还能恰到好处地进行制动操纵，使本船在泊位前沿水域平稳停下来……这样的例子应该很多，引航员这种不怎么依靠助航仪器的操船技能，均离不开目测串视线知识。但很可惜，航海院校的老师很少能够介绍到目测串视线知识，好像也

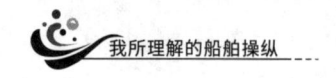

只有航海学中有岛礁航行时"开门"和"关门"的简单介绍。没有系统的目测串视线知识引导,很多新手驾驶员在从实习生变成船长的职业生涯中,也只能依靠助航仪器进行船舶操纵。通常情况下,助航仪器只能解决船舶操纵实践当中的常规局面,无法解决特殊或者突发局面。比如之前讲过的木质渔船,如果出现很多这样的木质渔船,而雷达又探测不到,驾驶员会不会因此感到束手无策?曾听说有这样一道关于引航员的面试题目,面试官问考生:"如果船上两部雷达都坏了,你敢不敢把船开进码头?"这样的问题考生回答"敢"或"不敢"都会被拒绝掉。驾驶员会不会感到迷茫?其实这种问题没有标准答案。首先,考生如果说"不敢",面试官会觉得考生操船技术或者职业素养有问题,即把一艘缺陷船放在港外不管,这不符合常理;其次,考生说"敢",然后解释怎么利用目测串视线操船,面试官还是会觉得考生没有安全意识。那么,考生该如何回答这种问题?考生不妨先与面试官聊一聊风险评估,再回答"敢"或者"不敢"的问题,按照这个逻辑,面试官应该不怎么再会为难考生。

既然航海院校老师没有介绍系统的目测串视线知识,笔者就把自己理解的目测串视线技能跟驾驶员分享一下。我们首先讨论一下目测串视线的概念。关于这个

第四章 目测串视线

概念，目前已有的资料中没有找到相关的概念。笔者只能用自己理解的语言描述：我们知道两点能够确定一条直线，那么驾驶员用眼睛观测到这两点成一条直线，这一条直线就变成驾驶员的目测串视线，即目测串视线的概念。我们更进一步，这一条直线是驾驶员在本船上的某一位置用眼睛观测得到的，所以这一条直线又被称作本船的串视线。驾驶员知道了目测串视线的概念，如果再问什么是串视物标，驾驶员应很好理解串视物标的意思，这里就不再废话。这里顺便说一下，为方便称呼两个串视物标，本书有时也将距离驾驶员较近的串视物标称为近标，而将距离驾驶员较远的串视物标称为远标。

按照本书的观点，驾驶员的目测串视线必须首先是位置线，然后才是距离线或者方位线。比如，本船在航道行驶时，如果某一时刻，驾驶员发现自己与防波堤口子连成一条直线，就说明本船的位置在防波堤口子连成的直线上，驾驶员此时与防波堤形成的目测串视线即本船的位置线。另外，驾驶员如果在海图上做一番功课，比如预先在海图上得到防波堤口子距离泊位还有2海里，我们又可以把这一位置线当作距离线，即驾驶员目测到自己与防波堤口子形成一条串视线时，此时本船距离泊位还有2海里。至于如何理解目测串视线既是位置线，又是方位线，我们再举个例子。本船在航道中行驶，

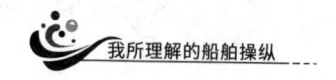

如果某一时刻驾驶员发现自己与前方两个引导灯桩连成一条直线，那么说明本船位置是在两个引导灯桩连线的延长线上，驾驶员此时的目测串视线就为本船的位置线；另外，两个引导灯桩连线也代表某一特定方位，驾驶员与两个引导灯桩形成的串视线自然而然也被称作本船的一条方位线。这里顺便说一下，假如上述两个引导灯桩与防波堤口子的例子恰巧发生在同一地点，那么两条位置线相交就变成本船的船位了。就船舶操纵实践而言，引航员也是这么观测的，他可以根据目测串视线判断本船的位置、方位或者距离，这也是驾驶员需要向引航员学习的地方。

　　有的驾驶员可能会说，如果不好判断目测串视线到底是距离线还是方位线怎么办？其实，不同的场景应该有不同的表达，这主要看驾驶员想要达到什么样的目的。比如上述防波堤口子的连线也可以被当作一条方位线使用，但对于进港的本船来说，可能意义相较于距离线还是差了一丁点，毕竟驾驶员会更在乎到达泊位还有多少距离；但如果驾驶员需要在本船与防波堤口子正横时转向，此时把防波堤口子的连线当作方位线意义就不一样了。同样，当本船沿着两个引导灯桩的连线这一方位线行驶时，如果说两侧有浅滩礁石等航行障碍物，此时驾驶员把这一方位线又当作距离线使用，也具有特别的意义。

　　船舶操纵实践中，目测串视线如果被作为距离线使用，更多的是提醒功能意义，这好比驾驶员在海图上进行距离位置标注一样。比如，我们经常在海图上看到船长或者驾驶员进行这样的标注，多少距离位置开始甚高频无线通信系统呼叫港口和引航站，多少距离位置通知机舱备车，多少距离位置开始减车，等等。在实际操作中，船长或者驾驶员在计划航线上的距离位置标注只是针对引航员上船之前的方案策略，当引航员上船之后，基本没有什么方案策略了。比如哪个水域有限度规定，哪个水域必须将船速降到维持舵效的最低速度，哪个水域可以进行掉头操纵，等等。尤其是在港内，很多船长或者驾驶员都认为船舶操纵是引航员的事，与自己没什么关系，这样的思想认识只能让船长或者驾驶员越来越依赖引航员，而对提高船舶操纵技术没有任何帮助。曾有过这样的一个案例，某船港内航行，引航员突然告诉船长说肚子不舒服，需要上几分钟的卫生间，船长说没问题。结果引航员离开驾驶台大约5分钟后，某船就与其他船撞在一起了。后来调查发现船长包括驾驶员当时太过专注前面的其他船舶，而没有意识到会有第三者从分汊河口驶出，所以才会发生碰撞事故。假如说船长包括驾驶员当时能够提前在海图上做一番功课，驾驶台团

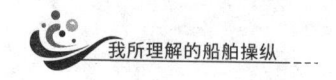

队就会意识到分汊河口的存在并谨慎航行。

我们再来聊聊串视线被作为方位线使用的意义。串视线被作为方位线使用可以说运用非常广泛，它除了有提醒功能之外，还有定位、导航、避碰、防止搁浅等功能。举个例子，本船在航道中行驶，如果某一时刻驾驶员发现自己与右前方的两个绿色浮标形成一条串视线，毋庸置疑，这是在提醒驾驶员，本船行驶在航道的右边界上，驾驶员必须立即纠正航向，否则本船有偏离航道的风险。我们继续讨论这个例子，当驾驶员发现自己与两个绿色浮标连成一条串视线后，驾驶员是不是可以比较船首航向与串视物标方位，得出本船的罗经差？以上是一句玩笑话，本船行驶于航道的右边界上，驾驶员最好立即向左转向并重新回归航道内。如果再问一下，本船向左转向时，驾驶员再观察这两个串视物标会发现什么变化？很明显，驾驶员会发现距离本船较远的绿色浮标相对距离较近的绿色浮标发生向左错开运动，即驾驶员发现自己正在向左离开原来的串视线（即航道的右边界）。按照本书的观点，驾驶员是在本船上的某一位置进行这样的观测，驾驶员的观测结果也代表本船正在返回航道里面。驾驶员按照同样方法，在同一时刻观察左前方的两个红色浮标，如果发现距离较远的红色浮标在距离较近的红色浮标右边，就说明本船同一时刻在航道

第四章 目测串视线

左边界的右边。

就船舶操纵实践而言，驾驶员对航道串视物标的观测运用，还可以进一步延伸。比如，驾驶员如果想知道本船是否在航道中央，就得确保左右两侧各自的远标相对于近标的错开距离相等；再比如，驾驶员如果想知道本船是否在航道的右侧水域行驶，就得确保右边界远标相对于近标错开运动比左边界远标相对于近标错开运动的变化程度更慢。以上说法也不绝对正确，如果说左右两对串视物标没有对称分布在航道的左右两边，那么驾驶员进行这样的判断就会不准确。至于为什么会这样，可能是因为驾驶员在观测串视物标时，会存在一些影响视觉灵敏度的因素。这里再提醒一下，驾驶员观测串视物标时，一定要选择前方距离本船最近的两个串视物标进行观测。这不单纯是从灵敏度因素考虑，假如说航道弯曲，距离本船较远的两个红色浮标或者两个绿色浮标可能意味着下个航向的边界线，而不是本船现在行驶航向的边界线。本船在弯曲航道内行驶时，驾驶员如果看到前方距离本船最近的两个串视物标连线与现在的航道走向不一致，说明本船开始逐渐接近至下个航向的转向点了，驾驶员是时候开始考虑转向了；当然，驾驶员什么时候开始转向，还得看本船是否即将进入下个航向的边界线里面。

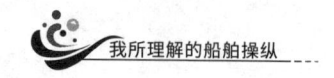

通过上述例子,我们知道,驾驶员正是依靠串视物标的帮助,才知道本船是否行驶在航道内。这也说明串视物标是在告诉驾驶员有关本船的位置信息,驾驶员才知道本船是否行驶在航道内。正因为如此,驾驶员必须具备能够利用串视物标判断本船位置信息的能力,这很重要。比如对前方的两个静止物标进行目测串视线观测,驾驶员就要能够判断本船是否有向左或者向右的运动趋势。这里顺便说一下,驾驶员越是选择靠近首尾中心线方向的串视物标越有代表意义。原因很简单,本船是以首尾中心线作为轴线划分左右方向,所以串视物标在首尾中心线方向附近时,驾驶员判断本船向左或者向右运动的趋势也越准确。再比如对本船正横附近的两个静止物标进行目测串视线观测,驾驶员就要能够判断出本船是否有向前或者向后运动的趋势。同样,选择的串视物标越靠近本船正横时,驾驶员对于本船向前或者向后运动的趋势判断也越准确。我们发现,有些船长或者引航员站在驾驶台外面指挥靠离泊时,经常会问里面的驾驶员,本船速度朝前还是朝后?关键在于,船长或者引航员要是自己懂得看正横附近的串视物标,就不必通过驾驶员传递信息了,驾驶员传递的信息不一定能够准确无误。比如,很多新手驾驶员无法区分靠离泊时,船长或者引航员需要什么样的速度,甚至经常把对地速度与前后速度混淆起来，这样就无法说清楚本船速度是朝前还是朝后。

为什么区分速度这么重要？因为本船虽然是被设计成前后运动趋势的，但实际上本船在前后运动的过程中，还会受到风流影响。正因为这样，本船在前后运动的同时，也会向左或者向右运动，即本船是斜着方向在行驶。关于这一点，当驾驶员在雷达上看到速度矢量线方向与船首航向不一致时，也能够说明本船是在斜向运动。这里顺便说一下，本船的对地速度正是本船斜向运动时的速度，即本船受风流影响后的实际行驶速度。如果我们更进一步，对地速度又可以分解为前后速度（又称纵向速度）和左右速度（又称横向速度）。现在功能好一点的雷达，驾驶员除了能够读取对地速度外，还能够读取纵向速度和横向速度。船舶操纵实践中，如果说本船速度很快，那么风流影响程度就相对较小，纵向速度与对地速度的数值也会相差不大。此时如果船长或者引航员问速度多少节，驾驶员回答对地速度或者纵向速度两者差别不大。其实按照笔者个人的理解，船速很快时船长或者引航员更想知道对地速度才对。我们再看一下船速很慢时的情况。毫无疑问，船速很慢时受风流影响程度更大，这将使本船的斜向运动更为明显，纵向速度与对地速度的数值也会有比较大的差别。本船驶向泊

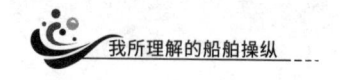

位过程中，速度一般来讲都较为缓慢，为了确保能够在泊位前沿水域平稳地停下来，此时船长或者引航员需要的是纵向速度，而驾驶员如果还在报告对地速度，势必引起误解。

这里再提一下雷达速度矢量线。雷达对地运动模式时，驾驶员经常会发现速度矢量线方向与船首航向不一致，驾驶员需明白雷达速度矢量线方向等同于对地航向，即本船受风流影响后的实际航迹向。雷达速度矢量线方向与船首航向的夹角被称为风流压差角，驾驶员如果想保持计划航向行驶，就得反向压舵使对地航向与计划航向保持一致。就船舶操纵实践而言，驾驶员只要观察雷达速度矢量线方向偏离船首航向的哪一边，即可知本船向左还是向右运动的趋势。同样，驾驶员只要观察雷达速度矢量线方向相对于雷达船位朝前或者朝后，即可知本船向前还是向后的运动趋势。驾驶员千万不要以为有了雷达速度矢量线的帮助，就可以忽略对串视物标的观测。毕竟雷达速度矢量线通过各种助航仪器分析得到的，所以有一定的滞后性。举个例子，本船转向时，雷达速度矢量线的方向就不可相信，驾驶员需要船首航向稳定一段时间后才能正确读取。同样，本船在多岛屿或者礁石的水域之间航行时，雷达速度矢量线方向也不能相信。比如，福州闽江口的金牌门水域经常是水流湍急而且流向复杂，此时驾驶员如果相信雷达速度矢量线方向，就有可能造成灾难性后果。

我们再说一下纵向速度和横向速度为零时的判断方法。比如，在雷达屏幕上，驾驶员如果发现速度矢量线方向与船首航向重合时，此时本船就没有横向速度，只有纵向速度；同样，驾驶员如果发现速度矢量线方向与船首航向呈直角正横时，此时本船就没有纵向速度，只有横向速度，锚泊中的本船，如果只进行左右偏荡，驾驶员就会在雷达屏幕上发现速度矢量线方向与船首航向垂直。船舶操纵实践中，驾驶员除了利用雷达获取本船是否有横向或者纵向速度外，也可以通过目测串视线获取，比如驾驶员不间断或者定期连续观测本船正前方或者正横方向附近的串视物标，如果较远的静止物标没有相对于较近的静止物标发生错开运动，就可以知道本船的横向速度或者纵向速度为零。本船慢速行驶时，因为风流影响程度相对较大，一般横向速度很难完全为零，驾驶员就要警惕这种横向运动趋势是否会对本船造成不利影响。曾听说过这样一个案例，某船近距离与码头保持平行方向行驶，然而走着走着，不知不觉船身撞向码头。在这个案例中某船肯定同时带有横向运动趋势，只是驾驶员当时没察觉出来而已。这个案例也可以认为是岸壁效应的一个典型，驾驶员如果能够预先判断本船的横向运动趋势，就能避免这种结果发生。

  有的驾驶员可能会说，船舶操纵实践中可能很难做到让行驶中的本船横向速度变为零，只能说通过改向或者变速减缓这种趋势。毕竟本船是被设计成前后运动方向的，驾驶员要通过改变纵向运动使横向运动变为零基本很难，除非船首航向正对准风流影响方向。当然，船舶操纵实践中如果想让本船的纵向速度变为零就很容易，这也是驾驶员需要掌握的一项技能。比如，本船靠拢或者离开泊位过程中经常要求纵向速度为零，驾驶员就可以根据本船正横附近的串视物标判断纵向速度是否为零，如果不为零，就有必要用车加以调整。

  驾驶员可以利用正横附近的串视物标判断本船的纵向速度是否为零，这是最简单最直接最准确的方法。具体来讲，驾驶员只需花费几秒钟时间观测正横附近的串视物标，如果两个串视物标没有发生错开运动，就说明本船的纵向速度已为零。纵向速度为零有诸多好处，比如本船靠拢或者离开泊位过程中，如果纵向速度为零，驾驶员就不需要担心本船会接近前面或者后面的其他靠泊船。再比如，本船在港内掉头过程中如果纵向速度为零，驾驶员就能够确保本船是在原地进行掉头。这里顺便说一下，如果本船周围的水域空间足够，驾驶员在操纵船舶时对纵向速度为零的要求可能就没那么高。比如抛锚时，驾驶员只要观察螺旋桨的倒车水花是否到达船中，就能基本判断本船是否已停住。严格来讲，这种停住是本船对水的停住，而不是对地的停住。但无论怎么停住，对不需要高精度抛锚的本船来说已经足够。这种方法就像有些驾驶员把GPS的对地速度为零，或者计程仪的对水速度为零当作本船的纵向速度为零一样。

我们再看一下目测串视线如何为减速时机提供帮助。驾驶员都知道，本船白天靠泊时，泊位上经常立着一面"N"旗，表示本船停下来时的驾驶台位置，而驾驶员所在位置也同样代表本船的驾驶台位置，驾驶员靠泊的任务之一就是需要确保本船驾驶台到达"N"旗位置时能够停下来。那么在驶向泊位的过程中，驾驶员就要对"N"旗及后面的背景参照物进行目测观测。如果说驾驶员观察到背景参照物相对于"N"旗朝后发生错开运动，说明本船的实际航迹向（即对地航向）在"N"旗后面，本船驾驶台将无法到达"N"旗位置，驾驶员需适当加速或者拉开与泊位横档距离以使本船对地航向能够指向"N"旗位置；本船在驶向泊位的过程中，如果说驾驶员发现自己与"N"旗和背景参照物始终成一条直线，说明本船刚好能够抵达"N"旗位置。当然，靠泊可不是这么简单，因为驾驶员通常需要在泊位前沿水域 1～2 倍船宽距离把船停住，而本船驶近泊位的过程中，驾驶员还

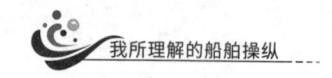

需要不断减速，这样就很难保证驾驶员视线与"N"旗和背景参照物始终连成一条直线，除非本船距离泊位横档距离越来越近；但驾驶员这样操纵，很容易让本船撞向泊位。正确的做法最好是驾驶员在减速过程中，要确保背景参照物能够相对于"N"旗不断向前错开，但这种错开运动的变化率需要不断减慢，直至最后抵达"N"旗位置时错开运动的变化率为零，此时船速也会变为零。可能驾驶员对错开运动的变化率不熟悉，这里换一种说法也许更容易令人接受：驾驶员在减速的过程中，就要确保驾驶员观察到"N"旗的舷角方位能够越来越靠近本船的正横方向，但舷角方位的变化率要越变越慢，直至最后抵达"N"旗位置时，舷角方位变化率为零。当"N"旗刚好位于正横时，说明本船已到达泊位前沿水域；当背景参照物不再相对于"N"旗发生错开运动时，说明本船已在泊位前沿水域停下来。这里再次强调一下，本船驶向泊位的过程中，驾驶员需要不断调整船身与泊位的横档距离，以便确保本船在泊位前沿水域完全停下来的时候有一定的安全距离，比如上述讲的 1～2 倍船宽距离。

关于上述驾驶员用目测串视线靠泊的方法，这里进一步说明：1. 本船驶向泊位时，驾驶员在减速过程中要确保"N"旗后面的背景参照物始终向前错开，否则本船将到不了"N"旗位置。这里顺便说一下,如果"N"旗后面的背景参照物朝后错开,也可能不是船速太慢的问题,驾驶员需要检查一下本船与码头泊位的横档距离后再作决定。2. 在减速的初始阶段,本船距离"N"旗位置可能较远,驾驶员观察背景参照物相对于"N"旗是否发生错开运动,并不那么好判断。正因为这样,笔者建议驾驶员在减速的初始阶段最好利用雷达速度矢量线帮忙减速,等距离"N"旗较近时再改用目测串视线方法进行观测。事实上,引航员也是这么做的,当引航员站到驾驶台外面指挥时,此时本船到泊位距离已经较近了。3. 本船越来越靠近泊位时,如果驾驶员观察到背景参照物相对于"N"旗的错开变化率还很快,驾驶员需要首先检查本船与码头泊位横档的距离再判断船速是否太快。如果说横档距离足够而船速又太快的话,驾驶员就得当机立断进行减速,否则越接近泊位的前沿水域越来不及减速。这里顺便说一下,驾驶员确保本船与泊位留有一定横档距离的目的是避免本船在驶近泊位过程中被风流压向岸侧;另外驾驶员在快接近泊位前沿水域时为使本船停下来进行倒车操纵,此时如有一定的横档距离本船发生偏转时不会撞向码头泊位。4. 本船在驶向泊位过程中,驾驶员需要不断减速以确保背景参照物相对于"N"旗错开运动的变化率不断减慢,直到抵达泊位时错开运动的变化率为零。关于这一点，如果驾驶员在快到泊位时如果能够将船速控制在 1 节以内，那么将很容易通过正常制动操纵使船速下降为零。

  这里强调一下，上述内容几次提到的"背景参照物"不是指同一个远物标。当"N"旗后面的背景参照物相对于"N"旗发生错开运动时，驾驶员每次观察"N"旗后面的背景，总会不断涌现新的"参照物"；而最新的"背景参照物"总是位于驾驶员与"N"旗连成直线的正后方。驾驶员看不见最新的"背景参照物"，所以把"N"旗当成最新的"背景参照物"。这样，驾驶员在判断"N"旗与背景参照物错开运动的快慢程度时，只需在单位时间内比较"N"旗正后方涌现出的"参照物"相对于"N"旗错开距离的变化情况，就可以得出错开运动的快慢程度。值得一提的是，本船与"N"旗位置距离较近时，驾驶员将很容易判断出"N"旗错开运动的快慢程度。

  我们继续讲目测串视线的运用。前面我们提过，本船行驶时，驾驶员通过不间断或者定期连续的观测，发现前方两个静止物标没有相互错开，此时两个静止物标与驾驶员形成的串视线可以被理解为本船沿着这条方位线行驶，那么，这条方位线就为本船的对地航向，即本船朝着两个静止物标连线的方向行驶。不知驾驶员有没有想过这样行驶的结果？很明显，本船将与距离较近的静止物标发生碰撞。这个结果非常重要，因为这是当周围有明显的静止物标时，驾驶员目测与距离较近的静止物标是否存在碰撞危险的重要方法。即本船行驶时，如果驾驶员发现前方两个静止的物标没有发生错开运动，就说明本船与距离较近的静止物标存在碰撞危险。比如之前讲过的例子，本船在航道中行驶时，某一时刻驾驶员发现自己与右前方两个绿色浮标形成一条串视线；驾驶员在随后的观测中，发现这两个绿色浮标一直没有错开，说明本船将与较近的绿色浮标存在碰撞危险。

驾驶员对周围物标是否存在碰撞危险的判断非常重要，特别是在港内行驶时，一方面周围通常存在众多的静止物标，另一方面船速较低更容易受风流影响，这时就需要驾驶员迅速做出本船是否与这些物标存在碰撞危险的判断。例如，之前提到这样一个案例，××船近距离与码头保持平行方向行驶，然而走着走着，不知不觉船身撞向码头。如果说驾驶员当时懂得利用目测串视线判断本船是否存在碰撞危险，××船也就不会撞向码头了。不知驾驶员会不会想到这样一个问题，因为码头是平的而且前后都差不多，驾驶员可能不好寻找串视物标。其实驾驶员并不一定需要找到能够与眼睛连成一条直线的两个串视物标；相反，驾驶员可以寻找码头上比较好观测的一个物标，比如说某个缆桩；然后通过这个

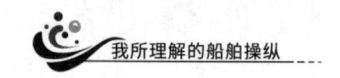

缆桩锁定其后面的背景参照物。驾驶员利用这两个串视物标进行观察，如果说下一时刻背景参照物没有相对于缆桩发生向前错开运动，说明本船将与缆桩所在的码头位置存在碰撞危险，驾驶员有必要及时调整航向和（或）航速。有的驾驶员可能会说，假如说下一时刻背景参照物相对于缆桩发生向前错开运动呢？这种情况表明本船将清爽缆桩所在的码头位置，驾驶员有必要继续观测下个缆桩，直到码头全部清爽为止。

  船舶操纵实践中，也可能存在另外一种状况，即距离本船较近的静止物标（近标）后面没有背景参照物。按照本书的观点，这种情况下驾驶员也可以寻找不在同一条直线上较远的其他静止物标作为远标，这样驾驶员观测两个静止物标时，就会发现远标相对于近标有一段错开距离。当本船正常行驶时，如果驾驶员目测到这段错开距离一直保持不变，也能说明本船将与近标存在碰撞危险。曾有这样一个案例，××船在航道中间行驶时，不知不觉就撞上右边浮标了。我们来分析一下该案例的目测串视线，假设××船当时撞上的是A4红色浮标，同方向较远的A6红色浮标为A4红色浮标的背景参照物；如果说驾驶员有注意到这两个串视物标的话，他会发现本船从碰撞之前到碰撞之时，A6红色浮标相较于A4红色浮标的错开距离始终没有发生什么变化，即远标没有

第四章 目测串视线

与近标发生相对运动，本船实际是朝 A4 红色浮标方向行驶的。综合上述分析，在判断本船与近标是否存在碰撞危险时，驾驶员一定要观察远标与近标是否存在错开运动，而跟驾驶员需不需要与两个静止物标连成一条串视线无关。

上面我们讨论了驾驶员如何利用目测串视线方法对静止物标做出碰撞危险的判断方法。船舶操纵实践中，驾驶员通过目测串视线方法只对静止物标进行碰撞危险的判断是远远不够的，驾驶员也必须能够看到移动物标，就像海面上行驶的船舶都是移动物标一样；同样，即便是静止物标，很多时候驾驶员可能没有更远的静止物标作为背景参照物，所以上述目测串视线方法对驾驶员判断本船与某一物标是否存在碰撞危险，只能说适用范围有限，驾驶员无法对所有类别的物标进行碰撞危险的判断。在海上，驾驶员碰见更多的是没有背景参照物的物标，该物标不管是静止物标，还是移动物标，只要驾驶员能够目测到，事实上我们都可以通过另外一种目测串视线方法对碰撞危险进行判断，即舷角方位法。具体来讲，驾驶员必须将自己与没有背景参照物的物标连成一条直线，这一条直线与船首航向的交角被称为物标的舷角；另外，这一条直线与本船的舷侧相交于某点位置，这样，驾驶员就可以将自己与交点位置及物标连成

115

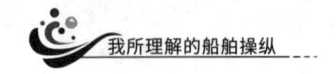

一条串视线。我们说如果下一时刻物标没有相对于这个交点位置发生错开运动，就说明物标的舷角没有发生变化，即本船与没有背景参照物的物标存在碰撞危险。按照本书的观点，驾驶员利用舷角方位法对没有背景参照物的物标进行碰撞危险的判断，本质上与驾驶员利用罗经方位法判断碰撞危险是一样的，只不过前者观察的是物标的相对方位，后者观察的是物标的真方位。

这边再讨论一下对于"下一时刻"的理解。在某种程度上，"下一时刻"是对"某一时刻"的延伸，是持续时间的概念。比如，驾驶员在判断本船与没有背景参照物的物标是否存在碰撞危险时，首先，驾驶员需要与物标连成一条直线，这条直线与本船的舷侧相交，得到某点位置。这样，物标、交点位置就变成驾驶员某一时刻的串视线；其次，驾驶员在"下一时刻"观测同一物标时，将形成新的串视线，该串视线将同样与舷侧相交形成新的交点位置。驾驶员通过这种方法对没有背景参考的物标进行不间断或者定期连续观测，将得到无数的交点位置。这样，驾驶员只要在单位时间内对两两相邻的交点位置进行错开运动变化率的观察，就可以知道该物标的舷角是否发生变化，从而判断本船是否存在碰撞危险。这里顺便说一下，如果舷侧交点位置不好观察的话，驾驶员也可以把新的交点位置认为是该物标。

第四章 目测串视线

当驾驶员基于舷角方位法对没有背景参考的物标进行碰撞危险的判断时，稳定的船首航向非常重要。如果说船首航向一直摇摆不定，势必影响到物标的舷角观测，那么驾驶员对物标进行碰撞危险的判断也将变得不准确。这也是驾驶员一般不在转向操纵过程中判断与他船是否存在碰撞危险的原因。如果我们更进一步，当看到他船的船首航向摇摆不定时，即便两船存在碰撞危险，驾驶员也很难说清楚两船会是何种会遇局面。船舶操纵实践中，如果说遭遇大风浪天气，事实上本船与他船的船首航向都可能会摇摆不定，驾驶员碰见这种情况就只能利用罗经方位法判断两船是否存在碰撞危险。

我们再分析一下驾驶员是如何利用目测串视线对远近标均为静止物标时进行碰撞危险判断的方法。本船行驶时，假如说驾驶员与前方两个远近标连成一条串视线或者形成一个错开距离时，如果说下一时刻远标相对于近标的错开距离没有发生什么变化，即说明本船与近标存在碰撞危险。这边关于"下一时刻"的理解同之前一样，是持续时间的概念，驾驶员需要在单位时间内观测远标相对于近标错开运动的变化率，以判断本船与近标是否存在碰撞危险。有的驾驶员可能会说，每次观测都会形成新的串视线，哪里来这么多的远标作为背景参照物？别急，我们说当形成一条目测串视线时，驾驶员目测到近标与远标是连成一条直线的，那么可以把每次观测到的近标当作远标对待，所以驾驶员实际上只要在单位时间内比较分析远标相对于近标错开运动的变化率，就可以做出本船是否与近标存在碰撞危险的判断。

写到这里，顺便探讨一下关于物标与本船交点位置错开运动的变化率或者远标相对于近标错开运动的变化率。以上两种说法均可以认为是远标相对于近标错开运动的变化率。驾驶员如果想确保本船与他船不存在碰撞危险，那么远标相对于近标错开运动的变化率就要越来越快。船舶操纵实践中，远标相对于近标错开运动的变化率也可能越来越慢甚至为零，当驾驶员发现这种情况的话，就说明本船与物标即将发生碰撞危险。这也是驾驶员需要不间断或者定期连续对物标观测的原因，驾驶员对物标的观测需要直到碰撞危险解除为止。有的驾驶员可能会说，有没有可能存在远标相对于近标错开运动的变化率不变的情况？远标相对于近标错开运动的变化率不变就是没有发生变化或者说变化率为零，即远标相对于近标不发生错开运动，但本船与物标之间还是存在碰撞危险。

我们总结一下驾驶员如何利用目测串视线方法判断本船与物标是否存在碰撞危险。当本船周围有可供观测的静止物标时，本船与近标是否存在碰撞危险，驾驶员是通过观察远标与近标是否发生错开运动反映出来的，此时本船不管做何种运动，只要远标与近标没有发生错开运动，本船就会与近标存在碰撞危险。远标与近标没有发生错开运动，本质上是驾驶员观察近标的罗经方位没有改变，而罗经方位没有改变，即说明本船与近标存在碰撞危险。同样，对于没有背景参考的物标来说，本船与物标是否存在碰撞危险，驾驶员是通过观察物标的舷角方位是否发生变化看出来的。物标的舷角方位不变本质上也是驾驶员观察物标的罗经方位没有发生改变，本船与物标存在碰撞危险。就船舶操纵实践而言，当物标距离较远时，驾驶员如果能够做出物标与参照物发生错开运动的视觉判断，本船与物标发生碰撞危险的可能性就降低。当然，物标距离也不是越远越好，否则驾驶员一直盯着物标观测，很容易感到视觉疲劳。当本船与物标的距离较近时，驾驶员利用目测串视线方法分析物标相对于参照物错开运动的变化率必须是以秒计算的，驾驶员应能够在几秒内判断出本船与物标是否存在碰撞危险。

驾驶员在判断本船与物标是否存在碰撞危险时，除了观察物标与参照物是否发生相对运动外，还需要附加一个条件，即物标距离本船越来越近，这个就没必要解释了。关于碰撞危险的判断，我们现在比较一下目测串

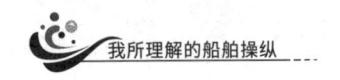

视线方法与罗经方位法孰优孰劣。如果不考虑船首航向的稳定性，驾驶员利用目测串视线方法观测物标比利用罗经方位法观测物标，具有更大的位置灵活性。我们说，驾驶员利用罗经观测物标的方位时，必须站在装有罗经的地方观测；但驾驶员利用目测串视线方法观测物标时，本船的任意空旷位置均可。比如，本船靠泊时，船长在驾驶台问大副，船首是不是与前面的系泊船清爽？这时大副就可以迅速锁定系泊船和其后面的背景参照物作为串视物标，如果说下一时刻背景参照物没有相对于系泊船发生错开运动，大副就可以报告船首还没清爽系泊船；但从船长角度来讲，他因为站在驾驶台位置，就很难清楚船首是否与其他系泊船清爽。这个例子其实也可以验证避碰规则所讲的如果来船的罗经方位没有明显变化，则应认为存在碰撞危险。究其原因，驾驶员观察来船的罗经方位，只能代表驾驶员所在位置观察到来船的罗经方位，不能代表驾驶员在其他位置观察到来船的罗经方位。当驾驶员在驾驶台观察到来船罗经方位没有明显变化，这种情况如果换在本船的其他位置，那么驾驶员观察来船的罗经方位可能一点变化都没有，所以应认为存在碰撞危险。驾驶员观察来船的罗经方位没有明显变化，如果从目测串视线方法的观察角度讲，驾驶员肯定观测到来船与参照物没有发生明显的错开运动，即来船的舷角方位变化幅度很小,本船与来船存在碰撞危险。

　　上面我们提到,驾驶员观察来船的罗经方位,只能代表驾驶员所在位置观察到的来船罗经方位。首先,驾驶员利用目测串视线方法判断本船是否存在碰撞危险时,必须在同一位置对同一物标进行有始有终的观测。这好比靠泊时船首大副的观测位置一样,他如果在这个位置观测一半,再到其他位置观测一半,这种观测结果就无法说清楚本船与前面的系泊船是否存在碰撞危险。这里顺便说一下,驾驶员如果在不同位置进行观测,也是违反避碰规则要求的"不应当根据不充分的资料做出碰撞危险的判断"条款的。其次,驾驶员在同一位置对同一物标进行串视线观测时,严格来讲,必须选择该物标上最具代表性的一点来判断是否存在碰撞危险。再举个例子,比如本船打算过锚泊船的船首,驾驶员就必须选择锚泊船的船首,而不是选择锚泊船的船中或者船尾来判断是否存在碰撞危险。很明显,本船清爽了锚泊船的船首,自然也会清爽锚泊船的船中或者船尾。第三,驾驶员在判断本船是否存在碰撞危险时,也应选择在本船上最具有代表性的位置进行观测。比如本船打算过锚泊船的船首的例子中,即便驾驶员所在位置与锚泊船的船首没有碰撞危险,但不能代表本船的其他位置(比如

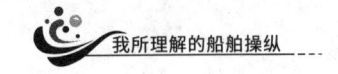

本船船尾）与锚泊船没有碰撞危险，特别是前驾驶船舶的驾驶员更要注意这一点，因为驾驶员不可能从船首跑到船尾观察锚泊船是否存在碰撞危险，这种做法不符合海员的通常做法。当本船从锚泊船的船首经过时，假如说本船船尾与锚泊船存在碰撞危险，此时站在船首的大副会发现锚泊船的舷角方位变化很快，而站在船尾的二副会发现锚泊船的舷角方位没怎么发生变化。这也正是避碰规则讲的即使有明显的方位变化，有时也可能存在碰撞危险，特别是在驶近一艘很大的船舶或拖带船组时，或是近距离驶近他船时。

上述锚泊船的例子，严格来讲违反了驾驶员进入锚地的原则，我们说驾驶员在避让锚泊船时，宜选择过锚泊船的船尾，而不是过锚泊船的船首。这个例子中，如果说驾驶员硬要过锚泊船的船首，那么就应该在距离锚泊船更远的位置通过，以让本船的船尾能够清爽锚泊船。有的驾驶员可能会说，如果本船不得不在一前一后的两锚泊船中间水域穿过，那该如何穿过？关于这种情况，如果两锚泊船的船首基本是呈同一个方向的，本船驾驶员也能够从这两个锚泊船的船首航向判断出风流的影响方向。当驾驶员知道风流的影响方向后，在穿过一前一后的两锚泊船中间时，就自然而然会更靠近前面锚泊船的船尾，同时尽量远离后面锚泊船的船首。关于本

第四章 目测串视线

船驶近一艘很大的船舶或拖带船组时导致碰撞危险的例子，在第二章讲旋回圈形状时已经提到过这种例子，这里就不再讨论。

我们再比较一下驾驶员利用目测串视线方法对碰撞危险的判断与 ARPA 雷达对碰撞危险的判断。前者适合近距离观察，后者适合远距离观察，两者互为补充。我们说 ARPA 雷达可以对远距离的物标进行扫描观测，但如果驾驶员一开始就对远距离的物标基于目测串视线方法进行观测，视觉灵敏度将大打折扣。比如，本船与他船不在同一航线上对驶，两船没有碰撞危险。但驾驶员在他船距离很远时开始用目测串视线方法观察他船，就会明显感觉到他船的舷角方位没有发生明显的变化。这种情况下驾驶员如果没有借助于 ARPA 雷达，可能会容易认为两船存在碰撞危险。其实，这就是物标距离太远的缘故，导致本船驾驶员观察到他船的视觉灵敏度降低。船舶操纵实践中，驾驶员基本不可能在这么远的距离一直盯着物标做目测串视线观察，而 ARPA 雷达及早捕捉分析物标就可以帮助驾驶员减缓这种视觉疲劳。

虽然如此，ARPA 雷达也不是完美无缺。在雷达上使用 ARPA 捕捉他船，计算结果显示需要等待一定的时间。另外，即使 ARPA 计算结果显示在雷达屏幕上，但如果本船或者他船的航向和（或）航速突然发生改变，

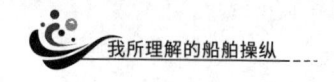

计算结果将又变得不准确，而新的计算结果同样又会有一定时间的延迟。ARPA雷达显示计算结果的这种滞后性，对于驾驶员需要在近距离判断他船是否存在碰撞危险来说，将会浪费宝贵的时间。另外，假如说本船在狭水道或者航道内行驶，驾驶员可能会经常看到ARPA雷达显示他船的DCPA不足0.1海里。这样一种计算结果，驾驶员想要依靠ARPA雷达进行避碰操纵是行不通的。反而，驾驶员利用目测串视线方法判断碰撞危险刚好可以弥补这一缺陷。按照本书的观点，本船与他船距离较近时，驾驶员的视觉灵敏度将迅速提高，驾驶员通过目测串视线方法正常几秒内之内就能够做出碰撞危险的判断；同时，驾驶员也不必担心ARPA雷达捕捉不到的物标或者说近距离时突然出现的物标。

  我们总结一下驾驶员对物标进行碰撞危险判断的方法。除了目测串视线方法以外，驾驶员还可以利用罗经、ARPA雷达等助航仪器判断碰撞危险。这边更进一步，关于驾驶员如何利用ARPA雷达判断碰撞危险，还可以进一步细分，比如DCPA与TCPA、雷达速度矢量线是否触到碰撞危险区域、电子方位线与电子距标圈结合使用，等等。驾驶员也可以通过AIS读取他船是否存在碰撞危险的信息。AIS这种信息一定程度上可以与ARPA雷达互为补充。毫无疑问，驾驶员通过AIS，可以识别物标的动态和静态信息，可以弥补 APRA 跟踪物标的丢失，可以捕捉雷达探测不到的物标，可以帮助区分雷达的真假回波，等等。在介绍了 AIS 的种种好处之后，我们也不妨说说 AIS 的弱点。首先，有些驾驶员没有及时更新 AIS 信息，这会引起他船驾驶员对其航路信息的错判。举个例子，本船与他船（他船为散货船）同时在新加坡海峡分道通航制内以同一交通流方向朝东行驶，本船比他船速度稍快，本船和他船 AIS 均显示目的港为中国。当两船接近至分道通航制的东部端部水域时，此时端部水域北侧有较多南下船，本船决定从他船右舷追越。但驾驶员发现他船在清爽南下船后继续在端部延伸水域往东行驶了很长距离，并没有朝北更改航向的意图。本船驾驶员用 VHF 问他船："××船，你不是要往中国方向开吗，怎么还未改向？"他船驾驶员回答："我们不是去中国，而是去澳大利亚。"当本船驾驶员收到他船驾驶员这样的回答，是不是要吐血？他船要是输入正确的 AIS 目的港信息，本船驾驶员无论如何都会从他船的左舷追越。这里顺便说一下，不是所有的船舶都装有 AIS。我们说船舶尺寸越小，未配备 AIS 的可能性越大。比如很早以前讲过的木质渔船好多都不配备 AIS，本船雷达对这些木质渔船又不容易探测到，这种情况下驾驶员只有好好进行视觉瞭望，并利用一切可用手段判断是否存在碰撞危险才是硬道理。

　　本章主要讲目测串视线知识。在根据目测串视线方法判断本船发生碰撞危险后，驾驶员一定不能在与物标近距离时才开始采取避碰行动，否则即使远标相对于近标错开运动的变化率越来越快，两船还是会有发生碰撞危险的可能。这种局面就像避碰规则所讲的，即使有明显的方位变化，有时也可能存在碰撞危险，特别是在驶近一艘很大的船舶或拖带船组时，或是近距离驶近他船时。另外按照本书的观点，当驾驶员采取避碰行动后，也要视觉确保物标舷角方位的变化率越来越快，直到物标解除碰撞危险为止，即避碰规则所说的直到他船驶过让清。船舶操纵实践中，驾驶员肯定经常碰见这样一种情况，即刚开始时渔船明明是朝远离本船的方向行驶的，但距离很近时渔船突然朝本船方向驶过来，所以在海上避让渔船时一定要非常小心，驾驶员千万不能仅凭两次或者三次视觉观测就判断本船与渔船没有碰撞危险，否则什么时候撞上了都不知道。

　　驾驶员利用目测串视线方法如果确认物标不会发生碰撞危险了，驾驶员还得进一步判断物标到底是过本船的船首，还是过本船的船尾。关于这一点，当周围有很多可供观测的静止物标时，如果驾驶员发现较远的静止物标相对于较近的静止物标向前错开运动的变化率不断加快，那么较近的静止物标将通过本船的船尾；反之，如果驾驶员发现较远的静止物标相对于较近的静止物标向后错开运动的变化率不断加快，则较近的静止物标将通过本船的船首。同样，对于没有背景参考的物标也是一样，如果说物标相对于与本船上的交点位置发生向前错开运动的变化率不断加快，即物标的舷角方位越来越小，说明物标将过本船的船首；反之，如果物标相对于与本船上的交点位置发生向后错开运动的变化率不断加快，即物标的舷角方位越来越大，说明物标将过本船的船尾。

当利用目测串视线方法对碰撞危险进行判断时，驾驶员要明白以上表述物标的区别及对应参照物的区别。驾驶员如果能够确认周围的物标都是静止物标，就可以利用更远的静止物标或者与本船舷侧的交点位置作为参照物；同样，驾驶员如果不能够确认周围的物标是静止物标，则只能利用物标与本船舷侧的交点位置作为参照物。按照本书的观点，当驾驶员把物标的参照物选错了，就很难判断本船的运动趋势或者说本船是否存在碰撞危险。比如本船锚泊时，驾驶员发现比较远的一艘航行船舶正在与相邻的锚泊船发生错开运动，此时驾驶员可能感觉到是因为本船运动才导致其他两船的错开运动，这种感觉显然与事实不符；再比如，本船驶近泊位时，驾

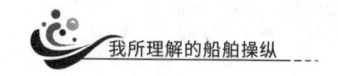

驶员把泊位上的龙门吊当作驾驶台标志（比如说"N"旗）的背景参照物，假如说龙门吊突然移动起来，那么驾驶员再把移动的龙门吊当作背景参照物参考，势必造成对地航向和对地速度的错误判断，以致本船发生碰撞危险时将浑然不知。

前面说到当周围有很多可供观测的静止物标时，我们再聊一下驾驶员基于目测串视线方法观察这些静止物标，影响到视觉灵敏度的一些因素。首先，合适的参照物标是必不可少的，驾驶员选择比较瘦削或者尖锐的静止物标作为远标，相比于选择肥胖或者粗壮的静止物标作为远标，前者会让驾驶员在单位时间内更容易感觉出远标相对于近标错开运动的变化率。其次，较远的静止物标与较近的静止物标如果能有鲜明的色彩对比，驾驶员也更容易判断远标与近标是否发生相对运动。试想一下，如果选择的远标是白色的一堵墙，驾驶员在下一时刻将很难感觉出远标相对于近标的错开运动已经到达哪个位置了。第三，如果近标与本船的距离较远，驾驶员要在单位时间内分辨出远标与近标是否发生错开运动就会很费劲，所以不容易判断本船是否存在碰撞危险。同样道理，远标与近标的距离越远，驾驶员在单位时间内将越容易感觉出这种错开运动的变化率，这相当于幻灯机的放大原理，即背景与幻灯机距离越远时，物体被放大的倍数就越高。当放大倍数越高时，驾驶员也越容易感觉出远标与近标是否发生错开运动。反之，如果两者距离太近，驾驶员就会有远近标粘在一起的感觉，即不容易用视觉感觉到远近标是否在发生错开运动。这里顺便说一下，远标也不是说与近标的距离越远越好，远标距离太远，驾驶员同样观察起来会感到很费劲。就本船、近标、远标三者的距离关系来说，航海学在讲到叠标导航时提过，远标与近标的距离为本船到近标的距离的 3～5 倍为佳，这边就不再讨论。第四，远近标与本船舷角方位的关系同样也影响到驾驶员的视觉灵敏度。我们知道，本船是被设计成前后运动方向，如果说远近标在本船的船首航向附近，驾驶员在单位时间内将会发现远标相对于近标错开运动的变化率最慢，毫无疑问，本船与近标发生碰撞危险的可能性最高。我们再对比一下正横附近的远近标，当远近标到达本船正横附近时，此时驾驶员在单位时间内会发现远标相对于近标错开运动的变化率最快，本船与近标发生碰撞危险的可能性最低。写到这里，不知驾驶员是否联想到利用罗经方位确定本船的位置时，也是基于这种方法。即先选择首尾中心线附近方位变化慢的物标，再选择正横附近方位变化快的物标。

  对于没有背景参考的物标来说，驾驶员利用目测串

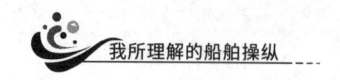

视线方法观测此类物标，驾驶员的视觉灵敏度同样与物标的距离有关。当本船距离物标很远时，驾驶员会感觉物标与本船上交点位置发生错开运动的变化率不明显。这就好比驾驶员在晚上看月亮，看了好久还是感觉月亮在同一舷角方位上基本不变。按照本书的观点，驾驶员如果想确保本船不存在碰撞危险，那么观测到物标舷角方位的变化率就要有不断变快的趋势。当本船与物标距离越来越近时，舷角方位的变化率就应该越变越明显。就船舶操纵实践而言，假如说他船与本船没有碰撞危险，那么他船航向与本船航向的合航向与驾驶员呈直角正横时，在垂足点处驾驶员将与他船的距离最近，驾驶员的视觉灵敏度也最高。这也是驾驶员有时候会觉得他船过本船船首时，舷角方位的变化率会比他船过本船舷侧时舷角方位变化率更慢的原因。当然，这主要与他船的航向有关。关于他船航向与本船航向的合航向，驾驶员如果将本船的雷达速度矢量线（真矢量）模式改为相对矢量显示，将很容易得到他船相对于本船的航向。

驾驶员是不是可以得出这样的结论：假设物标与本船没有碰撞危险，那么两者距离越近时，驾驶员越容易感觉出物标相对于参照物错开运动的变化率越快？以上说法虽然正确，但如果驾驶员只认为单位时间内物标相对于参照物错开运动的变化率将越快，本船与物标就没有碰撞危险是错的，这是因为驾驶员没有考虑本船与物标的距离。避碰规则讲过，即使有明显的方位变化，有时也可能存在碰撞危险，特别是在驶近一艘特别大的船或拖带船组时，或是近距离驶近他船时。驾驶员只能判断自己所在位置没有碰撞危险，不能判断本船的其他位置没有碰撞危险，说的就是这个道理。比如说驾驶员在码头泊位前沿水域进行掉头操纵，要是一不小心，就可能会发生船首或者船尾触碰码头泊位的情况。所以说，驾驶员在采取任何行动之前，考虑本船到物标的距离很重要。

说到本船到物标的距离，前面我们分析了当本船距离物标太远时，驾驶员利用目测串视线方法判断是否存在碰撞危险会很费劲，但也强调了如果本船距离物标很近时，驾驶员即使发现物标相对于参照物错开运动的变化率很快，本船照样存在碰撞危险的可能。驾驶员有没有想过，本船与物标的距离多远才算远，多近才算近？很多驾驶员可能是一头雾水。关于这个问题，确实值得思考。但这几年，笔者通过把到碰撞危险区域的距离、安全航速及采取避碰行动的时机想到一块，感觉似乎有一个无形的纽带能够将三者联系起来。如果雷达速度矢量线的箭头终端触到碰撞危险区域时，表明本船速度不再属于安全航速了，驾驶员就有采取避碰行动的必要。

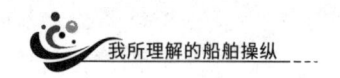

那么，从雷达速度矢量线的箭头终端开始触到碰撞危险区域时起算，到本船与物标发生碰撞之前，驾驶员还能够根据本船距离碰撞危险区域的远近，将碰撞危险分为三个阶段：碰撞危机阶段、紧迫局面阶段、紧迫危险阶段。

  按照本书的观点，当两船处于对遇局面或者小角度交叉相遇局面时，驾驶员在考虑碰撞危险三个阶段时就应注意两船距离锐减比较快这一问题。对于快速船来说，旋回圈进距与 L_1 和 L_2 长度值存在这样一个不等式关系：L_2 长度值＞ L_1 长度值＞（2 倍旋回圈进距）＞旋回圈进距，快速船的转向避让不是问题，驾驶员只需按照制动能力划分碰撞危险三个阶段就能兼顾到两船锐减距离比较快这一问题。具体来讲，快速船的碰撞危机阶段介于 L_1 和 L_2 长度值；紧迫局面阶段介于旋回圈进距到 L_1 长度值；紧迫危险阶段则在旋加圈进距以内。有的驾驶员可能会说，如果是两船对遇局面或者小角度交叉相遇局面中的慢速船呢？我们说过只要不超过港内前进二的速度就会被认为是慢速船。对于慢速船来讲，旋回圈进距与 L_1 和 L_2 长度值存在这样两个不等式关系：当慢速船速度介于 4.5～9 节时，L_2 长度值＞（2 倍旋回圈进距）＞ L_1 长度值＞旋回圈进距；当慢速船速度小于 4.5 节时，（2 倍旋回圈进距）＞ L_2 长度值＞ 旋回圈进

距 > L_1 长度值。笔者认为慢速船是以 L_1 长度值作为正常制程的,但慢速船的 L_1 长度值很小,驾驶员如果按照制动能力划分碰撞危险的三个阶段就无法兼顾到两船距离锐减比较快这一问题,同样慢速船的转向操纵效果也不会很好,特别是慢速船速度低于 4.5 节时。正因为这样考虑,慢速船驾驶员最好按照转向能力划分碰撞危险的三个阶段,即到碰撞危险区域距离只要超过 2 倍旋回圈进距就应认为是慢速船的碰撞危机阶段;到碰撞危险区域距离介于旋回圈进距与 2 倍旋回圈进距之间时应认为是慢速船的紧迫局面阶段;到碰撞危险区域在旋回圈进距以内时应认为是慢速船的紧迫危险阶段。

我们再说一下两船大角度交叉相遇局面时关于碰撞危险的三个阶段。两船大角度交叉相遇时,本船不管是快速船还是慢速船,驾驶员制动操纵避让不是问题,所以最好按照转向能力划分碰撞危险的三个阶段。当然,两船大角度交叉相遇局面有它特殊的地方,驾驶员除了要考虑到碰撞危险区域的距离之外,更要考虑两船的位置关系。正因为这样,两船大角度交叉相遇局面时,驾驶员只要他船距离超过 2 倍旋回圈进距就应认为是碰撞危机阶段;他船距离介于旋回圈进距与 2 倍旋回圈进距之间时应认为是紧迫局面阶段;他船距离在旋回圈进距以内时应认为是紧迫危险阶段。

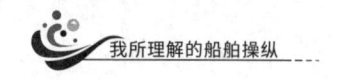

这边再说一下追越局面。追越局面也是一个比较特殊的条款，因为该条款不要求以碰撞危险为前提。对于追越船来讲，驾驶员主要考虑两船的速度差，以及能不能追越和到哪里开始转向避让的问题。正是基于这些考虑，追越船真正意义上的碰撞危险将始于紧迫局面阶段。我们再说一下被追越船。避碰规则虽然没有要求被追越船给他船让路，但驾驶员在采取避碰行动前最好考虑一下是否会妨碍到他船。假如说会妨碍到他船，本书也认为到他船距离超过2倍旋回圈进距就是被追越船的碰撞危险阶段；同样，到他船距离为旋回圈进距与2倍旋回圈进距之间就认为是被追越船的紧迫局面阶段；到他船距离在旋回圈进距以内就认为是被追越船的紧迫危险阶段。

就船舶之间的三种不同会遇态势而言，如果说本船进入碰撞危险以后，驾驶员在碰撞危机阶段和紧迫局面阶段，通常只需采取只朝一个方向改变航向（第一种避碰方案）或者制动操纵包括减速措施（第二种避碰方案）就能有效避让他船；而在紧迫危险阶段则可能需要采取特殊操纵才能避免发生碰撞。另外按照本书的观点，当进入紧迫危险阶段以后，快速船的危险程度将比慢速船厉害很多，驾驶员务必采取最有助于避碰的行动；而对于慢速船来说，驾驶员在进入紧迫危险阶段以后还是有机会把船停下来。快速船驾驶员如果不好处理碰撞危机阶段或者紧迫局面阶段发生的碰撞危险，就应该及时降低船速，毕竟船速较慢时，驾驶员在紧迫危险阶段更容易把船停下来。在接下来的内容中，本书将分开讨论两船的三种不同会遇局面。

我们首先说一下对遇局面。根据对避碰规则的理解，对遇局面下的两船必须以碰撞危险为前提，驾驶员判断两船是否为对遇局面，应从两船船首航向的会遇态势去理解，在这种会遇态势之下只要驾驶员观察到他船的罗经方位不变，我们就说两船存在碰撞危险。有的驾驶员可能会说，对遇局面并没有对他船存在碰撞危险的开始距离作规定，因此认为不管距离有多远，只要他船罗经方位不变，就说明存在碰撞危险。当然，这种认识只是驾驶员对碰撞危险的早期判断，此时两船还不构成真正意义上的碰撞危险。按照本书的观点，真正意义上的碰撞危险要从双方雷达速度矢量线的箭头终端触到碰撞危险区域起算。驾驶员可能继续说，避碰规则不是认为真正意义上的碰撞危险要从夜间能够看到他船桅灯和（或）舷灯的能见距离起算吗？驾驶员无需担心这个问题，现在船舶桅灯和（或）舷灯的能见距离远远超出两船的 L_2 长度值之和。

按照本书前面关于碰撞危险三个阶段的叙述，两船

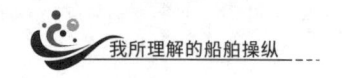

在对遇局面之下,如果说驾驶员以 T_2 时间值设置雷达速度矢量线,当矢量线的箭头终端触到碰撞危险区域时,则意味着本船碰撞危机阶段的开始,此时 L_2 长度值为本船碰撞危机阶段的上限距离。既然碰撞危机阶段有上限距离,就会有下限距离。同样,如果说驾驶员以 T_1 时间值设置雷达速度矢量线得到 L_1 长度值,当矢量线的箭头终端触到碰撞危险区域时,则意味着 L_1 长度值就是本船碰撞危机阶段的下限距离。我们还是以两艘超大集装箱船(两船长度均为366米,船速均为24节)作为例子,当两船雷达速度矢量线的箭头终端触到同一碰撞危险区域时,此时本船和他船到碰撞危险区域的距离 L_1 长度值为4.8海里, L_2 长度值为9.6海里,双方驾驶员各自向右转向避让的时机为两船相距9.6~19.2海里。我们以两船在碰撞危机阶段相距的最小值9.6海里分析一下,两船的2倍旋回圈进距均为1.78海里,所以两船相距9.6海里的水域空间的确足够双方驾驶员各自向右转向;另外,9.6海里作为两船的 L_1 长度值之和,双方驾驶员假如说无法向右转向避让,也可以在这个距离时进行紧急制动操纵。这个距离作为大集装箱船的紧急制动冲程也将绰绰有余,因为此时 L_1 长度值为24倍的船长距离,而IMO规定紧急制动冲程只要不超过15倍的船长距离。综合以上,可以认为对遇局面的两船在距离

第四章　目测串视线

碰撞危险区域介于 L_1 和 L_2 长度值将同时具备转向避让和制动操纵这两种避碰方案。

没跑过超大集装箱船的驾驶员可能会认为以 T_1 时间值计算得出的 L_1 长度值，两船在相距9.6海里时各自向右转向，会不会距离有点远？其实这种距离不能算太远，如果我们以 TCPA 看待这个距离，两船将在12分钟后发生碰撞。当然，何时转向操纵避让主要取决于驾驶员。资深驾驶员可能认为本船到碰撞危险区域距离从4.8海里到1.78还会间隔一段时间，驾驶员如果以转向避让为主，还是可以晚点行动。这没有对错之分，前提是驾驶员得确保本船有正常转向避让所需要的足够水域空间。我们再以国内南北线两艘一样大小的船舶为例子，假设两船长度均为130米，船速均为11节；两船对遇，按照 L_1 和 L_2 长度值的算法，双方驾驶员各自向右转向避让的时机将在1.6～3.2海里。不知驾驶员发现没有，当本船速度越来越低时，L_1 长度值将越来越接近2倍旋回圈进距，而2倍旋回圈进距作为正常转向避让所需要水域空间的最低衡量标准，倘若驾驶员只考虑转向避让操纵，此时就要尽量避免 L_1 长度值太过靠近2倍旋回圈进距。

关于这一点，前面在讲安全航速时已经得出结论。当本船速度小于9节时驾驶员就得非常小心，比如130

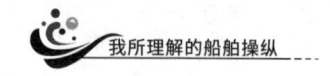

米的船舶,假如说船速为 7 节时,对应 L_2 长度值为 1.0 海里,2 倍旋回圈进距为 0.64 海里,两者差值 0.36 海里;两船对遇局面下,假如说驾驶员不早点采取向右转向避让,本船以 7 节速度行驶 0.36 海里也就大概 3 分钟的时间,即 3 分钟以后驾驶员就没有正常转向避让所需要的足够水域空间。有的驾驶员可能会说,如果本船尺寸较大,那么 L_2 长度值岂不变得更大一些?虽然没错,但本船尺寸较大时,正常转向避让所需要的水域空间也更大,所以驾驶员原则上还是需要早点采取向右转向避让。如果驾驶员想利用 L_2 长度值作为向右转向避让所需要的足够水域空间,本船速度无论如何都不能低于 4.5 节。有的驾驶员可能会说,如果本船速度小于 4.5 节呢?这种情况下驾驶员想以转向避让为主,就要确保本船到碰撞危险区域至少有 2 倍旋回圈进距。

不知驾驶员会不会认为,当两船处于对遇局面时,如果雷达速度矢量线的 L_2 长度值触到碰撞危险区域,就无法满足安全航速的要求?其实这将取决于本船是快速船还是慢速船。如果说本船是快速船,驾驶员以安全航速行驶时,此时本船到碰撞危险区域的距离在 L_2 长度值之外,驾驶员将同时具备正常转向操纵和正常制动操纵这两种避碰方案;但雷达速度矢量线的 L_2 长度值触到碰撞危险区域以后,按照本书的观点,驾驶员将丧失正常制动操纵能力，即本船速度不再符合安全航速的要求。当本船速度不再满足安全航速要求时，驾驶员就需要采取适当而有效的避碰行动。我们再看一下慢速船的情况。慢速船驾驶员以到碰撞危险区域为2倍旋回圈进距作为碰撞危机阶段的下限距离，我们虽然很难比较慢速船L_2长度值与2倍旋回圈进距的关系，但很明显慢速船的L_1长度值小于2倍旋回圈进距；而L_1长度值又作为慢速船正常制动操纵所需要水域空间的最低值，所以慢速船驾驶员在碰撞危机阶段将同时具备正常转向避让和正常制动操纵这两种避碰方案，即慢速船速度在碰撞危机阶段还是符合安全航速的要求。这里顺便说一下，慢速船速度在碰撞危机阶段虽然符合安全航速的要求，但这并不意味着驾驶员可以延时采取转向避让行动，毕竟船舶操纵实践中，慢速船驾驶员在碰撞危机阶段转向操纵时除了要考虑本船的舵效外，也要考虑他船的距离和方位。

  前面我们提到了两船对遇局面时，驾驶员在碰撞危机阶段可以采取制动操纵这一种避碰方案，但船舶操纵实践中，一般不建议驾驶员在两船对遇局面的碰撞危机阶段采取这一种避碰方案。首先，驾驶员必须考虑到最坏的情况，即如果他船不采取避碰行动，那么本船的制动操纵将毫无用处；其次，对遇局面时两船的船首航向

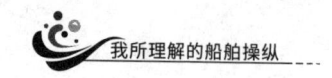

几乎在同一条直线上，驾驶员只需小幅度向右转向，就能够避让他船，驾驶员没有制动操纵的必要。有的驾驶员可能会说，两船如果在狭窄航道内对驶呢？这属于特殊情况，驾驶员一般也只能采取特殊操纵方法才能避免发生碰撞。这里顺便说一下，如果两船的船宽之和超过狭窄航道的一半宽度，驾驶员就应该避免在狭窄航道里面会遇。

我们再看一下两船处于对遇局面之下的紧迫局面阶段。如果说驾驶员在碰撞危机阶段不采取避碰行动的话，本船就进入紧迫局面阶段了，所以说碰撞危机阶段的下限距离也是紧迫局面阶段的上限距离，即快速船从 L_1 长度值起算，慢速船从 2 倍旋回圈进距起算。同样，紧迫局面阶段也有个下限距离。按照本书的观点，两船处于对遇局面时，此时不管是快速船还是慢速船，紧迫局面的下限距离是本船到碰撞危险区域距离只剩下旋回圈进距为止，驾驶员在两船对遇的紧迫局面阶段只要向右转向就能避让他船，所以本书也不建议对遇局面中的两船在紧迫局面阶段采取制动操纵这一种避碰方案。这里顺便说一下，快速船在这一阶段将丧失紧急制动能力，所以只剩下转向避让操纵能力；而慢速船在这一阶段将丧失正常转向操纵能力，也可能同时丧失正常制动操纵能力，这主要取决于慢速船的速度，这边就不再叙述。驾驶员也大可不必担心慢速船在紧迫局面阶段不容易转向的问题，毕竟对遇局面中的两船彼此交叉的角度是很小的，驾驶员只需小幅度向右转向就能避让他船。

有的驾驶员可能会说，当两船在海上处于对遇局面时，如果说在碰撞危机阶段和紧迫局面阶段都能够采取向右转向操纵，那么驾驶员到底是在碰撞危机阶段行动好，还是在紧迫局面阶段行动好？本书中认为驶员最好在碰撞危机阶段就采取避碰行动：首先，这一阶段对驾驶员来说已经构成真正意义上的碰撞危险；其次，对遇局面时的会遇态势是两船几乎同一条直线上以相反方向行驶，实际上两船的距离锐减得非常快，正因为这样，驾驶员不宜在紧迫局面阶段采取避碰行动。第三，对于慢速船来说，紧迫局面阶段时到碰撞危险区域的距离介于 $1\sim2$ 倍旋回圈进距，慢速船虽然也能够在紧迫局面阶段向右转向避让他船，但驾驶员最好还是考虑一下本船的舵效。第四，本船如果想在紧迫局面阶段采取避碰行动也容易导致他船产生误会。驾驶员可能继续说，两船对遇局面时，为什么双方驾驶员各自向右转向的时机会不一样？关于这个问题，是因为不同尺寸的船舶因为 T_2 时间值设置不一样，得到的 L_2 长度值也会不一样；而驾驶员在本船 ARPA 雷达上得到他船速度矢量线的长度值是以本船尺寸标准进行计算的，这种计算结果并不能

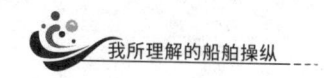

反映他船的真实情况。正因为这样，驾驶员在本船 ARPA 雷达上观察到两船速度矢量线的箭头终端触到同一碰撞危险区域时，本船进入碰撞危机阶段并不代表他船也一定进入碰撞危机阶段。这也是我们经常看到尺寸大或者速度快的船舶主动避尺寸小或者速度慢船舶的原因，归根结底就是双方驾驶员对进入碰撞危机阶段的时机认识不一样。

我们再看一下两船处于对遇局面时的最后一个阶段，即紧迫危险阶段。毫无疑问，当距离碰撞危险区域只剩下旋回圈进距时就认为是紧迫危险阶段的开始。紧迫危险阶段没有必要区分上限距离和下限距离，因为紧迫危险阶段的终点就是两船发生碰撞。很明显，本船进入紧迫危险阶段以后，此时剩下的水域空间如果无法向右转向操纵避让，驾驶员就得采取最有助于避碰的行动。写到这里，不知驾驶员是否会认为两船对遇局面中，如果把本船到碰撞危险区域距离只剩下旋回圈进距当作紧迫危险阶段的开始距离有点远？针对这个问题，我们来假设一下，如果把对遇局面中的两船距离只剩下旋回圈进距当作紧迫危险阶段的开始是否可行？驾驶员可以回顾一下前面章节提到的转舵初始阶段的特点，即驾驶员无论操什么舵角，本船在刚开始的 2 倍船长距离时基本是"尾离首不离"。假如说两艘同样尺寸、同样速度

第四章 目测串视线

的船舶在距离只有旋回圈进距时各自向右转向操纵，那么，两船转舵初始阶段总共需要4倍的船长距离，这样转舵初始阶段完成后，两船水域空间将只剩下0.5倍船长距离，驾驶员在这么小的水域空间即使再反向操舵也很难避免发生碰撞。这里顺便说一下，本船到碰撞危险区域距离只剩下旋回圈进距作为对遇局面中紧迫危险阶段的开始也是网上比较认可的说法。

按照本书的观点，两船处于对遇局面的紧迫危险阶段时，驾驶员采取"先摆首，再摆尾"的避碰方案将最有助于避碰。驾驶员千万不要觉得此时距离碰撞危险区域还有旋回圈进距时，本船满舵向右转向也可成功避让他船。我们举个例子，一艘超大集装箱船与一艘渔船对遇行驶，如果超大集装箱船进入紧迫危险阶段，但渔船还未进入碰撞危机阶段，这种情况下渔船不采取避碰行动，那么单凭超大集装箱船满舵向右转向不一定能够成功避开渔船；但如果超大集装箱船采取"先摆首，再摆尾"这种转向避让方法就能有效避开渔船。驾驶员可能继续说，慢速船在紧迫危险阶段能不能考虑采取紧急制动操纵？如果他船不采取避碰行动，本船紧急制动终将于事无补。当然，这个例子中如果超大集装箱船不采取避碰行动，也不建议渔船驾驶员在紧迫危险阶段才开始行动，毕竟超大集装箱船的旋回圈进距比渔船大很多，

143

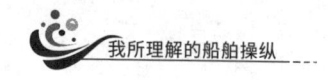

渔船驾驶员无论如何都要在超大集装箱船的船首盲区距离以外行动。

我再介绍一下对追越局面的看法。严格来讲，追越局面不同于对遇局面或者交叉相遇局面，毕竟追越局面并不以两船发生碰撞危险为前提。两船在追越局面之下，本船与他船不一定会产生碰撞危险，所以不一定会存在我前面提到的关于碰撞危险的三个阶段。当然，如果说驾驶员不具备安全追越他船的条件还强行追越他船，这种情况就可能导致两船发生碰撞危险；另外，即使驾驶员能够安全追越他船，但在追越过程中他船如果发生突发状况，这也可能导致两船发生碰撞危险。在讲对追越局面的看法时，本书将重点围绕产生追越关系的两船发生碰撞危险这一前提条件展开讨论。另外按照本书的观点，当产生追越关系的两船发生碰撞危险时，追越船构成真正意义上的碰撞危险将开始于紧迫局面阶段，而被追越船构成真正意义上的碰撞危险将开始于碰撞危机阶段。

有的驾驶员可能会说，本船在大老远时开始强行追越他船也可能产生碰撞危险，这种碰撞危险是否能够被理解成碰撞危机？其实，本船在大老远时开始追越他船并不是法律认可的追越，法律认可的追越要从驾驶员夜间能够看见他船尾灯的最小能见距离开始起算，比如说他船大于等于 50 米时,那么本船追越他船时,追越关系的产生就得从他船尾灯的最小能见距离 3 海里起算。虽然如此,如果两船在这种距离时速度差别不大,本船可能要到猴年马月才能追上他船。正因为这样,追越关系是否产生要从本船距离他船只剩下雷达速度矢量线的 L_1 长度值时起算,这个距离也是驾驶员判断能否安全追越他船最佳时机或者最晚时机的距离。这里解释一下为什么是最佳时机或者最晚时机的距离。首先,如果说驾驶员在两船距离为 L_1 长度值时判断出无法安全追越他船,那么驾驶员在这个距离将很容易通过正常制动操纵使本船与他船保持合理距离;其次,假如说狭水道或者航道中的他船在这个距离时突然搁浅停住的话,那么驾驶员也能够采取紧急制动操纵避免发生碰撞。第三,前面我们说过,追越船真正意义上的碰撞危险要从紧迫局面阶段起算,而本书中的 L_1 长度值又刚好可以与追越局面联系起来,这也是本书的意义之一,即方便驾驶员对最佳时机或者最晚时机的距离形成记忆。不知驾驶员注意到没有,本书中追越关系的产生是从雷达速度矢量线 L_1 长度值的箭头终端触到他船时起算,而不是从雷达速度矢量线 L_1 长度值的箭头终端触到碰撞危险区域时起算,毕竟追越船驾驶员要考虑到两船速度差或者他船可能发生的突发状况。

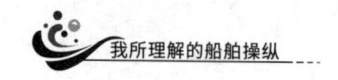

有的驾驶员可能会说，在狭水道或者航道中，如果被追越船突然搁浅停住的话，追越船需要采取紧急制动操纵才能避免与被追越船碰撞，那么这种情况下为什么不用 L_2 长度值代替 L_1 长度值作为两船的最小安全距离？我们举个例子，两艘超大集装箱船在同一航道内以同一方向行驶，本船在后面，速度14节；他船在前面，速度12节；两船长度都是366米。驾驶员以 T_2 时间值设置雷达速度矢量线，当矢量线的箭头终端触到被追越船时，驾驶员认为在航道内追越不安全，于是就想减速并与被追越船保持同等速度。如果驾驶员想在距离被追越船为5.6海里（即 L_2 长度值）时作为减速时机是不是有些不合适？首先，两船速度相差2节，假如说两船速度保持不变的情况下，驾驶员也要2.8小时才能赶上被追越船。船舶操纵实践中，驾驶员实际是很难提前2.8小时做出能否安全追越他船的判断的，特别是两船均在狭水道或者航道内行驶时。其次，驾驶员如果在5.6海里时就减速并与被追越船保持同等速度行驶，从航道通行的效率考虑，交管肯定不允许两船保持这么大的间距行驶，这无疑会降低航道的通行效率。综合以上两点，在实际生活中并不建议驾驶员用 L_2 长度值作为追越局面下两船的最小安全距离。

我们继续两艘超大集装箱船的例子。如果驾驶员以

T_1时间值设置雷达速度矢量线,当矢量线的箭头终端触到被追越船时,是否意味着L_1长度值就是驾驶员判断能否产生追越关系最佳时机或者最晚时机的距离?毫无疑问,L_1长度值代表本船的紧急制动冲程,所以只要本船与被追越船能够保持这个距离,哪怕被追越船突然搁浅停住的话,驾驶员在狭水道或者航道内也是可以通过紧急制动操纵把船停下来的。这边更进一步,驾驶员如果无法满足两船保持L_1长度值这个最小安全距离,则意味着本船紧迫局面阶段的开始。关于紧迫局面,避碰规则是这样解释的,两艘相遇致有构成碰撞危险的船舶,已相互驶近到单凭一船的行动已不能使两船在安全距离上驶过的一种会遇态势,被认为是紧迫局面。这里顺便说一下,就船舶之间的三种不同会遇态势而言,追越船的紧迫局面阶段在危险程度上算是最轻的,毕竟追越局面中的两船关系在某种意义上可以称得上"同向行驶"。驾驶员应该也了解了如果在L_1长度值时做出不能安全追越他船的判断,那么还是可以采取正常制动措施使两船保持合理的距离。

有的驾驶员可能会说,如果在狭水道或者航道同向行驶的两船相距不到L_1长度值时,被追越船突然搁浅停住导致追越船无法安全追越,那么这种情况对于追越船来说能否称为紧迫危险?关于紧迫危险的定义是这样说

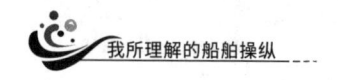

的，两船距离接近至单凭一船的行动已经难以避免发生碰撞，就可以称为紧迫危险。很明显，这种情况下追越船驾驶员务必采取最有助于避碰的行动，所以应认为追越船已进入紧迫危险阶段。追越船驾驶员可以采取紧急制动+Z形制动+紧急抛锚这些避让方法减小制动冲程。这个例子中，假如说追越船驾驶员认为可以从搁浅船的旁边经过，那么也是可以采取"先摆首，再摆尾"这种转向避让方法的。写到这里，不知驾驶员是否会认为如果把两船距离只剩下旋回圈进距当作追越船紧迫危险阶段的开始更合适。笔者不认为这样，毕竟这个例子中追越船驾驶员在两船相距不到 L_1 长度值时也是需要采取很多操纵手段才能避开他船的。当然，是否采取哪些操纵手段，主要取决于追越船当时速度和两船距离。按照本书的观点，追越局面中在两船相距 L_1 长度值以内时，追越船如果认为不能安全追越，也意味着紧迫危险阶段的开始。

船舶操纵实践中，他船突然搁浅停住的可能性极小，所以驾驶员不必担心本船进入紧迫局面阶段以后会马上形成紧迫危险。之所以考虑以 L_1 长度值作为判断能否安全追越他船最佳时机或者最晚时机的距离，有以下几点原因：首先，他船突然搁浅停住的可能性小，驾驶员没有采取紧急制动操纵的必要；其次，狭水道或者航道内的船舶基本都是备车航行，驾驶员可以随时操纵船舶；第三，船舶操纵实践中，狭水道或者航道内行驶的前后船舶一般情况下速度都相差不大，如果说驾驶员在距离他船还有 L_1 长度值时认为无法安全追越，还是可以通过正常制动操纵使两船保持合理距离。第四，驾驶员如果经常走狭水道或者航道就会清楚，交管偶尔会在VHF里喊话，说××船要与前面的船保持多少米的间距，考虑到本船的尺寸和速度，交管要求的两船间距其实也跟本书分析的 L_1 长度值差不多。

我们继续分析追越局面。假如说驾驶员在两船距离为 L_1 长度值时做出能够安全追越他船的判断后，此时如果不需要他船采取协调行动，驾驶员就可以专心考虑如何给他船让路了。虽然避碰规则建议最好从他船左舷追越，但按照本书的观点，驾驶员不管从他船的哪舷追越，最好不要妨碍他船正常行驶。比如马六甲海峡西向行驶的两船，其中前船正常西向行驶，而后船为目的地马来西亚巴生港的追越船。这种情况下后船在临近港口时就不宜从前船的左舷追越，因为追越船如果没有驶过让清就很难朝右转向进入港口，所以驾驶员一定要对被追越船的航向动态有所了解才行，否则很容易导致追越局面的两船陷入比较尴尬的境地。当然，我们也不能否认避碰规则的建议，驾驶员在不妨碍他船正常行驶的前提下，最好还是从他船的左舷追越，毕竟这是海员的通常做法。有的驾驶员可能会说，追越时除了考虑从他船的哪舷追越外，考虑追越时间也很重要。这种考虑没错，但确切地说，追越时间是驾驶员在距离他船至少还有 L_1 长度值时就应该考虑的事了，因为驾驶员能不能安全追越将主要取决于本船追上他船时，两船是否有足够并排行驶所需要的水域空间，所以追越时间将涉及两船在哪个水域空间并排行驶的问题。比如宁波舟山港的螺头角，交管就有很明确的规定，追越船在到达螺头角之前能够追得上他船就可以追越，追不上他船就不能追越。毫无疑问，交管的目的就是避免船舶在螺头角同向并排行驶。类似的规定还有很多，比如大桥水域、警戒区、大弯道、狭窄航道，等等，驾驶员要尽量避免在这些航段追越。

有的驾驶员可能会说，在以 L_1 长度值确定本船能够安全追越他船之后，为什么还会有追越起来很累的感觉？这主要取决于追越船驾驶员何时打算开始给被追越船让路。比如之前两艘超大集装箱船的例子，追越船雷达速度矢量线的 L_1 长度值为 2.8 海里，如果说驾驶员在矢量线的箭头终端触到前船时就开始给他船让路，那么需要 1.4 小时才能赶上前船。这个追越时间的确太久，驾驶员需要偏离计划航线太多，自然而然就会有追越起来很累的感觉。写到这里，驾驶员会不会开始觉得追越船在 L_1 长度值时就开始给他船让路意义不大？一定程度上是这样子的，驾驶员如果不想有追越起来很累的感觉，追越时间最好不超过 0.5 小时。驾驶员可能继续说，要是很难控制追越时间不超过 0.5 小时怎么办？这个问题有点难办，因为船舶操纵实践中，驾驶员既要考虑两船的速度差，又要考虑本船转向操纵所需要的水域空间，所以说追越时间不超过 0.5 小时比较难满足。虽然如此，但当两船速度差在 4.5 节以内时，驾驶员最好在距离被追越船还有旋回圈进距就采取让路行动。驾驶员可能继续说，旋回圈进距作为紧急操纵数据，这个距离才开始转向避让会不会有点来不及？驾驶员大可不必担心，理由如下：首先，避碰规则只规定追越船要给被追越船让路，但没有说明如何给被追越船让路。这样，追越船既可从被追越船的左舷追越，又可从被追越船的右舷追越。正因为这样，追越局面下的两船不管形成何种角度，驾驶员只需小幅度转向就能有效避让他船，而旋回圈进距也足够驾驶员进行转向操纵。其次，追越船驾驶员在旋回圈进距开始行动，被追越船一般不会有停下来的意图，所以追越船转向操纵实际拥有的水域空间将大于旋回圈进距。这里顺便说一下，如果追越船与被追越船均在狭水道或者航道内行驶，但速度差小于 1.5 节时，这种情况就不宜追越，驾驶员可以自己考虑一下个中原因。我们回过头来看上述两艘超大集装箱船的例子，如果说驾驶员在距离被追越船 0.9 海里（即旋回圈进距）时开始采取让路行动，那么将需要 27 分钟的追越时间。这里顺便说一下，如果从良好的船技考虑，追越船驾驶员最好在转向行动前用 VHF 给被追越船打一下招呼，好让被追越船驾驶员有个预期准备。

有的驾驶员可能会说，如果两船速度相差很大的话，追越船驾驶员用旋回圈进距作为转向避让时机是不是有些不合适？按照本书的观点，如果两船速度差超过 4.5 节，追越船驾驶员就可以考虑在 2 倍旋回圈进距时采取让路行动，而此时驾驶员如果想在旋回圈进距时才开始转向操纵就会有点仓促。驾驶员可能继续说，本船在采取让路行动前，VHF 呼叫他船采取协调行动，但他船不想配合导致驾驶员无法安全追越怎么办？这个问题有点不好办，虽然他船不想配合本船，但他船突然搁浅停住的可能性极小，驾驶员只要不是距离他船太近，此时采取制动操纵还是来得及的。写到这里，顺便讨论一下这种情况下两船间距可以达到的最小值。前面在讲紧急制动冲程的时候，提到过满载吃水的本船以港内前进四的速度 15 节行驶时，驾驶员进行紧急制动的冲程不会超过15倍船长距离。这句话当中隐藏着这样一个观点，本船每降低1节速度就需要1倍的船长距离作为驾驶员减速操纵所需要的水域空间。当然，这个观点是很早以前一位引航师傅讲过的。就前面两艘超大集装箱船的例子来讲，我们按照这位引航师傅的意思可以得出这样一个结论：如果两艘超大集装箱船的速度相差2节，追越船到他船距离只要保持0.4海里以上，驾驶员进行制动操纵就不会撞上他船。0.4海里同时也代表超大集装箱船的船首盲区距离，驾驶员无论如何都不能让两艘超大集装箱船的间距小于0.4海里。写到这里，可能也有驾驶员不认同这个观点，认为超大集装箱船的船首盲区距离应该是500米才对。虽然IMO有这样的规定，但本书为了能够将船首盲区距离与IMO初始转向能力要求联系起来，就简单认为船首盲区距离等同于2倍船长尺寸。这样他船在船首距离以外时，驾驶员就能够采取"先摆首，再摆尾"这种转向避让方法。

上述讨论中，同样也回答了这样一个问题：驾驶员在距离他船还有旋回圈进距时采取让路行动，此时如果发现不能安全追越他船，驾驶员还是能采取避碰行动，毕竟旋回圈进距远远大于2倍的船长距离。虽然如此，本书并不鼓励追越船驾驶员在两船距离只剩下旋回圈进距时才作出不能安全追越他船的判断，这个距离如

153

果是发生在狭水道或者航道内,追越船处理不好就可能会发生碰撞事故。如果在能够安全追越他船的前提下,本船到他船距离只剩下旋回圈进距时将是驾驶员进行转向避让操纵最佳时机或者最晚时机的距离。不知驾驶员是否会联想到两船距离为 L_1 长度值时是判断能否安全追越他船最佳时机或者最晚时机的距离。驾驶员应注意这两者的区别。有的驾驶员可能会说,在追越局面下,本船距离他船只剩下旋回圈进距为什么是转向避让操纵最佳时机或者最晚时机的距离?其实最佳时机的距离主要针对速度差小于 4.5 节的追越船而言,而最晚时机的距离主要针对速度差大于 4.5 节的追越船而言。

既然旋回圈进距作为驾驶员转向避让操纵最佳时机或者最晚时机的距离,那么这个距离也应被认为是驾驶员可以安全追越后,追越船进入紧迫局面阶段的下限距离,紧迫局面阶段的下限距离同样也意味着紧迫危险阶段的开始。船舶操纵实践中,只要不是在狭水道或者航道内并且被追越船突然搁浅停住的话,追越船在紧迫危险阶段的危险程度就会小很多。有的驾驶员可能会说,追越船在狭水道或者航道内进入紧迫危险阶段后,此时如果被追越船不采取协调避让行动导致追越船无法安全追越,这种情况下船速慢的追越船可能还会通过紧急制动操纵停下来,但船速快的追越船紧急制动操纵会不会来不及？通常情况下，只要两船的速度相差不大，并且被追越船不在船首盲区距离以内，追越船驾驶员在狭水道或者航道内还是有机会采取最有助于避碰的行动；另外，追越船如果想让被追越船采取协调避让行动的话，驾驶员一般也会在两船距离为雷达速度矢量线的 L_1 长度值时就用 VHF 联系对方，所以只要被追越船不同意协调避让的话，追越船也还是能够采取减速措施并保持合理距离。当追越局面中在两船相距 L_1 长度值以内时，追越船如果认为不能安全追越，也意味着紧迫危险阶段的开始。驾驶员应注意能安全追越和不能安全追越时，本书关于追越船进入紧迫危险阶段的阐述观点不一样。

这里顺便说一下，在追越局面中，并不是每次 L_1 长度值都会大于旋回圈进距，我们说当本船速度超过 4.5 节时，L_1 长度值将大于旋回圈进距；而本船速度低于 4.5 节时，L_1 长度值将小于旋回圈进距。毫无疑问，当本船速度低于 4.5 节时，按照前面讲过的观点，驾驶员在到他船距离为 L_1 长度值时做出能够安全追越他船的判断后，势必导致本船直接进入紧迫危险阶段。不知驾驶员会不会存在这个疑问，本船速度这么低，驾驶员如果利用 L_1 长度值作为判断能否产生追越关系最晚时机的距离岂不是没什么意义，因为本船进入紧迫危险阶段就意味着要放弃追越。假如说慢速船的驾驶员在这种情况下强

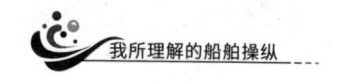

行追越，可能会受到两个因素同时困扰：1. 转向避让水域空间不足；2. 舵效不好可能造成驾驶员无法及时转向避让。这种情况应该属于追越局面中的特例，毕竟船舶操纵实践中，速度很慢的本船去追越速度更慢的他船，这种情况发生的可能性很小。有的驾驶员可能会说，假如说这种情况真存在怎么办？速度这么低的本船如果真想追越速度更低的他船，驾驶员最好考虑在距离他船还有旋回圈进距时就开始转向避让操纵。驾驶员可能继续说，既然这样子，该如何定义船速小于4.5节的追越船与他船只剩下旋回圈进距的局面，需要认为是紧迫局面阶段还是认为是紧迫危险阶段？毕竟要考虑到他船突然搁浅停住的可能，驾驶员最好把这一距离以内认为是紧迫危险阶段，再说这也是网上比较认可的说法。

　　按照本书的观点，追越局面中的追越船并不需要区分快速船和慢速船，这主要与追越局面中的驾驶员更在乎两船的速度差有关。另外，本书中根据L_1长度值与旋回圈进距的关系，只将追越船分为速度大于4.5节的追越船和速度小于4.5节的追越船两种。前者L_1长度值大于旋回圈进距，后者L_1长度值小于旋回圈进距。当追越局面中的两船构成真正意义上的碰撞危险时，按照本书的观点，对于追越船来说，前者通常先进入紧迫局面阶段再进入紧迫危险阶段，后者直接进入紧迫危险阶段。

但平心而论，船速小于 4.5 节的追越船在紧迫危险阶段时的危险程度将比船速大于 4.5 节的追越船在紧迫局面阶段时的危险程度更小，这也只能是追越局面中的追越船与低船速叠加在一起，才能出现如此奇妙的现象。

　　至此，已经把对追越局面的看法写得差不多了，不知驾驶员会不会觉得大部分文字都是在对追越船进行分析，而对被追越船分析的笔墨比较少。这主要与追越局面中大部分碰撞危险是由追越船造成的有关。当然，被追越船也可能主动造成两船发生碰撞危险。比如在追越局面中，我们偶尔会发现被追越船突然改变航向和（或）航速导致两船发生碰撞危险。按照本书的观点，被追越船构成真正意义上的碰撞危险将开始于碰撞危机阶段。有的驾驶员可能会说，既然这样子，如果被追越船的 L_2 长度值触到碰撞危险区域时，驾驶员是不是就可以考虑开始行动？其实追越局面有它特殊的地方，这主要是因为被追越船夹在碰撞危险区域与追越船位置之间，被追越船除了要考虑两船是否会发生碰撞危险外，更重要的是还得考虑两船的距离，因为后者将涉及被追越船是否有转向避让所需要的足够水域空间。我们更进一步，假如说追越局面下的两船速度差非常小的话，此时驾驶员再把本船到碰撞危险区域的距离 L_2 长度值作为被追越船真正意义上碰撞危险的开始，这种情况两船的距离就

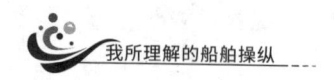

会很近，追越船一直不采取避碰行动的话，被追越船就会非常尴尬。驾驶员可能继续说，既然需要考虑得这么复杂，那么该如何定义被追越船关于碰撞危险的三个阶段？追越局面的两船在发生碰撞危险的前提下，对于被追越船来讲，只要追越船在 2 倍旋回圈进距以外就可以算是碰撞危机阶段。这里再说一下，被追越船在碰撞危机阶段没有上限距离，毕竟驾驶员要考虑到追越船的尺寸和速度。

　　船舶操纵实践中，对于船速慢的追越船而言，在紧迫危险阶段可能还不怎么危险，但对于速度慢的被追越船来说，碰撞危机阶段可能就非常致命。两者形成巨大的反差。当然，如果说驾驶员不在小型船舶上服务，碰见这种极端情况就会比较少。我们继续对被追越船在碰撞危险的三个阶段进行讨论。按照本书的观点，追越局面的两船在发生碰撞危险的前提下，只要追越船在距离 1～2 倍旋回圈进距之间就可以称为被追越船的紧迫局面阶段；同样，追越船在距离旋回圈进距以内则称为被追越船的紧迫危险阶段。至于为什么会这样划分，笔者是按照被追越船转向避让操纵所需要的水域空间进行划分的。被追越船与追越船在彼此尺寸或者速度相差不大的情况下，被追越船在碰撞危机阶段将有正常转向避让所需要的足够水域空间；在紧迫局面阶段将有紧急转向避让所需要的足够水域空间；在紧迫危险阶段时则需要采取最有助于避碰的行动。有的驾驶员可能会说，为什么不按照制动操纵能力划分？毕竟被追越船在追越船的前面，如果按照制动操纵能力划分，则被追越船不管在碰撞危险的哪个阶段，可能都无法避免发生碰撞。虽然如此，被追越船驾驶员还是可以采取制动操纵措施的，这主要取决于追越船与被追越船之间形成的角度。两船的角度越大，驾驶员越能够采取制动操纵方案。更进一步来讲，被追越船如果想以转向避让操纵为主，驾驶员就得考虑被追越船是否有正常转向避让操纵所需要的足够水域空间。另外，本书建议驾驶员在采取转向避让行动时，不要朝追越船的方向进行转向。

虽然以上介绍被追越船该如何让路，但按照对避碰规则的理解，被追越船天生拥有直航船的权利，无论如何追越船都需要给被追越船让路。这里顺便说一下，被追越船作为直航船的权利是交叉相遇局面中的直航船无法比拟的，具体来讲，前者不需要以碰撞危险为前提，可以在任意时候改变航向和（或）航速，所以前者不受限制；后者一般只认为在碰撞危险的紧迫局面阶段才可以采取避碰行动，而且驾驶员也要注意如何转向，所以后者受各种各样的限制。既然被追越船作为直航船的权利不受限制，那么本书就从良好的船艺习惯来约束被追

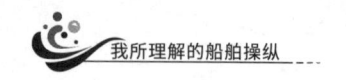

越船。按照本书的观点，被追越船与追越船在彼此尺寸或者速度相差不大的情况下，如果被追越船认为追越船不改变航向和（或）航速可能导致两船发生碰撞危险，驾驶员务必在两船距离不低于旋回圈进距时用 VHF 提醒一下；同样，被追越船认为自己即将改变航向和（或）航速可能导致两船发生碰撞危险，驾驶员务必在两船距离不低于 2 倍旋回圈进距时用 VHF 提醒一下，这两个距离应该是被追越船用 VHF 提醒追越船最佳时机或者最晚时机的距离，这里就不再解释。

我们最后说一下交叉相遇局面。笔者一直认为，交叉相遇局面是介于追越局面与对遇局面之间的一种形式。交叉相遇局面下驾驶员采取避碰行动时机的两船距离，应该介于追越局面与对遇局面之间，就像笔者原来管理公司规定的一样，对于交叉相遇局面的他船不少于 4 海里就必须采取避碰行动，这个距离也是介于追越局面的 2 海里与对遇局面的 6 海里。不知道驾驶员对 4 海里这个距离有何感想？按照笔者原来管理公司船舶长度都是 185 米，船速 15 节计算，假如说管理公司两艘一样大小的船舶在相距 4 海里的时候小角度交叉相遇，我们说两船小角度交叉相遇通常按照对遇局面处理，这种情况下驾驶员最好在两船相距 6 海里时采取避碰行动；但如果驾驶员认为这种情况两船处于交叉相遇局面，所以在两船相距4海里时才开始行动，那么这个距离会不会是驾驶员采取避碰行动最晚时机的距离？我们还是以两船交叉相遇局面来看待这个问题。假设本船为让路船，他船为直航船，整个过程直航船保速保向行驶，让路船在距离4海里处采取避碰行动。我们以最坏的情况考虑，让路船转向避让的水域空间有限，只能采取减速措施。驾驶员于3海里（即让路船雷达速度矢量线的L_2长度值）后把船停下来，此时直航船恰好正横经过让路船。两船此时的重心横距=(4-3)×tan5°×1852=162（米），这个横距如果减掉两船的船宽之和的一半，也还是会有富余距离。关于两船横距的这个计算结果，驾驶员会不会认为笔者原来管理公司的规定是正确的？毕竟这个横距驾驶员还是能够确保两船在安全距离上驶过。驾驶员可能还会认为，这种情况如果让路船采取的是紧急制动操纵，两船的横距还会变得更大。实际上，应该还会有更坏的情况出现。比如说上述例子中，我们把直航船换成一艘速度很快的超大型集装箱船，其他条件不变，那么驾驶员就无法确保两船能在安全距离上驶过，公司关于交叉相遇局面本船最晚行动时机的距离也会变得不合适。

我们再考虑两船大角度交叉相遇时的情况。同样以笔者原来的管理公司两艘一样大小的船舶作为例子，假

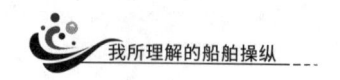

设两船相距 4 海里时，本船为 14 节，他船为 11 节，两船存在碰撞危险。本船驾驶员在右前方刚好能够看见他船的红色舷灯，偶尔还有尾灯，两船存在碰撞危险。很明显，这种局面一般是按照追越局面处理，如果按照交叉相遇局面处理，驾驶员在 4 海里时的转向避让时机真有点早。这里顺便说一下，驾驶员在两船大角度交叉相遇时可能会面临的两个困惑：一，两船大角度交叉相遇，驾驶员对是按照追越局面处理或者交叉相遇局面处理的困惑；二，两船大角度交叉相遇，驾驶员考虑过他船的船首或者船尾的困惑。我们举个例子，假设本船长度 185 米，速度 15 节，他船从本船右舷正横交叉驶近。驾驶员在他船距离 4 海里时发现雷达上两船速度矢量线的箭头终端刚好触到同一碰撞危险区域，即两船进入碰撞危机阶段。驾驶员设置 T_2 时间值为 12 分钟，得到本船 L_2 长度值为 3 海里；他船 L_2 长度值为 5 海里，雷达显示他船速度为 25 节。这种情况下本船作为让路船，到底是过他船的船首还是船尾？假设要过他船的船尾，驾驶员到底是向左转向，还是向右转向？如果我们更进一步，如果说驾驶员决定了向右转向，那么什么时候向右转向合适？这些都是驾驶员需要考虑的。有的驾驶员可能会说，两船大角度交叉相遇，让路船采取减速操纵是最为直截了当的措施，这样就可以避免横越他船的前

方。这种方法虽然可行但毕竟不符合实际船舶操纵，因为海上船舶间操纵避让还是首要考虑转向避让。

不知驾驶员有没有过这样的考虑，就两船交叉相遇的角度来说，从小角度交叉相遇到大角度交叉相遇，两者的区分在哪里？当两船存在碰撞危险时，如果他船在碰撞危险区域以前，就可以认为两船是小角度交叉相遇；反之，如果他船在碰撞危险区域以后，就可以认为两船是大角度交叉相遇。有驾驶员可能会问，这样区分有何依据？两船交叉相遇致有碰撞危险时，他船在碰撞危险区域以前与他船在碰撞危险区域以后两者的交叉角度是不一样的，前者两船交叉角度为钝角关系，后者两船交叉角度为锐角关系。本书中就是按照锐角和钝角区分两船大角度或者小角度交叉相遇的。如果我们更进一步就会发现，两船小角度交叉相遇时碰撞危险区域的相对位置与对遇局面中碰撞危险区域的相对位置比较类似，这可能也是避碰规则认为的如果对两船小角度交叉相遇存在疑问最好按照对遇局面处理的原因；同样，当两船大角度交叉相遇时，碰撞危险区域在最前面，然后才是他船或者本船，这种情况也跟追越局面中两船与碰撞危险区域的位置关系差不多。按照对避碰规则的理解，驾驶员在一定程度上如果对两船大角度交叉相遇有疑问，也可以按照追越局面进行处理。虽然如此，在船舶操纵实

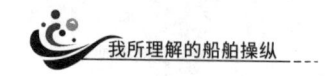

践中驾驶员是否可以将两船大角度交叉相遇局面视为追越局面，还得看两船是否具备追越局面的特征，关于这个问题我们暂时先不讨论。有的驾驶员可能会说，两船大角度交叉相遇时，如何进一步考虑本船与他船的位置关系？我想可以这样考虑，驾驶员以本船正横为基准，就可以进一步区分他船在本船前面还是在本船后面。就两船交叉相遇局面而言，驾驶员非常有必要厘清碰撞危险区域、本船、他船三者之间的位置关系，这样才能处理好两船交叉相遇时的转向避让问题。

我们首先讨论两船小角度交叉相遇时，本船作为让路船的避让准则。当两船小角度交叉相遇时，驾驶员在碰撞危机或者紧迫局面阶段只要采取向右转向操纵就可以避免横越他船的前方。当然，驾驶员如果在紧迫局面阶段采取向右转向避让可能没有正常转向操纵所需要的足够水域空间，对于慢速船更是如此。所以按照本书的观点，驾驶员最好在碰撞危机阶段就采取转向避让行动。另外，驾驶员在这两个阶段也是可以采取制动操纵措施的，但这主要取决于两船的交叉角度，如果说两船交叉相遇的角度越接近90°，驾驶员采取制动操纵的效果越理想。有的驾驶员可能会说，对于慢速船来说，紧迫局面阶段介于到碰撞危险区域1～2倍旋回圈进距，而两船小角度交叉相遇的角度可能会达到90°，如果驾驶员在这一阶段采取向右转向措施，转向效果会不会不理想？这也有可能，驾驶员毕竟还要考虑到慢速船舵效不好的问题，如果说驾驶员发现转舵效果不好，在这一阶段就应该当机立断进行制动操纵。

我们再看一下两船小角度交叉相遇时，让路船进入紧迫危险阶段时的行动准则。出现这种情况的可能性较小，毕竟让路船驾驶员都要主动优先避让。当然，驾驶员也不能掉以轻心，比如交通复杂的水域，驾驶员在紧迫危险阶段进行避让的概率就会大一些。针对这样一种情况，驾驶员最好的做法是先把船速降下来，即把快速船变成慢速船，这样本船在紧迫危险阶段的危险程速度也会减轻很多。按照本书的观点，慢速船在紧迫危险阶段刚开始时还是能够停下来的，因为慢速船的紧急制动冲程为 $L_1/2$ 长度值，当慢速船速度在 4.5～9 节时，将存在 L_1 长度值 > 旋回圈进距 >$L_1/2$ 长度值；同样，当慢速船速度小于 4.5 节时，将存在旋回圈进距 >L_1 长度值 >$L_1/2$ 长度值。所以说，船速越低，紧急制动冲程距离旋回圈进距越远，本船也越容易停下来。驾驶员也无需担心速度太慢会导致舵效不好，毕竟驾驶员还是能够通过加车提高舵效的。有的驾驶员可能会说，本船在紧迫危险阶段万一速度来不及降下来怎么办？这种情况取决于两船交叉相遇的角度，如果说两船交叉相遇的角度

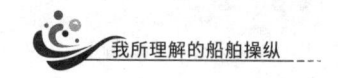

越趋近90°，单凭本船大角度向右转向可能不会成功，这时就需要直航船采取最有助于避碰的行动。驾驶员可能继续说，如果直航船自始至终都不采取避碰行动，让路船驾驶员能不能考虑向左转向避让？前面我们说过，紧迫危险阶段驾驶员就得采取最有助于避碰的行动，所以也包括向左转向。让路船驾驶员如果想在紧迫危险阶段向左转向操纵，务必同时满足以下三个条件：1. 本船速度比直航船快；2. 两船交叉相遇的角度尽量靠近90°；3. 驾驶员在刚进入紧迫危险阶段时就要采取避碰行动。如果说有一个条件不满足，本船就可能难以避免发生碰撞。

按照本书的观点，两船小角度交叉相遇时，驾驶员如果想以转向避让为主，正常情况下是不会允许碰撞危险区域在2倍旋回进距以内才开始转向避让的。首先，两船小角度交叉相遇局面毕竟不同于对遇局面，两船的交叉角度会比较大；其次，两船小角度交叉相遇局面，让路船需要先采取避碰行动，这样驾驶员需要向右转向的幅度也会比对遇局面大很多。第三，本船速度、风流环境等因素将影响到本船转向速度的快慢。第四，如果说两船距离越近，他船采取不协调避碰的可能性越大。

不知驾驶员发现没有，本书一直在强调这样一个观点：就船舶之间的三种不同会遇态势而言，驾驶员如果想以转向操纵为主，就要考虑本船是否有正常转向操纵所需要的足够水域空间，而不是考虑本船是否有紧急转向操纵所需要的足够水域空间。所以驾驶员在做任何转向操纵前，都要首先确保本船至少有2倍旋回圈进距作为正常转向操纵所需要的足够水域空间。

关于两船小角度交叉相遇局面，我们再看一下如果让路船不采取避碰行动，有关直航船的避碰准则，直航船最好按照对遇局面处理，直航船按照对遇局面处理的目的是把自己当成负有避让责任的船舶。避碰规则认为，直航船从可以行动的那一刻起，就认为已经进入紧迫局面阶段了。当然，这边的紧迫局面阶段是针对直航船而言，而让路船驾驶员不一定持有相同的观点，比如，在海上我们经常看到快速船与慢速船小角度交叉相遇，经常是快速船主动避让慢速船，很明显，双方驾驶员对各自船舶开始进入碰撞危机或者紧迫局面阶段的认识不一样。这里顺便说一下，两船小角度交叉相遇局面下，如果直航船以 T_1 时间值设置雷达速度矢量线，当矢量线的箭头终端触到碰撞危险区域时，就认为直航船已进入紧迫局面阶段了。我们再次比较一下直航船 L_1 长度值与2倍旋回圈进距的关系。按照本书的观点，当直航船速度等于9节时，此时 L_1 长度值就与2倍的旋回圈进距相等。驾驶员看了这个速度，肯定会立马反应就是快速船

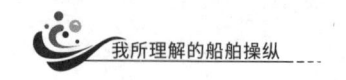

的最低标准速度，这也是本书会给驾驶员加深印象的理由。对于直航船来说，只要速度超过9节，驾驶员刚进入紧迫局面阶段就会有正常转向避让操纵所需要的足够水域空间。同样，当直航船速度小于9节时，按照本书的观点，就属于慢速船了。对于慢速船而言，驾驶员到碰撞危险区域的距离与2倍旋回圈进距相等时就是紧迫局面阶段的上限距离，所以驾驶员想以转向避让为主，就得在紧迫局面阶段的上限距离时采取避碰行动。这里顺便说一下，无论直航船是快速船还是慢速船，驾驶员在这一阶段也是可以采取制动操纵措施的，但这取决于两船交叉相遇的角度，如果说角度越接近90°，直航船制动避让效果越好。

有的驾驶员可能会说，两船小角度交叉相遇局面，如果说让路船没有采取避碰行动，那么直航船在具有正常转向操纵所需要足够水域空间的前提下，驾驶员是向左转向避让好，还是向右转向避让好？避碰规则是这样规定的，直航船如当时环境许可，不应对本船左舷的船舶采取向左转向。避碰规则这样的规定主要考虑到让路船随时都有可能向右转向，所以一般不允许直航船向左转向避让。但在船舶操纵实践中，我们经常会看到两船小角度交叉相遇时，直航船也会采取向左转向操纵。不知驾驶员有没有考虑过出现这种现象的原因。如果说直航船速度比让路船慢，驾驶员可能更倾向于向左转向并过让路船的船尾，因为这种操纵方法对于直航船来说更简单，避让效果也会更好。不知驾驶员会不会认为直航船如果向左转向操纵会违背避碰规则。虽然没错，但想要杜绝这种现象，就需要让路船早点采取转向避让操纵。驾驶员可能继续说，这种现象属于个例，不具有普遍意义？这种现象应该经常会发生才对，比如船速差不多的一艘小船与一艘大船小角度交叉相遇，小船为让路船，大船为直航船，我们说这种情况下大船进入紧迫局面阶段的时间就可能比小船进入碰撞危机阶段的时间早。这里顺便说一下，考虑到直航船采取向左转向避让会违背避碰规则，驾驶员采取避碰行动前最好与让路船用VHF沟通一下。

我们再聊一下两船小角度交叉相遇时，如果让路船不采取避碰行动，直航船进入紧迫危险阶段的行动准则。驾驶员如果参考本书关于让路船在紧迫危险阶段的行动准则就会发现，假如说直航船能够把速度降下来，那么在紧迫危险阶段的危险程度就会小很多。有的驾驶员可能会说，如果说直航船速度特别快呢？这种情况出现的概率很大，多半是直航船驾驶员认为让路船会让路，所以坚持保速保向造成的。驾驶员在这种情况下再采取制动操纵已经来不及了，只能满舵向右转向。这里

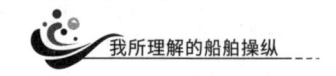

需要强调两点：1. 直航船在紧迫危险阶段无论如何不要采取向左转向避让操纵，毕竟驾驶员要考虑到让路船随时都有可能向右转向操纵；2. 直航船进入紧迫危险阶段以后，将不适宜再用VHF与让路船联系，因为此时需要直航船采取最有助于避碰的行动。这两点也是两船小角度交叉相遇时，直航船在紧迫危险阶段与紧迫局面阶段的区别。

按照本书的观点，两船小角度交叉相遇局面中，直航船采取避碰行动的时机是严格受到限制的，直航船只能在进入紧迫局面阶段以后才能采取避碰行动。直航船虽然有如此限制，但驾驶员从前面的分析也应当清楚，直航船速度超过9节时，驾驶员就会有正常转向操纵所需要的足够水域空间，驾驶员甚至想在晚些时候行动也是可以的。同样，当直航船速度小于9节时，驾驶员只能在距离碰撞危险区域还有2倍旋回圈进距（即慢速船在紧迫局面阶段的上限距离）开始行动，这种情况下如果驾驶员认为直航船的舵效不好，也是可以进行制动操纵的。毫无疑问，直航船速度越慢时，驾驶员进行制动操纵越有利，驾驶员甚至可以有晚点采取制动操纵的理由。值得一提的是，这个结论也适合两船小角度交叉相遇局面中处于紧迫局面阶段的让路船。

我们接着讨论两船大角度交叉相遇时的避碰关系。

首先介绍一下直航船在让路船正横之前时，关于让路船避碰准则和要求。原则上讲，当直航船介于让路船与碰撞危险区域之间时，让路船只要向右转向，就能过直航船的船尾。有的驾驶员可能会说，让路船向右转向，有没有可能先过直航船的船首，再过船尾？直航船只要在让路船的正横以前，此时不管船速多少，让路船向右转向都能过直航船的船尾，驾驶员可以自己画画三角形分析一下。正是这样的观点，让路船驾驶员只要当时环境许可，就应该主动向右转向避让直航船。这边说一下为什么需要"当时环境许可"。这主要是碰撞危险区域、让路船、直航船三者的位置关系造成的，让路船驾驶员除了要考虑到碰撞危险区域的距离以外，也要考虑两船的位置关系。让路船无论什么船速，直航船都可能进入让路船的2倍旋回圈进距以内。毫无疑问，如果让路船驾驶员想以转向操纵为主，当直航船进入让路船的2倍旋回圈进距以内时，驾驶员可能会因为两船的位置关系导致向右转向操纵感觉相当棘手。有的驾驶员可能会说，这种情况下如果向右转向避让不行，是不是可以向左转向？没错，直航船位于让路船正横以前时的两船大角度交叉相遇局面，当直航船在让路船1～2倍旋回圈进距时，驾驶员就要考虑向左转向360°过直航船的船尾。同样，当直航船在让路船旋回圈进距以内时，驾驶员向左转向360°就不能再有疑问。虽然有以上观点，但在船舶操纵实践中，让路船向左转向360°过直航船的船尾会比较少见，这主要考虑到大部分驾驶员都能够在直航船距离本船2倍旋回圈进距以外采取避碰行动。这里顺便说一下，两船大角度交叉相遇局面，让路船驾驶员也是可以采取制动避让措施的。

有的驾驶员可能会说，两船大角度交叉相遇局面，如果按照追越局面处理，让路船是不是可以在距离直航船还有旋回圈进距时采取避碰行动？当直航船介于让路船与碰撞危险区域之间时，让路船不一定能够符合追越局面的特征。想要符合追越局面的特征，最起码应该同时具备以下两个条件：一、本船速度比他船快；二、本船位于他船的正横之后。很明显，当直航船介于让路船与碰撞危险区域之间时，让路船不一定能够符合以上两个条件，所以让路船驾驶员千万不要觉得可以在到他船距离还有旋回圈进距时采取转向避让操纵。这里顺便说一下，有他船在本船前面的两船大角度交叉相遇局面即便符合上述追越局面的特征，两船大角度交叉相遇局面还是不能等同于真正的追越局面，因为大角度交叉相遇时两船交叉的角度会比追越局面大很多。正是这样的观点，直航船在让路船正横之前时的两船大角度交叉相遇局面，让路船驾驶员如果想以转向避让操纵为主，那么在距离他船至少还有 2 倍旋回圈进距时就要开始采取转向避让操纵。

写了那么多，好像还没定义两船大角度交叉相遇时关于碰撞危险的三个阶段。两船大角度交叉相遇时，驾驶员需要兼顾本船到碰撞危险区域的距离与两船之间的位置关系。驾驶员不能简单认为本船 L_2 长度值的箭头终端触到碰撞危险区域时就可以算作碰撞危机阶段的开始，毕竟两船之间的位置关系也会影响到碰撞危险区域的距离。有的驾驶员可能会说，两船大角度交叉相遇局面，该用什么方法判断碰撞危险好呢？驾驶员最好利用目测串视线方法判断碰撞危险。按照本书的观点，当他船距离本船 2 倍旋回圈进距不远时，驾驶员还是很容易利用目测串视线进行观测的。这里之所以提到 2 倍旋回圈进距，是因为两船大角度交叉相遇时，驾驶员务必以到他船距离为 2 倍旋回圈进距作为碰撞危机阶段的下限距离，如果是让路船，驾驶员最好在这个距离之前采取转向避让行动；如果是直航船，驾驶员最好在这个距离时就采取转向避让行动，毕竟这个距离也是紧迫局面阶段的上限距离。我们承前启后，两船大角度交叉相遇时，两船相距为旋回圈进距将作为本船紧迫局面阶段的下限距离。当两船相距只剩下旋回圈进距时也意味着驾驶员紧迫危险阶段的开始。写到这里，细心的驾驶员可能会发现让路船在碰撞危机阶段没有上限距离。两船大角度交叉相遇时，让路船具有主动避让直航船的责任，让路船驾驶员在采取避碰行动前也要考虑到两船的位置关系，因此在碰撞危机阶段不应该有上限距离。

两船大角度交叉相遇时，他船距离本船为 2 倍旋回圈进距时将是一个坎，如果驾驶员没有在这个距离之前采取避碰行动，那么两船在这个距离以内时，无论是让路船还是直航船，驾驶员均可能会因为两船的位置关系难以转向避让而只能采取制动操纵。有的驾驶员可能会说，既然 2 倍旋回圈进距作为直航船进入紧迫局面阶段的上限距离，如果说让路船不采取转向避让行动，那么直航船驾驶员在这个距离时是向左转向避让好，还是向右转向避让好？这时驾驶员千万不要过早下直航船只要向左转向就能过让路船船尾的结论，虽然直航船位置在让路船正横以前，但让路船位置既可能在直航船正横以前，也可能在直航船正横以后。我们先说一下让路船位置在直航船正横以前的情况。直航船在这个阶段向左转向过让路船的船尾是最好不过的了。这里顺便说一下，考虑到直航船采取向左转向避让会违背避碰规则，驾驶员采取避碰行动前最好跟让路船用 VHF 沟通一下。不知驾驶员是否会认为两船大角度交叉相遇时，直航船在紧迫局面阶段需要向左转向的幅度也很大，如果这一距离内再用 VHF 与让路船沟通,是否会浪费时间。直航船驾驶员想避免浪费时间,务必在让路船距离 2 倍旋回圈进距以外就提前沟通好。这里更进一步,提前用 VHF 沟通是非常有必要的,直航船驾驶员只要沟通好了,甚至可以在紧迫局面阶段之前采取避碰行动。

有的驾驶员可能不赞同本书的观点,认为这种情况下向右转向操纵不是也可以?这种情况下的两船大角度交叉相遇局面,直航船驾驶员同样过让路船的船尾,采取向左转向避让会比向右转向避让的幅度小很多。这里顺便说一下,当让路船位置在直航船正横之前时的两船大角度交叉相遇局面,直航船还是比较符合我前面所说追越局面中追越船的特征的,如果说直航船对两船是否为追越局面或者大角度交叉相遇局面有怀疑,那么直航船驾驶员最好把自己当成追越局面中的追越船看待,这样便存在给让路船让路的理由。虽然如此,两船大角度交叉相遇局面毕竟不等同于真正的追越局面,所以直航船驾驶员最好在 2 倍旋回圈进距时就开始采取向左转向避让操纵。

我们再看一下让路船在直航船正横之后时的两船大角度交叉相遇情况。假如说这种情况下让路船不采取避碰行动,那么直航船驾驶员在 2 倍旋回圈进距时到底向左转向避让好,还是向右转向避让好?这种情况下即使

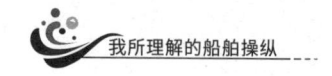

让路船在直航船的 2 倍旋回圈进距以外，直航船驾驶员也不宜向左转向。驾驶员如果自己画一下三角形分析就会发现，直航船驾驶员如果向左转向避让操纵会先过让路船的船首，再过让路船的船尾，即造成 DCPA 先增加，再减小，再增加的问题，这将会对让路船形成困扰；另外，假如说直航船向左转向的幅度不够大，两船还是会有发生碰撞危险的可能。在船舶操纵实践中，本船很少会朝着正横后的他船进行转向避让操纵的，直航船驾驶员向右转向避让操纵将是更好的选择，而且这种操纵方法不需要大幅度向右转向就能够过让路船的船尾。有的驾驶员可能会说，向右转向操纵可能会偏离计划航线太多？驾驶员如果这样认为，那就用下列两个中的一个办法替代解决：一，制动操纵包括减速；二，向右转向 360°过让路船的船尾。这里顺便说一下，可能也有驾驶员会把这种情况下的直航船当成追越局面中的被追越船看待，毕竟船舶操纵实践中，驾驶员一般都比较重视在本船正横之前的他船，而本船正横之后的他船，驾驶员更倾向于认为他船就是追越船。不可否认，两船大角度交叉相遇时，这种情况下的直航船危险程度最小。

我们继续讨论两船大角度交叉相遇局面的避碰关系。前面说到了直航船在让路船正横以前的情况，接下去将讨论直航船在让路船正横以后的情况。这种情况对于让路船来说会比较尴尬，因为两船发生碰撞危险时，直航船一直在让路船的正横后面，两船的方位保持不变。这种情况下当两船处于碰撞危机阶段时，驾驶员最好采取向左转向避让操纵，这样就能过直航船的船尾，转向幅度也不需要太大。驾驶员如果选择向右转向避让操纵，同样将存在先过直航船船首，再过直航船船尾的问题、驾驶员如果处理不好，两船还是会有发生碰撞危险的可能的。当然，两船大角度交叉相遇时，如果说直航船在让路船正横后面时，让路船除了可以采取向左转向操纵避让外，也可以进行制动操纵。写到这里，驾驶员会不会感觉这种情况与让路船在直航船正横后面时，直航船的避让准则一样，都是背着他船进行转向避让操纵的？没错，唯一的差别就是让路船在碰撞危机阶段就开始行动，而直航船却在紧迫局面阶段才开始采取避碰行动。

　　上述内容分析了两船大角度交叉相遇时，让路船与直航船之间的各种可能关系，最后看一下两船大角度交叉相遇时，本船进入紧迫危险阶段的行动准则。直航船与让路船在这一阶段时的行动准则是一样的，驾驶员在两船距离只剩下旋回圈进距时最好背着他船满舵转向，从而过他船的船尾。有的驾驶员可能会说，如果本船速度太慢影响到舵效怎么办？这种情况下驾驶员采取

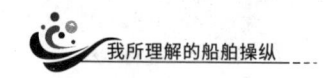

制动操纵将是更好的办法。如果我们更进一步就会发现，当两船距离在旋回圈进距时，此时碰撞危险区域的距离可能很远，也可能很近。当本船到碰撞危险区域的距离很远时，通常意味着两船速度都比较快，驾驶员只要采取正常制动操纵就能有效避让他船；同样，当本船到碰撞危险区域的距离很近时，这也意味着两船速度都比较慢，驾驶员采取紧急制动操纵也是能够避让他船的。这也是本书不按照制动能力划分两船大角度交叉相遇局面时有关碰撞危险三个阶段的原因，毕竟两船大角度交叉相遇局面时，驾驶员无论在碰撞危险的哪个阶段采取制动操纵措施，本船都能够避开他船。驾驶员以制动能力划分关于碰撞危险的三个阶段无法体现出操纵难度。

  关于两船交叉相遇局面，已经写得差不多了，现在总结一下。就航行船舶之间的三种局面来说，交叉相遇局面最难。首先，交叉相遇局面夹在对遇局面与追越局面中间，两船交叉角度覆盖的范围广，对于让路船来说，转向操纵幅度一般随着两船交叉角度的变大而变大。其次，两船小角度或者大角度交叉相遇时，驾驶员容易对是交叉相遇局面或者其他局面产生怀疑。虽然我们也说过驾驶员如有疑问，小角度交叉相遇可以认为是对遇局面，大角度交叉相遇可以认为是追越局面。但在船舶操纵实践中，双方驾驶员可能无法对两船的会遇局面形成统一认识，从而造成让路责任的不明确。第三，两船交叉相遇局面时，让路船驾驶员对于如何避让直航船会比较模糊，因为避碰规则没有明确让路船具体的避让方法，驾驶员必须考虑两船的交叉角度，所以无法像对待对遇局面一样，只需本船向右转向操纵就可以。第四，两船交叉相遇局面中，驾驶员也无法做到像追越局面中的追越船一样自如，认为如果不能追越就把船速减下来。交叉相遇局面时的双方驾驶员一般情况下都会考虑以转向避让操纵为主，但在转向避让操纵当中，驾驶员经常会对是向左转向避让还是向右转向避让不确定，这无疑增加了碰撞风险。第五，两船交叉相遇局面时，有些直航船会认为让路船必须让路，所以会坚持保持航向和航速。但在船舶操纵实践中，让路船可能因为自己尺寸或者速度较小的原因，不肯首先转向避让操纵。直航船驾驶员的这种认识将使两船发生碰撞的风险进一步提高。

虽然两船交叉相遇局面存在上述这些难点，但本书中关于交叉相遇局面的介绍能够解决这些难点。两船交叉相遇中，不管是让路船还是直航船，驾驶员在采取避碰行动时，只有过他船的船尾才是最安全的。不可否认，本书的一些观点会与避碰规则关于直航船的行动条款有

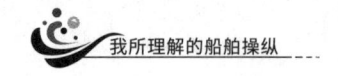

些出入。可能也有驾驶员会觉得本书的观点并没有违反避碰规则原则，因为关于直航船的行动条款是这样介绍的：在交叉相遇局面下，直航船在根据规定采取避碰行动时，如当时环境许可，不应对本船左舷的让路船采取向左转向。但"如当时环境许可"这几个字的意思令人有点费解，所以只能按照自己所理解的船舶操纵描述罢了。船舶操纵实践中，真正资深的驾驶员并不会认为两船交叉相遇局面很难，在他们眼里，可能早已把让路船或者直航船的概念淡化掉了，他们通常只有一个原则，不管两船交叉角度如何，如果对碰撞危险有任何怀疑，就把本船当成让路船看待，并且过他船的船尾。这样的资深驾驶员并不会很早地避让他船，但在采取转向避让操纵时，一定能够兼顾到其他避碰方案，说白了就是资深驾驶员对转向避让操纵时机控制得很好。笔者不认为自己属于这样的资深驾驶员，但这本书应该会对驾驶员的转向避让操纵时机有所帮助。另外，这本书将帮助新手驾驶员克服对两船大角度交叉相遇时的恐惧症。我们举个例子，笔者原来管理公司对两船交叉相遇局面中的本船作这样的规定，本船应在距离他船不少于 4 海里时就开始采取避碰行动。我们以管理公司的船舶长度 185 米计算，如果两船大角度交叉相遇，那么驾驶员在这个距离时开始转向操纵避让会有点遥远，因为这个距离将

第四章 目测串视线

比2倍旋回圈进距多好几倍。如果我们再仔细观察雷达ARPA数据，会发现这种距离取决于两船的交叉角度，他船的TCPA可能很大，也可能很小。当然，笔者原来管理公司还对本船的最晚避碰时机作了进一步规定，即驾驶员无论如何都得在他船TCPA 15分钟以外就得开始行动。当两船大角度交叉相遇时，驾驶员即使按照管理公司对TCPA的规定采取避碰行动，此时他船如果在2倍旋回圈进距以内，驾驶员就不好进行正常转向操纵。驾驶员也许会说，不好进行正常旋回操纵，也可以考虑进行制动操纵。虽然没错，但海上两船交叉相遇局面时驾驶员的通常做法都是以转向避让为主。按照本书的观点，当两船大角度交叉相遇时，驾驶员如果以他船位置是否在2倍旋回圈进距以外作为正常转向避让操纵时机的参考，就不会担心两船大角度交叉相遇时他船距离本船太远或者太近的问题，驾驶员在这个距离转向避让操纵将能够很从容地过他船的船尾。

我们回到如何利用目测串视线方法判断转向避让操纵时机的问题上面。前面已经就航行船舶三种不同会遇态势时，驾驶员的转向避让时机分别进行阐述说明了，在两船对遇局面与小角度交叉相遇局面中，驾驶员应在本船进入碰撞危机的上限距离，即到碰撞危险区域还有L_2长度值时就应该利用目测串视线方法判断碰撞危险；另外，考虑到船速会影响 L_2 长度值与 2 倍旋回圈进距的关系，驾驶员如果想以转向避让操纵为主，就得同时兼顾本船到碰撞危险区域距离至少还有 2 倍旋回圈进距的时候也能够利用目测串视线方法判断是否存在碰撞危险。有些驾驶员可能认为，如果想以转向避让操纵为主，实际上只要让本船到碰撞危险区域距离接近至 2 倍旋回圈进距时再利用目测串视线方法判断碰撞危险不就可以了。如果驾驶员能够这样认为肯定是位资深驾驶员。首先，驾驶员非常清楚本船的操纵性能；其次，无论本船以什么速度行驶，驾驶员必须假设到碰撞危险区域距离在 2 倍旋回圈进距以外；第三，驾驶员能够根据本船长度及他船速度估算出他船的 L_2 长度值。具备以上三点，新手驾驶员就能够做到跟资深驾驶员一样轻松自信地说："我避让他船从来不需要超过××海里！"资深驾驶员其实就在他船距离为××海里的附近做出本船是否存在碰撞危险的判断。写到这里，我们再回顾一下笔者原来管理公司关于避碰时机的规定：对于正在被追越的他船不少于 2 海里就必须采取避碰行动；对于交叉相遇局面的他船不少于 4 海里就必须采取避碰行动；对于对遇局面的他船不少于 6 海里就必须采取避碰行动。新手驾驶员应该能够看出资深驾驶员的观点与我原来管理公司规定的区别。本书认为资深驾驶员的观点更能够帮助新手驾驶员提高船舶操纵水平。如果我们更进一步，其实两船大角度交叉相遇也是一样的，只不过这种情况下，不管本船速度多少，他船都有可能进入2倍旋回圈进距以内，这种情况下驾驶员只要他船距离接近至2倍旋回圈进距时，再利用目测串视线方法判断本船是否存在碰撞危险就可以了。两船大角度交叉相遇，驾驶员在距离他船2倍旋回圈进距以外确定存在碰撞危险了，就会有正常转向操纵所需要的足够水域空间。我们最后看一下追越局面。对于追越船来说，驾驶员只需被追越船接近至本船的L_1长度值时再利用目测串视线方法判断能否安全追越就可以了，有的驾驶员可能会说，为什么不是判断碰撞危险？是因为追越局面不以碰撞危险为前提。同样，对于被追越船来说，按照本书的观点，驾驶员并不怎么需要利用目测串视线方法判断后面的追越船是否与本船存在碰撞危险，因为避碰规则讲得很清楚，追越船要给被追船让路。虽然如此，被追越船如果即将改变航向和（或）航速，驾驶员就要注意2倍旋回圈进距以内的追越船，毕竟这种做法可能会使追越船措手不及。另外，如果说追越船没有给被追越船让路以致两船发生碰撞危险，所以建议被追越船驾驶员最好在旋回圈进距以外就用VHF通知追越船或者独自采取避碰行动。

第五章　船舶转心

第五章 船舶转心

本章内容有助于驾驶员了解船舶如何利用转心运动。我记得船舶操纵中,关于船舶转心的篇幅不是很长,很多驾驶员在毕业后更是把船舶转心的概念及用法忘得一干二净。驾驶员在本船掉头、侧推使用、近距离转向避让、拖轮协助、靠离泊等诸多方面都会用到船舶转心的知识。不可否认,利用好船舶转心的知识,能给船舶操纵带来许多方便;利用不好船舶转心的知识,将给船舶操纵带来不少麻烦。本章主要讨论船舶转心的知识对船舶操纵的影响。

我们首先回顾一下船舶转心的概念,即本船绕瞬时曲率中心作旋转运动时,可以看成是两个运动的合成:一方面本船作保向斜航运动,另一方面本船以自身某一

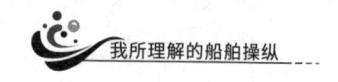

点为中心作自转,我们说这一点就是船舶的转心。从几何上讲,转心位置是旋回时某瞬间的旋回中心至船舶首尾中心线的垂足点,如图5-1所示。

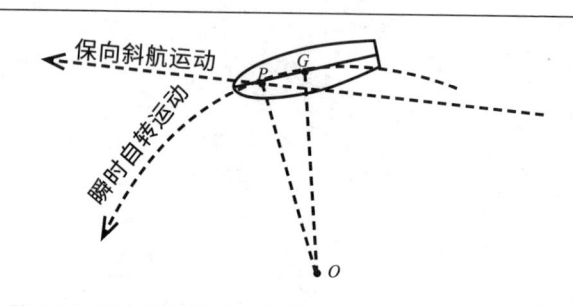

转心P为保向斜航运动与船舶围绕某一点O为中心作自转运动的叠加。转心处有三个特征:1.回转切线速度的方向与船舶首尾中心线方向一致。2.该点的横移速度为零。3.船舶绕该点的竖轴作"自转"。

图 5-1 船舶的转心示意图

从图5-1可知,当曲率半径足够大时,本船瞬时自转运动路径将与保向斜航运动路径重合,即相当于本船沿着初始航向行驶;这当中船舶首尾中心线与保向斜航运动的路径一致,本船将不发生偏转。反之,当曲率半径开始减小时,本船的瞬时自转运动路径将与保向斜航运动路径分开,即相当于本船作旋回运动,这种情况下船舶首尾中心线将与保向斜航运动路径分开,本船的船

第五章 船舶转心

首和船尾围绕转心进行旋转。我们从以上内容可以推出：本船作直航运动时将不发生任何偏转，因此船舶转心的提及可以忽略不计。这可能也是大部分驾驶员不重视船舶转心的原因。在个人的航海生涯里，笔者感觉大部分驾驶员都是依据计划航线按部就班行驶；另外，正规管理公司对避碰行动的 DCPA 也会有详细的规定。比如笔者原来管理公司就要求大洋航行时至少与他船保持 2 海里的 DCPA；沿岸航行时至少保持 1 海里的 DCPA；交通复杂的水域至少保持 0.5 海里的 DCPA；任何情况不得小于 0.25 海里的 DCPA。在管理公司制度的约束下，驾驶员基本都是远距离避让他船，很少会联想到船舶转心。驾驶员可以想象一下，如果按照笔者原来管理公司关于DCPA 的规定，驾驶员在正常转向操纵时都不会触碰到他船，所以没有记住船舶转心的必要性。长此以往，驾驶员会慢慢把船舶操纵中关于船舶转心的知识忘记得一干二净。这样的驾驶员做到船长职位了，就会对船舶操纵存在各种各样的疑惑。比如，本船正横受风航行，有些船长可能一直不明白，本船向上风舷侧改向时的船首转向速率为什么会比向下风舷侧改向时的船首转向速率更快。

驾驶员无论如何不能忘记船舶转心的知识，因为本船任何改变航向的行动，都会涉及船舶转心。我们说过，

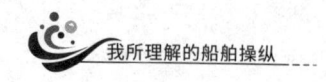

本船作旋回运动时，船首和船尾将同时围绕转心进行旋转。驾驶员如果仔细观察会发现，船首和船尾将围绕转心作方向相反的横移运动，此时转心位置就尤为重要，因为距离转心位置越远，横移幅度将越大。如果说横移幅度大了，同样也会有发生碰撞危险的可能。做过前驾驶船舶的驾驶员都知道，在改变航向之前，驾驶员都喜欢往后看看，目的就是想在改变航向之前保证船尾附近水域的清爽。再比如，本船离泊掉头转向，驾驶员采用首离法让船首朝外掉头转向，假如本船与泊位拉开只有很小的一段距离，那么驾驶员一定不敢快速转向，原因就是担心船尾过快偏转会碰到码头泊位。

　　既然船舶转心的知识如此重要，我们就来分析一下转心位置到底在本船的哪个地方。在写前面章节的时候，已经介绍了本船前进时的转心位置大概在距离船首之后的 1/4 船长位置。至于为什么会在这个位置，有些资料认为本船"移动的重心"就是船舶的转心位置。具体来讲，当本船前进时，位于船首前面的一部分水的质量会被拖着一起前进，如果把这部分水的质量与本船的重量当成是一个整体的话，即相当于本船的重心向前移到一个新的位置；"新的重心"大概在距离本船船首之后的 1/4 船长位置，这位置也因此被认为是本船前进时的转心位置。驾驶员很聪明，既然"新的重心"位置与

第五章 船舶转心

被拖动水的质量的位置有关，如果本船后退的话，那么"新的重心"岂不移动到大概距离本船船尾之前的1/4船长位置。这位置也被认为是本船后退时的转心位置。同样，本船静止时将不会拖动任何水的质量，这时原来的重心位置就被当成是本船静止的转心位置，大概在距离本船船首之后的1/2船长位置。

驾驶员如果将本船的三种常见运动状态与转心位置联系起来，就会发现前进、静止和后退时的转心位置分别在距离本船船首之后的1/4、1/2和3/4的船长位置。这是不是很好记忆？但重点不是这里，而是船首和船尾横移速度的关系。当转心位置在船中时，此时船首与船尾距离转心位置是1比1的比例关系，本船静止时的转向运动，船首与船尾的横移方向相反但横移速度将保持一致。这里顺便讲一下，当本船作旋回运动时，首尾中心线上各个点的横移速度不是一样的，驾驶员千万不要认为自己所在位置的横移速度就能代表本船其他位置的横移速度，毕竟我们能够很容易从转心位置与船首和船尾的距离关系得出：在距离转心越远的地方横移越快，转心位置不横移，转心前后则横移相反。这里再回顾一下前面章节里的一句话，通常我们假设本船前进时转心位置在距离船首之后的1/4船长位置，如果船首转得快，那么船尾将3倍于船首的转向速率。这也是为什么航行

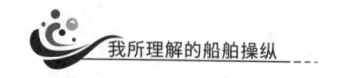

中的船舶转向时，有"首移一尺、尾移一丈"的说法。经常走航道的驾驶员都知道，航道的拐弯水域有一定的曲率半径要求，它必须考虑到驾驶员转向操纵时，本船的船首和船尾距离航道边缘有一定的安全余量，否则就容易出事故。值得警惕的是，并不是所有船舶都能安全通过航道的拐弯位置，所以驾驶员在过一个陌生的狭水道或者航道前一定要熟悉航道的规章制度，以避免陷入无法安全通过的尴尬境地。

转心位置除了影响船首和船尾的横移幅度外，对于驾驶员来讲，也同时影响本船转向的快慢。正因为转心位置如此重要，这里有必要讨论一下影响船舶转心位置的因素。首先，转心位置与船舶的方形系数有关，这点我就略带一下，因为少部分驾驶员可能接触不同类型的船舶。一般来讲，方形系数越大，转心前移越多。肥大型船舶的方形系数较瘦削型船舶大，在其他条件都一样的情况下，肥大型船舶比瘦削型船舶的转心位置更靠前，旋回性能更好，驾驶员也越容易转向操纵。比如，油轮就比普通货轮更容易转向。其次，转心位置与本船的装载状态有关。在无左右横倾时，转心位置就在本船的首尾中心线上；当有横倾或者纵倾时，转心位置也相应位于倾斜的一侧。具体来讲，本船船头倾斜时将比平吃水时具有更靠前的转心位置，这种情况下的本船除了更容易保向外，笔者认为操纵性能也更好。同样道理，本船横倾时，转心位置将倾向于低干舷的一侧；此时驾驶员向低干舷的一侧转向将具有更小的船舶阻力，本船旋回圈也更小。第三，转心随本船运动状态变化而变化。船速越高时，本船迎流一面受到的水压越大，产生的附加水质量也越大，"新的重心"离开初始位置越远，因此船舶转心位置更加靠前。这里介绍一下高速客轮的转舵规定，很多船舶管理公司都规定高速客轮海上航行时的转向舵角不能超过5°，驾驶员从转心的角度考虑，速度越快，转心位置越靠前，本船也越容易转向。高速客轮的船速通常都能轻松超过20节，所以5°舵角已经足够；如果说驾驶员转动舵角度数过大，高速客轮势必产生较大的横倾角。按照本书的观点，横倾角过大就非常不利于安全。这里顺便说一下，一般商船也是同样如此。当本船速度很高时，驾驶员在转向操纵时同样要避免用大舵角，以防止横倾角过大。我们再分析一下船速较低时的情况，当船速越低时，转心位置将越靠近原来的重心位置，本船舵角产生的转船力矩也越小，这点很好地解释了本船在低速时不容易保向的原因。第四，转心与风流环境有关。我们说，当船速较高时，影响转心位置的主要因素将是船速；而当船速较低时，影响转心位置的主要因素则是风流环境。本船低速航行时，当风

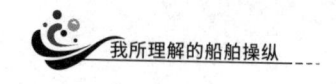

流来自本船的船首，相当于给船首增加额外的"虚拟重量"，所以转心将较原来位置更为靠前；同样，风流影响来自本船的船尾，相当于给船尾增加额外的"虚拟重量"，所以转心将较原来位置更为靠后。这也解释了本船低速航行时，顶风流环境会比顺风流环境更容易保向的原因。第五，转心还跟船舶推力（即螺旋桨推力）与阻力（即船舶阻力）的合力有关。相信很多驾驶员不会陌生这样一种船舶操纵方法：大角度转向前先把船速降到一个极小值，再突然满舵加车转向，这样本船转向就可以来得更快些。为什么会这样？首先，驾驶员在大角度转向前将船速减到一个极小值，目的就是降低本船的船舶阻力；其次，驾驶员随后突然满舵加车，满舵是为了能让本船更快转向，同样加车是为了产生更大的螺旋桨推力。这种情况下驾驶员突然加车，本船速度来不及升上来，所以螺旋桨推力远大于船舶阻力，本船产生很大的加速度，转心也瞬间移到距离船首大概 1/8 的船长位置，造成本船产生很大的转船力矩，驾驶员也更容易转向。驾驶员需要注意，此方法只能适用于短时间船舶操纵，如果说随着船速起来以后，船舶阻力也会跟着变大，这时螺旋桨推力与船舶阻力的合力逐渐变小，本船加速度也将跟着减小直至等于零。此后螺旋桨推力等于船舶阻力，船速将稳定在一个值，转心将回落至距离船首大概 1/4 的船长位置。

以上我们讨论了影响船舶转心位置的几个因素，按照我个人的理解，船舶操纵实践中都是好几个因素同时对转心位置产生影响。驾驶员应该抓住主要矛盾，纠出对转心影响最厉害的因素，并对症下药。我们先看一个例子，静止中的本船，假设刚开始时的转心位置在船中，但本船在风流影响下将往后退，这样转心位置就会往后移。转心位置往后移又将造成转心前后受风流影响的面积不一样，从而使本船在后退的同时发生偏转，本船最终的结果是将呈横向受风流状态并向下游漂移。从这个例子我们可知，影响到本船转心位置的因素首先是船速，但风流影响又使转心位置发生了变化。我们再看一个例子，本船顶风流掉头，驾驶员发现满舵进车仍然很难使本船发生转向。很明显，螺旋桨推力不足以使本船发生转向，风流影响起主要作用。那么，驾驶员是不是可以换一个思路，继续增大螺旋桨的推力。不难发现，很多驾驶员港内操纵时，为提高螺旋桨推力，都是用前进二直接代替前进一。这边也有另外一个解决办法，假如说满舵进车但本船还是难以发生转向，驾驶员也可以换另外一个思路，即倒车让本船微速后退。这样转心位置后移，驾驶员将看到不一样的转向效果。我们从上述例子可以得出，驾驶员可以通过改变螺旋桨推力或者船速，从而使转心位置积极发生变化。我们再看一个关于驾驶员为维持舵效最低速度的例子。我们都知道，港内航行时经常需要本船以最低速度行驶，但速度越低驾驶员越难以保持舵效，这种情况下驾驶员如果进行短暂的加车，那么转心位置也将往前移动，这样本船就能继续保持舵效行驶了。驾驶员需要记住，当本船有了舵效之后就需要立即减车，否则本船速度慢慢起来后，就再也不是维持舵效的最低速度。

就船舶操实践而言，除了螺旋桨推力和船速是影响船舶转心的重要因素外，风流影响也是驾驶员不能忽视的一个因素。前面我们讲到低船速时风流环境对转心位置的影响，并得出低船速下的本船在顶风流时比顺风流时更容易保向的结论。那么，接下来我将讨论风流合力与转心位置不一样时对本船转向造成的影响。驾驶员都知道，风流影响在本船前后左右四个方向对转向快慢的影响程度是不一样的。比如，本船顶风流航行时的转向相对于顺风流航行时的转向来得慢，这主要是转心位置前后船体面积不一致引起的。具体来讲，转心后面的船体面积更大，受风流影响也越大，本船顶风流转向时，转心后面的船体面积逆风流而转，因此驾驶员转向也更加困难。再举个例子，本船在大风浪中顺风流航行将比顶风流航行时更容易被打横，这其实也是风流合力与本船转心位置不一样的缘故，即驾驶员转向时，转心后面较大的船体面积将顺风流而转，造成本船容易转向，所以容易被打横。我们再回顾一下本章刚开始时的一个问题，本船正横受风航行，那么到底是向上风舷侧改向时船首的转向速率快，还是向下风舷侧改向时船首的转向速率快？这点驾驶员在考虑风流合力与转心位置的关系后，答案应该一目了然了。船舶操纵实践中，驾驶员如果觉得本船还是转得不够快，一般是可以通过加大舵角甚至以加车的方式达到加快转向的目的。去过印度尼西亚雅加达港口的驾驶员都知道，本船进入防波堤之前的航道是受横风流影响的，假如说驾驶员需要在防波堤外面停车滞航等候引航员，那么驾驶员肯定不能让本船横向漂移，因为两边都有大量的锚泊船。驾驶员也许要考虑一下船舶转心与风流因素的关系，毫无疑问，斜顶流淌航将是更好的选择。

  船舶操纵实践中，驾驶员由船舶转心位置可知，在距离转心越远的地方施加外力，本船将转向越多，横移越少；在距离转心越近的地方施加外力，本船转向越少，横移越多；在转心处施加外力，则只有横移，没有转向。这句话应该算作转心的运用价值。转心的运用价值将影响到船舶操纵的方方面面，比如最早讲过的关于人员落水的例子，驾驶员朝落水人员一侧操满舵，这正

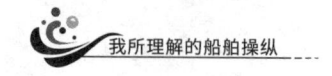

是转心的运用价值的体现，这种操作方法能够让本船船尾更快地甩开落水人员。再比如，当驾驶员在转向过程中发现本船转得不够快时，便用加车和（或）加大舵角的方式提高船首转向速率，这种操作方式增加了外力和（或）到作用点的距离，从而提高了本船的转船力矩（水动力对船重心的力矩）。再举个例子，两船在航道里交会，大家都知道一般的避让原则是顶流船舶避让顺流船舶，这也是船舶转心的运用价值的一种体现，因为顶流船舶比较好操控。笔者曾经有过这样的疑惑：本船在航道内行驶，假设港口规定航道行驶的船舶需要拖轮护航，那么拖轮到底是在本船的船首协助好，还是在本船的船尾协助好？现在想到转心的运用价值以后，这个问题也就迎刃而解了。拖轮在船尾协助不但更能帮助驾驶员转向，也更能帮助驾驶员制动。本船在过大弯道前，驾驶员为提高转心的运用价值，必须先把船速降下来，等过大弯道的时候再突然加车协助转向，这种操纵方式能够最大限度地提高转船力矩，同时又能有效缩小旋回圈，这是最理想也是最安全的操纵方法。

驾驶员是不是还想知道利用转心位置协助本船平移的例子。前几天有个二副讲了这样一件事，他说很羡慕有个船长能够利用艏侧推器和车舵，让本船平行地离开泊位这种船舶操纵技术。我们来分析一下这种操纵手段：

第五章 船舶转心

毫无疑问，本船能够平行离开泊位，说明艏侧推器产生的力矩值与船尾车舵产生的力矩值是一样的，如果不一样势必导致本船发生偏转。像这样的例子很多，比如本船顶流靠泊，驾驶员通过船首朝码头斜顶流和微速前进相结合的方式，也会使本船产生一个向泊位靠拢的力。再比如本船靠泊时如果只有一个拖轮协助，假如说船首不允许抛锚，同样驾驶员必须车舵结合使船尾的力矩值和船首协助拖轮的力矩值一样，这样本船就能平行靠拢泊位。这样一分析，如果本船有强制拖轮时，驾驶员就应该知道拖轮必须带在本船的船首。在风流影响很小的一些港口，单拖轮拖动无动力驳船靠泊，无动力驳船到达码头前沿水域停下来以后，拖轮驾驶员也要放长拖缆并在无动力驳船的转心位置处顶推，才能起到平移的效果。在船舶操纵实践中，驾驶员千万不要认为利用转心位置协助本船平移是一件很容易的事。驾驶员不但得对车、舵、锚、艏侧推器或者拖轮的使用非常熟悉，还得吃透当地的风流影响才行。关于本船的平移，将在后面的章节提及更多。

我们再讨论一下静止的本船受到横向作用力后船舶转心的位置情况。关于这个问题，笔者曾经无数次将一根完整的铅笔放在桌面上，然后用手指轻轻推动铅笔的根部进行360°旋转，当旋转次数多了，笔者得出铅笔

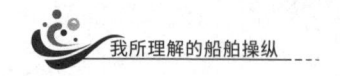

横向受力旋转时的转心位置不在铅笔中心的结论。笔者对这个问题感到困惑，后来在网上搜索相关资料，还真有一个资料提到静止的本船受到横向作用力后的转心位置公式，具体公式如下：$GP = \frac{(0.35L)^2}{GC} = \frac{0.123L^2}{GC} \approx \frac{L^2}{8GC}$，其中：$GP$ 为转心到重心的距离（m）；GC 为外力作用中心到重心的距离（m）；L 为船长（m）。根据这个转心位置公式，当驾驶员在船尾施加外力时，转心就在距离船首大概 1/4 的船长位置；当驾驶员在距离船尾 1/4 的船长位置施加外力时，转心就在船首附近；当驾驶员在越靠近船中位置施加外力时，比如距离船尾大概 3/8 的船长位置，转心就移至船首之外大概 1/2 的船长位置；当驾驶员在船中处施加外力时，此时转心的位置距离重心无穷远。

我们现在总结一下：驾驶员对静止的本船在距离船中 1/4 以外的船长位置施加外力，本船将表现以转向为主；驾驶员对静止的本船在距离船中 1/4 以内的船长位置施加外力，本船将表现以横移为主。写到这里，驾驶员千万不要认为在对静止的本船每次施加外力时，本船要么只有转向或者要么只有横移。只要驾驶员对静止的本船施加外力的地方不是在船舶重心位置，就会导致本船发生转向并且横移；那么本船是以转向为主，还是以横移为主，就要看驾驶员施加外力的地方在距离船中有多远。我们举个例子，本船靠泊时，船首和船尾各有一条拖轮协助，假如说在临近泊位时，驾驶员突然发现船首进去太快，于是就命令船尾拖轮立即顶推，以便减缓船首过快靠拢的趋势。本书中不是很认可这种操纵，因为这种操纵虽然减缓了船首过快靠拢的趋势，但无形当中也加剧了本船向泊位的横移，即加重本船对泊位防撞碰垫撞击的可能。有的驾驶员可能会说，如果对航行中的本船施加横向外力呢？本船将一边前进，一边围绕距离船首大概 1/4 船长的转心位置进行旋转，旋回圈形状就是最好的例子。这边既然说到旋回圈形状，驾驶员如果仔细观察就会发现本船旋转 90°时的旋回圈进距并未达到最大值，这其实也跟旋回圈形状是本船重心的轨迹图，而不是本船转心的轨迹图有关。具体来讲，虽然本船旋转 90°时，重心还会继续往外横移一段距离才会达到旋回圈进距的最大值。当然，不同场合时驾驶员侧重点将不一样，靠泊时我们就要注意本船的横移速度，转向时我们更关注船首的转向速率。

我们继续讲静止的本船受到横向作用力后的转心位置公式的运用。比如，本船需要拖轮协助掉头靠泊和本船需要拖轮协助靠泊但不需要掉头，前者驾驶员最好将拖轮配置在尽量靠近船首的位置；后者驾驶员通常只需将拖轮配置在靠近船首主甲板的前后位置问题就不大了。再比如，驾驶员离泊掉头操纵，当本船平行离开泊

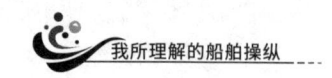

位后，驾驶员至少需要确保横档距离为1/4的船长距离，驾驶员才好快速掉头操纵，否则船首或者船尾就会有触碰码头泊位的风险。以上是关于本船靠离泊时的一些常规操作，驾驶员对这些操纵肯定不会陌生。事实上，静止的本船受到横向作用力后的转心位置公式对一些特殊操作也是非常有用的，比如进闸时的船舶操纵，驾驶员在进闸前通常需要将船身位置调整好，可以把本船的转心置于闸口正前面某个位置以方便本船调整船身。我们再举个地中海式靠泊的例子，这种靠泊方式也是需要驾驶员将本船转心位置放在泊位正前方的某个水域，驾驶员才好转向倒车靠泊。

关于船舶转心的位置，本来想写到这里就结束了。但突然间想到一件事，驾驶员还可以通过一些特殊操纵改变转心位置，比如我们可以利用船上缆绳或者锚链改变转心位置。当本船用船首缆绳或者锚链系浮筒时，不知驾驶员发现没有，本船实际上是围绕着浮筒在旋转，此时浮筒就是转心位置所在。同样道理，当本船锚泊时，转心位置将位于海底平铺链长与悬垂链长的交点处，锚泊船都是围绕这个点进行旋转的，只不过这个点会随风流的变化而变化。我们再举个例子，如果说船上缆绳或者锚链受力了，那么转心位置也会向缆绳或者锚链的根部靠拢，这样的好处是方便驾驶员以低速进行船舶操纵。比如拖锚操纵，驾驶员就是利用船首抛不超过2倍水深的链长控制船首的，这种情况下的转心位置就基本在本船的船首。同样道理，1万载重吨以下船舶如果没有拖轮协助，那么船长在靠泊时基本上都是船首先带上缆绳并绞紧系住，再车舵结合让船尾甩进去，最后带上船尾缆绳。此时转心位置就在缆绳的根部或者说本船首尾中心线以外，非常方便驾驶员进行转向操纵。

其实本书认为，小尺寸船舶的驾驶员更能理解船舶转心与船舶操纵的关系，所以也更能学到船舶操纵技术。这也是国内南北线船舶会存在养老船长的原因，很多正规学校出身的船长并没有真正领悟到靠离泊的要领，所以国内南北线船舶很多船东宁愿聘请江船出身但无海牌执照的船长靠离泊。有些驾驶员可能不赞同我的观点，他们觉得大尺寸船舶和小尺寸船舶虽然靠离泊原理一样，但大尺寸船舶的驾驶员在靠离泊时将更需要考虑航道宽度、本船操纵性能、尺寸大小、载货情况及风流环境等因素，所以从安全角度讲，他们也会更在意本船能否平行靠拢或者离开泊位。虽然没错，但这些考虑都是小问题，毕竟大尺寸船舶的驾驶员还是能够利用拖轮让本船平行靠拢或者离开泊位，所以靠离泊操纵难度会相对减小很多。但对于国内南北线船舶来说，驾驶员只能利用车舵锚和缆绳控制靠离泊角度和速度，这种靠

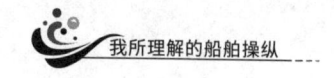

离泊操纵会难很多。当然，本书也并不认为大尺寸船舶的驾驶员学不到船舶操纵技术。平心而论，同样在交通复杂的水域，大尺寸船舶的操纵难度不等式为：抛起锚操纵＞走航道＞靠离泊操纵；而小尺寸船舶在交通复杂的水域的操纵难度不等式为：靠离泊操纵＞走航道＞抛起锚操纵，双方驾驶员对船舶操纵技术学习的侧重点会不一样，所以不能一概而论。

第六章　风浪流对船舶操纵的影响

第六章　风浪流对船舶操纵的影响

在写这一章之前,笔者休息了好几天,同时也看了一些资料,心里一直在想驾驶员希望得到什么样的信息。说真的,如果把船舶操纵的知识搬出来,驾驶员肯定会觉得很没劲,但硬要按照自己的水平整出一些干货,笔者真怕误导了驾驶员。后来想想,本书的标题叫作《我所理解的船舶操纵》,所以无论如何,笔者还是得坚持自己的风格。成也好,败也罢,尽量写就是。

风浪流对船舶操纵的影响,可以说是无处不在的。本船在不同的水域航行,驾驶员考虑的情况也是不一样的。比如在开阔水域,驾驶员必须首先考虑浪的影响,其次才是流和风的影响;而在港内水域里,驾驶员通常只需考虑流和风的影响;甚至在流速不大的封闭性水域

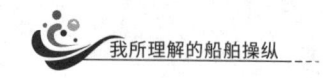

里，比如在建有防波堤的港池里，驾驶员则只需考虑风的影响。浪将关乎本船能否在开阔水域中安全航行；风流则更多影响本船能否在港内水域顺利操纵。正因为如此，本书在讨论驾驶员如何操纵船舶时，一般很少把浪的影响囊括在内。

我们首先说一下浪的影响。通常我们说的浪，即为波浪或者说海浪的简称，它包括风浪和涌浪。如果是一直处在风作用之下的波浪，一般被称为风浪；但如果是风停后或者风速风向突变区域内的波浪和传出风区的波浪，此时就只能称之为涌浪了。在航海气象里，驾驶员实际观察到的波浪，通常既有风浪又有涌浪，因此波浪可以说是风浪和涌浪的综合。对于驾驶员来说，如果能够区分波浪中的风浪和涌浪成分，是最好不过的事了。具体而言，波浪中如果风浪占据主要成分，此时驾驶员就会发现不光波浪高度值接近风浪高度值，就连方向也是基本与风向保持一致，即驾驶员平常所说的海上风浪天气的样子。当然，并不是说所有的风都能够形成风浪。我们说，当风力在4级以下时，因风产生的波浪容易破碎，所以不大可能形成风浪，比如，赤道无风带就是这种情况，只有当风力在4级或者4级以上时，才会慢慢形成风浪。我们再来聊聊波浪中涌浪占据主要成分的情况，这种情况下驾驶员观察到波浪高度值和方向将接近涌浪高度值和方向，但风力或者风向会与涌浪的高度值或者方向不匹配。有句话叫作"无风三尺浪"，即风力值与波浪不匹配，说的正是涌浪。当本来平静的海域莫名其妙出现"无风三尺浪"的状况，很有可能大风浪天气就要来了。还有句话叫作"大风过后必有大浪"，说的也是涌浪。如果海上风力减弱，正常情况下涌浪就会在24小时内消停下来。综合涌浪的来历，驾驶员最好能够知道涌浪是在大风前或者大风后引起。本书认为大风后的涌浪对本船来说更安全些，这就好比本船经过台风附近时，如果说本船位置在台风中心的后面肯定比在台风中心的前面更安全些。

上述我们介绍了波浪及它的成分，这些不同的变化都与风有关。笔者以前在航海员手册里，看到不同风力等级对应不同波浪的图片，很多驾驶员都喜欢参照这些图片，并以此估计本船所处海域的风力等级。现在想想，似乎觉得还是有不对的地方，因为同样等级的风力对深海和近岸水域的影响不一样。近岸水域通常没有像深海一样有较大的风区或者较长的风时；另外，近岸水浅摩擦力也大。正因为如此，同样等级的风力在近岸水域没有办法产生跟深海一样的波浪，所以风力等级表中的波浪图片一般只适合深海。虽然如此，当本船沿岸航行时，驾驶员也不能高枕无忧，因为风向同样对浪高尺寸

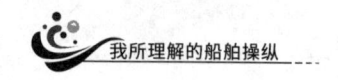

起至关重要的作用。随便举个例子,假如说大风从陆地吹向海洋,那么靠近岸边的水域就是下风舷,本船在靠近岸边的水域航行也不会遭遇那么大的风浪。驾驶员很聪明,比如码头泊位建在岛屿上,但驾驶员需要等时间靠泊,假如说没有好的锚地可以抛锚,此时驾驶员就可以把本船置于岛的下风舷侧等待,这样即使有大风浪本船也不会摇得那么厉害了。但如果说大风从海洋吹向陆地,就是不一样的情况了,虽然船舶操纵有讲过,随着水深变浅,波长将会变短,波高将会增大,这种情况只是界于深水与浅水之间,当波浪进入浅水区域后,波浪能量经过浅水摩擦将会有所衰减,所以我们必须每次重新定义波浪,越往浅水区域波浪能量注定越小,波浪增加的高度也越小,比如长江口就是这种情况,大面积的浅水区域注定波浪高度比外海来得小。关于这种情况,驾驶员通过手机气象APP也能清楚外海与沿海波浪高度的区别。这里顺便说一下,波浪经过水深为0.5倍波长的海底时就会开始磨擦海底,即大风浪天气里认为的浅水波的开始。

当然,不管是深水波还是浅水波,抗风等级差的船舶,该避风浪还是得避风浪。说到抗风等级,不同尺寸的船舶具有不同的抗风等级。比如,超大型油轮抗风等级在风力10级时都很轻松,这也是电视里的超大型船舶遇见狂风骇浪还能勇往直前的原因。对于尺寸小的船舶来说，千万不能跟超大型船舶一样，该避风浪就得避风浪。当然，避风浪不但要看本船的抗风等级，还得根据本船的实际情况。当有大风浪时，浪高如果不超过本船实际平均吃水的一半，此时风浪不管从哪个方向来，驾驶员基本能够感觉本船的摇晃还是比较舒服的；当浪高等于本船的实际平均吃水时，这是驾驶员能够安全行驶本船的极限，特别是风浪来自正横时，本船肯定会遭遇大角度横摇，驾驶员能做的也只是改变航向，使本船顶风浪或者顺风浪航行，从而减少横摇的幅度。驾驶员别不信，沿海万吨级船舶的船检证书标明的抗风等级通常为7~8级，而7~8级风对应的是4~6米的浪高，这浪高实际上也跟沿海万吨级船舶的满载吃水差不多。我们再看一下超大型油轮的情况，这种船舶的满载吃水可以达到18米以上，那么按照风力10级对应9米的浪高算法，可以说超大型油轮克服大风浪的影响不在话下。当浪高超过满载吃水时，抗风等级将超过船检证书标明的数值，驾驶员无论如何都得避风浪。这里顺便说一下，有些船舶的船检证书可能没有标明抗风等级，但驾驶员可以参考一下上述观点。写到这里，可能还是会有驾驶员坚持自己的观点，他们认为浪高如果超过满载吃水，本船还是能够安然无恙。这虽然没错，比如我们在网络上看到过不少关于船舶在恶劣天气中航行的视频，也能够感觉出视频里的浪高超出这些船舶的实际吃水，但平心而论，本船在这种大风浪天气中时不时遭遇甲板上浪或者大幅度横摇，驾驶员虽然也能够安然无恙，但人们在这种天气中航行会觉得安全吗？

我们继续讨论抗风等级。对于大部分船舶来说，其并不是每次都能够满载航行，也可能是空载或者半载航行。在后者情况下，驾驶员千万不要按照船检证书标明的抗风等级来决定是否避风浪，因为船检证书标明的抗风等级是本船满载时的抗风等级。当本船空载或者半载航行时，此时实际平均吃水较小，实际抗风等级也会跟着降低，这也是前面讲过的驾驶员需要根据实际情况避风浪的原因。我们经常听说有驾驶员会觉得奇怪，好像海上风浪没那么大，但怎么还是摇得厉害？这正是本船实际平均吃水较小，导致本船实际抗风等级跟着降低，所以船舶操纵也是一直在强调空载时要压水，为的就是提高抗风等级。不知驾驶员会不会因此认为，如果本船超载，抗风等级不就提高很多了吗？这与抗风等级不是一码事，毕竟本船航行时还是需要具备一定的贮备浮力。

现在的智能手机很方便，只要有网络，驾驶员就能够通过一些特定的气象APP查到实时的气象海况信息；不仅如此，驾驶员也可以通过气象APP预知未来某一时

第六章 风浪流对船舶操纵的影响

候的气象海况信息。对于驾驶员来说，基于已知的气象信息进行处理分析，制定合理的计划航线并避开大风浪水域还是非常重要的，所以驾驶员务必要看懂气象APP里各种界面功能的含义，否则就好比××驾驶员的疑惑，说气象APP里，既有波浪，又有风浪，又有涌浪，还真不知道参考哪一个好。关于这个问题，在前面已经讲得很清楚，驾驶员主要看的是波浪，毕竟它是风浪和涌浪的综合。当然，手机气象APP里关于波浪的称呼，也可能是各种其他称呼，比如海浪、波高、浪高、海况，或者有义波高，等等。

说到有义波高，航海气象学又把它称作三一平均波高（H1/3），这里有必要再提一下什么是三一平均波高。我们说，波浪很复杂，驾驶员眼睛看到海上的各个波浪起伏的高度和方向也都不一样，这是因为各个波浪的起源位置不一样，各个波浪传播过程中所经历的也不一样。为了便于对波浪进行分析，科学家把在同一海区里一定时间内所有观测次数的波浪高度按照从高到低的顺序进行排列，并取最大波高数量33%计算平均值，所得的结果称为三一平均波高。当然，这样定义三一平均波高也是有原因的，这主要是驾驶员肉眼里观察到的波浪高度非常接近三一平均波高。正因为如此，三一平均波高也被当作最常用的波浪统计高度。气象APP中的波浪高度也源于此，只不过气象APP里的三一平均波高是通过计算机自动分析出来的。驾驶员千万记住，三一平均波高不是一个数值的概念，而是一个范围的概念。至于具体是哪个范围，驾驶员就要清楚航海气象学有关波高的其他参数，比如平均波高、最大10%的波浪高度，最大1%的波浪高度或者最大0.1%的波浪高度。关于这些波浪高度的概念我就不讨论了，现在举个例子，比如气象APP说××水域浪高3米，那么该水域的平均波高就为2米（H1/3的2/3），最大10%的波浪高度为3.81米（H1/3的1.27倍），最大1%的波浪高度为4.86米（H1/3的1.61倍），最大0.1%的波浪高度为6米（H1/3的2倍）。驾驶员知道，在对波浪观测的所有次数里，大浪和小浪的数量通常都比较少，大部分的波浪高度都是在三一平均波高附近，这也是驾驶员肉眼里经常观察到的波浪高度。那么这个例子中，假如说本船航行在该水域，驾驶员将遇到大部分为2到3米的浪，小部分4米（3.81米的四舍五入取值）到6米的浪。通过这个例子，驾驶员就可以根据气象APP了解所在海区波浪高度的范围情况。在笔者的航海生涯里，笔者也是经常比较三一平均波高与本船实际平均吃水，以提前了解本船在大风浪天气里是否能够相对舒服地航行。当然，驾驶员如果无法控制三一平均波高小于本船实际吃水的一半，那就尽量顶风浪或者顺风浪航行。

当然，在大风浪天气中如果想要有相对舒服的横摇，驾驶员还得考虑其他因素，比如主机性能、水下情况、初稳性高度、船速、波浪遭遇角等。船舶操纵有专门一个章节介绍如何在大风浪航行，但笔者不知道真正能够看明白这一章的驾驶员有多少，反正笔者自己是觉得挺深奥的。本船想要在大风浪天气里有比较舒服的横摇，就得有一个恰当取值范围的初稳性高度。船舶操纵讲过如何利用初稳性高度避开船舶的谐摇区，但这么多年来，笔者从没有计算过在大风浪天气里初稳性高度应在哪个范围取值才能避开谐摇区。笔者主要是一直沿用××船长教授的方法。他说初稳性高度最佳数值为船宽的5%，而初稳性高度低于船宽的2.5%就偏小，初稳性高度超过船宽的10%就偏大。当然，××船长这句话只能适用普通商船，对于一些特殊构造的船舶，比如平板驳船，半潜船或者双体客轮可能就不适用。说到横摇，驾驶员还得警惕横摇会增加吃水，比如对于船宽60米的超大型油轮来说，横摇1度就能增加1米的吃水，所以本船的尺寸越大，吃水越大，驾驶员考虑的事情也越多。

本船在大风浪中航行时，有时候驾驶员采取一条使横摇相对舒服的航线也无法做到一劳永逸，特别是在大风浪中的会船避让，驾驶员为避让他船，如果转向不小

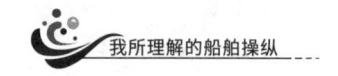

心就可能使本船遭受横浪的影响。比如，两船在大风浪中处于对遇局面，本船左船首斜顶浪，他船右船尾斜顺浪，假如说两船发生碰撞危险，那么按照避碰规则的条款，两船务必各自向右转向，这种结果就是两船都会遭受横浪影响，并且加剧了横摇幅度。所以驾驶员在大风浪天气中记住本船的波浪遭遇角是非常重要的。这个例子中，如果驾驶员能够与对方提前沟通联系，并且各自向左转向，这样横摇就不会变得更厉害了。有的驾驶员可能会说，在大风浪中为避让他船，驾驶员是否可以采取减速措施？这也是一种方法，但船速不是越低越好，驾驶员需要警惕船速过低也会造成本船容易被打横的危险。驾驶员无论怎么减速，都得考虑舵效是否能够克服大风浪的影响。关于在大风浪中的会船避让，也许还有第三种方法，比如这个例子中，驾驶员早点转向，也是大风浪中航行时的一种避船策略。驾驶员早点转向，转向的幅度就不需要太大，这样对横摇的影响也会小些。这里顺便说一下，驾驶员在大风浪天气中早点转向操纵，同样适用于本船即将抵达计划航线上的转向点，驾驶员为避免转向后可能遭遇更大的横摇，就有必要考虑提前转向。

上述我们说到了本船在大风浪天气中的转向避让操纵，如果落实到船舶操纵实践中，驾驶员在转向操纵前除了要知道本船的波浪遭遇角之外，最好还得区分哪些是大浪，哪些是小浪。驾驶员应该明白，波浪的传播规律基本上是两三个大浪和七八个小浪交替进行，驾驶员在小浪时进行转向操纵，本船也会更加安全。同样，驾驶员在转向时，也需要采取先小舵角、再大舵角，最后小舵角这种转向方式才能避免本船可能会突然产生大角度横摇。这里顺便说一下，关于船速与舵角的关系，笔者曾在大风浪中实践过，也非常实用。有的驾驶员可能会说，有些船舶雷达设备不是很先进，尤其是晚上无法捕捉到波浪的来向，这该如何是好？既然是大风浪天气，驾驶员如果知道了风的来向，浪的来向也就能够知道了，基本上不会偏差太多。当然，如果有网络，笔者建议驾驶员最好查看一下手机气象APP。

我们再聊一下关于大风浪天气中的抛锚话题。很多跑外驾驶员一定有这样的感受，很多港口通常不具备优良的避风锚地，以致到港前还需要在开阔水域中先抛锚。通常来讲，开阔水域如果风浪小一些还好，但风浪太大时抛锚就不安全，原因有两点：一是船首作业人员不安全，二是锚泊船容易偏荡走锚。当本船在大风浪中锚泊时，如果说偏荡是由空载或者轻载引起的，驾驶员就有必要增加吃水以减轻这种影响。另外按照本书的观点，驾驶员在抛锚前最好能够预判本船是否将会发生偏

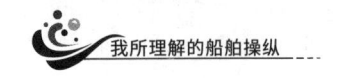

荡。具体来讲，当本船实际平均吃水小于浪高的一半时，本船在锚泊时将会偏荡得厉害，所以最好提前注入压载水。我们再进一步，如果说驾驶员采取上述措施以后，本船在大风浪中的锚泊还是偏荡得厉害，因此有必要改抛八字锚或者加抛止荡锚。关于单锚泊换成双锚泊的做法，可能有些驾驶员会认为不适合大型船舶。那是因为这些驾驶员可能没有实践过，或者会担心锚链发生绞缠。关于这点，笔者将在后面的章节具体介绍。驾驶员如果不想改抛双锚，也可以利用车舵抑制，以减轻偏荡影响。这里再说一下，驾驶员最好是顶着风浪进车，否则可能弄巧成拙，不光增加锚链的负荷，也增加走锚的风险。

如果说风浪大到真不适合抛锚，驾驶员就只能采取其他措施了，比如驶离风浪大的水域或者滞航操纵。关于驶离风浪大的水域，不知驾驶员是否记得前面提到的方法，驶向岛屿的下风舷就是很不错的选择。假如说没有岛屿或者港湾的下风舷可以选择，驾驶员可能需要驶向更远的水域，即驶向低气压覆盖不到的水域。当然，如果条件允许，驾驶员也可以采取滞航操纵措施，具体来讲就是顶着风慢速前行。驾驶员风向可要看好了，否则本船很容易有被打横的危险。在写以上内容时，笔者脑海里突然想到了"安全"两个字，笔者认为驾驶员一

第六章　风浪流对船舶操纵的影响

定要有这种意识。本船在大风浪中是否能够安全抛锚，驾驶员一定要进行彻底的风险评估才行。前阵子有一艘工程船在广东阳江水域避台抛锚出事了，据说事故的经过是这样的：工程船在收到台风预警信息以后，又连续工作了两天才抛锚，以致抛锚时好的位置都被其他锚泊船占用了，只好在避台锚地的外围水域抛锚。当台风到来以后，工程船很不幸，首先是锚链断裂，最后是失控沉没。如果这起事故调查起来，肯定会有各种各样的原因，但为什么工程船在收到台风预警信息以后，又连续工作两天才抛锚？这里面肯定有公司的原因。从笔者的航海生涯来看，虽然船长拥有维护本船海上安全和防止污染的职责，可是很多船长在做出选择时，经常会顾及左右而影响到自己的决定。曾听说有这么一艘船，有一次在海上遭遇大风浪天气，船长想抛锚避风，但公司不同意。船长没办法只能根据公司意愿行事。在该船抵达港口后，船上人员立即开展安全自查，结果发现部分货物损坏严重。这起事故后来在调查中，公司里面的人没有一个主动出来承担责任，而是把责任全推到船长一个人身上。

　　船舶操纵实践中，大风浪天气导致本船容易发生险情的场景，这种情况不光会出现在航行或者抛起锚时，同样也会出现在靠离泊或者系泊时。比如，本船在开阔

219

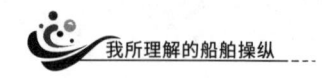

水域靠离泊时，大风浪天气可能造成拖轮缆绳断裂进而导致触碰码头事故。有的驾驶员可能会说，不是还有锚吗？如果说拖轮都起不了作用，锚还有用吗？当然不能这么说，抛锚至少可以减缓本船对码头的冲击程度。当然，现在的码头泊位比较正规，一般都会在风力达到8级以上就对即将靠离泊作业的船舶进行管制，这有助于减少险情的发生。驾驶员可能心里会想，如果本船在大风浪来临之前靠泊完成就好了。即使这样，驾驶员也不能高枕无忧。有过航海经验的驾驶员一定清楚，本船系泊在有波浪影响的码头泊位时，缆绳容易摩擦受损。这除了与水手没有及时在港内调整缆绳有关外，还与驾驶员的思想认识有关。很多驾驶员在开阔水域系泊的时候，总觉得缆绳越紧越好，其实这样的思想认识是错误的，缆绳越来越紧只会导致缆绳的富余强度越来越少。富余强度是笔者自己想的一个词，大致含义是缆绳破断强度扣掉缆绳负荷后剩余的强度。当波浪造成本船上下或者左右颠簸时，虽然系紧缆绳从某种意义上能够降低这种颠簸，但杀敌一千，自损八百，本船颠簸将继续减少缆绳的富余强度，同时也在加剧缆绳的摩擦，以致最后发生断缆事故。正因为如此，如果在有波浪的开阔水域系泊，驾驶员在不危及本船安全的前提下，与其收紧缆绳，还不如适当松开缆绳，以确保本船在颠簸最厉害

第六章　风浪流对船舶操纵的影响

的时候缆绳还有一定的富余强度。另外，假如说驾驶员能够港内注入压载水的话，应该也是可以缓解缆绳的负荷的。

这里顺便说一下，有驾驶员也把大风浪天气导致本船发生险情的状况，形象地称为"浪损"，但浪损除了来自大风浪天气因素外，还可以来自本船自身。当本船近距离通过一些敏感水域时，比如沿途有其他系泊船或者养殖区域时，驾驶员就应该降低速度，以便让本船制造浪损的危害降至最低。曾听说××船高速从一艘系泊的小游艇旁边驶过，导致小游艇的系泊缆绳断裂以致下落不明。写到这里，驾驶员会不会觉得浪损跟岸壁或者船间效应制造的危害有点类似？其实这是两种危害，浪损是本船对他船或者物体造成上下左右颠簸的危害，本船将不受影响；而岸壁或者船间效应是本船对他船或者物体产生吸引排斥的危害，两船同时受到影响。另外，浪损制造的影响会比岸壁或者船间效应范围广，有过小船资质的驾驶员一定清楚，虽然大船已经很远驶过，但大船制造的波浪还是会使小船产生上下或者左右颠簸。船舶操纵实践中，本船制造的浪损虽然有危害，但也不是毫无用处。比如，本船如果遇到有海盗船来袭，驾驶员就可以提高船速和改变航向，以便产生的浪损让海盗船难以靠近。

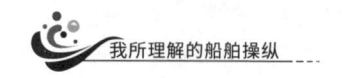

写到这里，关于波浪的影响部分写完了。比起其他的书籍来说，会有很多不完整的地方，希望热爱船舶操纵的驾驶员能够指出不足。接下来笔者将写流的影响。当驾驶员剔除波浪这一不利因素外，驾驶员就应该考虑流的影响了。关于流的影响，事实上几乎所有的驾驶员都是根据流的走向来制定航线，大洋航行就不说了，当本船在沿岸航行时，通常来讲，越是水深的地方流速越快，越是水浅的地方流速越慢，驾驶员可以以此制定合理的计划航线。比如，本船如果行驶于澳大利亚东部沿海水域，驾驶员就有必要考虑东澳暖流的影响，南下时选择离岸较远的深水域航行，而北上时则选择离岸较近的浅水域航行。此举就能确保本船南下时速度快一些，而北上时速度损失小一些。内河船舶驾驶员就深谙此道，在顺流时尽量选择深水区域航行，而顶流时则选择浅水区域航行，这样整个航次下来就能节省不少燃油。

很多驾驶员可能会有如何观察流向的困惑。大洋航行时，驾驶员最为直接的办法就是比较对水速度与对地速度，当对水速度大于对地速度了，就是顺流航行，反之就是顶流航行。有的驾驶员可能会说，通过查看 Routing Chart 或者航路指南不就可以吗？当然，这些资料只能起参考作用，并不能代表时实流向。很多时候流向还是会受到风向的影响，比如风海流就是在风力持续作用下产生比较稳定的海流。本船沿岸或者港内航行时，流向一般与潮汐有关。具体来讲，涨潮时流向基本与主流方向一致并且是从海洋流向陆地；落潮时流向基本与主流方向相反并且是从陆地流向海洋。我们举个例子，驾驶员如果观察到长江口锚泊船的船首朝向东南方向，就能知道是在涨潮；反之朝向西北方向就是在落潮。写到这里，有的驾驶员可能会说，大洋中不是也有潮汐作用吗？没错，只不过大洋的水很深，潮差也会比较小，因此潮汐作用可以忽略不计。当水深变浅时，特别是在港湾或者狭窄水道内，潮汐作用将变得非常显著。另外，潮汐作用也与月相有关，新月或者满月的潮差就比上弦月或者下弦月的潮差大很多，潮汐作用更加明显。在潮差大的一些港口水域，海事部门一般都会在农历初三或者十八前后两三天内连续每天发布当日的大潮汛警告，提醒船舶安全行驶。驾驶员千万别忘了，潮汐也会影响到本船的富余水深或者净空高度，富余水深或者净空高度不够时，驾驶员务必掐准时间点算好潮高，确保本船能安全通过浅水区或者桥梁水域。同样，潮汐的涨落对港内船舶操纵影响至关重要。就船舶操纵实践而言，驾驶员一般都希望本船在航道行驶时速度能够快些。那么，不管是涨潮还是落潮，只要是顺流就有助于提高船速，有的驾驶员可能会说，当本船需要港内靠离泊、抛起锚或者掉头时，驾驶员不都是希望遵循顶流操纵吗？这个非常正确，毕竟驾驶员顶流操纵更能低速控制本船。这里顺便说一下，驾驶员顶流掉头操纵也更能缩小旋回圈。

　　上述想写流向居然写到潮汐作用去了，我们现在回归如何观察流向的话题。本船港内航行时，驾驶员最常用的手段是利用潮汐表知道本船所处水域的流向。但不可否认，潮汐表预报潮汐与实际潮汐通常会有30分钟左右的误差，如果说碰见异常天气，这种误差将会更明显。驾驶员观察附近锚泊船的船首航向，将更能直截了当地判断流向。当然，判断流向的方法不止这些，比如，本船在港内航行时，驾驶员可以通过比较实际船速与静水速度，或者通过附近船舶靠离泊时的操纵方法，或者通过观察航道浮标的尾迹、桥墩的水流痕迹等判断水流方向；当本船即将靠泊时，驾驶员可以通过判断本船停车后船速是否容易降下来，或者通过询问码头指导员，或者通过雷达速度矢量线方向与船首航向的夹角关系等了解水流方向。同样，当本船即将离泊时，驾驶员可以通过观察水上漂流垃圾的方向，或者通过码头边缘的流水走向，或者通过协助拖轮的排出流方向，或者通过船舶甲板排到舷外的水流走向等知道流向。

　　总体来讲，码头泊位的设计基本都是与流向平行，这对于驾驶员靠离泊选择顶流操纵非常方便。但也有例外，比如，港湾或者河道转角附近的码头泊位就经常受到斜流的影响，常州港录安洲上的个别码头泊位就属于这种类型。再比如，有些码头泊位可能一半受流影响，一半不受流影响，临近闸门口或者防波堤口子的码头泊位就是这种情况。又比如，也有一些码头泊位建在主流与支流河口交汇处附近，这将难免受到乱流的影响，新加坡Sebarok岛上最北边的码头泊位就是最好的例子。驾驶员靠离泊前，一定得清楚码头泊位的地形与流态的关系，并避重就轻，否则可能导致本船难以控制。如果说驾驶员一定要靠这样的码头泊位，最好的靠泊时机是在平潮或者停潮前后一个小时之内，此时流速最慢，本船也更好控制。有的驾驶员可能会说，选择在平潮或者停潮时机靠泊，如果靠泊还没结束就遇见转流怎么办？这种情况就像自引自靠的船舶当船首缆绳带上以后，但船尾依靠车舵无论如何都甩不进去，其实就是码头前沿水域的流态已经发生改变了。最好的解决办法就是按照下个潮水进行靠泊。

驾驶员知道水流方向以后，知道水流速度也很重要。我曾听说超大型油轮都喜欢在高平潮时靠离码头，当然这能最大限度减少流速的影响。有的驾驶员可能会说，不是还有拖轮协助吗？但想想，超大型油轮尺寸那

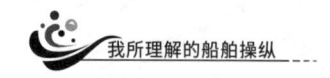

么大，吃水那么大，受流面积那么大，拖轮真的很难克服作用于船体上的水动力。我曾听说××船在靠码头时，驾驶员突然感觉船首进去太快，于是就命令船首拖轮拼命往外拉，但不管拖轮怎么往外拉，还是无法阻止××船的船首继续向泊位靠拢的趋势，结果可想而知。驾驶员千万不要低估流速对大型船舶的影响。理论上讲，驾驶员港内操纵时，流速大于1节时就必须注意，那么流速大于1节是什么概念？流速大于1节相当于每秒0.5米，事实上驾驶员很难精确地估算水流速度，但如果能够明显观察到其他抛锚船或者浮筒的尾迹，此时流速应大于1节。虽然如此，我们还是会有一些方法能够预知水流速度的，比如驾驶员可以通过潮汐表查看本船所处水域附近有无潮流监测站。如果有，驾驶员就可以知道该监测站每日流向和最大流速信息，这对本船所处水域的流速具有一定的参考作用。另外，驾驶员也可以利用手机里某些特定的潮汐APP，这种应用程序一般都会有潮流监测站每小时的流向和流速信息，当本船所处水域在该监测站附近时，也具有一定的参考作用。当然，如果本船所处水域附近没有潮流监测站，问题也不大，驾驶员还可以查看海图，有些海图上的涨潮流向标志常常附带有大潮日甚至小潮日的最大流速信息，驾驶员就可以依此推算当日的最大流速，然后再根据潮汐表推算当日某一时刻的流速。

有驾驶员可能容易把潮汐跟潮流两个概念混淆起来，这里有必要解释一下：潮汐是指流的涨落运动，潮流是指流的水平运动，这两种运动是相辅相成的，涨落运动必然伴随着水平运动。就船舶操纵实践而言，很多航道或者狭水道，流速可不是 1 节这么简单；比如，福建浙江沿海很多港口水域每天的最大流速都能轻松达到 2～3 节。更有甚者，比如宁波舟山港的西堠门大桥水域，大潮汛时最窄宽度水域的最大流速甚至可以达到 7～8 节，这对于低速船来说是一种噩梦，顶流时走不动，顺流时又难以把定航向。虽然如此，我想也没必要把事情想得那么糟，从潮汐的规律我们知道，转流前后 1 个小时内流速一般较为缓慢，低速船可以在流缓的时机通过最狭窄水域，这就好比超大型油轮选择在高平潮时靠泊一样，可以缓解本船因流急导致的操纵困难。写到这里，不禁让人感慨，船长高工资可没这么好拿，他不光要对本船的操纵性能了解，还得对相关航道或者水道熟悉才行。比如，长江口的南槽航道，重载船舶的船长在上线之前都需要算准到达九段警戒区的潮高，才能避免在浅水区域内搁浅。再比如，大型集装船准备靠泊新加坡 BRANI 6 号泊位，船长一般都要算准进入口子的时间，特别是涨潮流而又流速太快的话，此时如果船首航向过

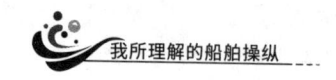

早对准口子，大型集装船在到达口子时就会变成横向行驶，以致无法顺利驶入口子。为避免这种情况发生，船长或者引航员在进入口子之前务必懂得挂高船位行驶。

至于如何挂高船位，说白了就是在安全可行的前提下，尽量在流水的上游位置行驶，这样本船即使受流影响也不容易发生碰撞危险。驾驶员千万不要认为本船受流影响只会产生顺流和顶流两种运动。这种思想认识肯定是错误的，流也可以从本船舷侧的任何一个方向来，即形成本船斜向受流的姿态，本船横向运动的原因就是斜向受风或者受流。当航道走向与流向不一致时，驾驶员通常需要斜顶流航行才能保持对地航向与航道走向一致。比如，本船进出闽江口航道，驾驶员就能够明显感觉出如果将船首航向与航道走向调整一致，本船将越走越偏；但驾驶员如果斜顶流行驶，本船就容易保持对地航向与航道走向一致。这边更进一步，有时候流对本船的影响可不是只有一个方向这么简单，在某些特定水域里，本船可能会受到不同流态影响导致操纵困难，比如刚驶至防波堤口子时，或者行驶至主流与回流的分界线时，或者在众多岛屿之间航行时，或者船位在产生夹堰水（即两股或者几股不同走向的水流在同一交界面上互相扰动，造成流态明显紊乱）的水域里等，船首航向可能会突然发生偏转以致操纵困难。

按照本书的观点，流态紊乱的水域也被称为乱流水域。驾驶员如果仔细观察海图，在海图上有些乱流水域会标有"⦿"符号，即涡流符号。驾驶员需要记住，并不是所有海图上的乱流水域都会标有"⦿"符号。随便举两个例子：1. 本船过弯道时，驾驶员在弯道附近看到扫弯水与背脑水的交界处出现乱流，但海图上并不注明"⦿"符号。2. 如果说岛屿边缘有突出岬角时，水流如果绕不过去就会往回走，而后面的水流又一直往前走，这样不同走向的水流交织在一起也可能造成乱流，但海图上也不注明"⦿"符号。有驾驶员也把水流往回走的现象称为回流。广义上讲，只要水底高低不平，就会导致回流现象的产生，只是有些回流现象明显，有些回流现象不明显。驾驶员在有流港口靠离泊的时候，偶尔会碰到码头前沿水域与主流方向不一致，这就说明码头前沿水域有明显的回流现象。这里顺便说一下，一般认为回流的最大速度等于主流速度的一半。

说到与水流有关的海图符号，驾驶员需要记住的另外一个符号是"≋"，即湍流符号。顾名思义，驾驶员应警惕海图上标有"≋"符号的水域水流可能会比较湍急。海图上标有"≋"符号的水流主要与地势有关。比如河道或者狭水道的两边突然变窄，造成水流收缩成一束，此时水流会变得异常湍急，这也是驾驶员平常所

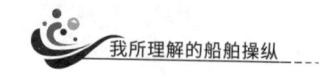

说的剪刀水，比如宁波舟山港的螺头角水域就是这种情况。如果我们更进一步，剪刀水两侧的水域容易形成回流区，导致该水域流态紊乱，所以驾驶员还得警惕流急水域附近会有乱流现象产生。不知驾驶员会不会由此联想到，水流越急越容易出现乱流现象。没错，产生乱流现象的最主要原因就是水流很急，假如说海图上标有"≋"符号的水域刚好在平潮或者停潮阶段，驾驶员就不会看到乱流现象。另外，水流是否湍急还与异常天气有关。比如洪水期或者大潮汛来了，所有河道水域都会变得水流湍急，所以不能只记住海图上的"≋"符号。驾驶员千万不要小看流急的威力，正在航行的船舶在流急水域可能难以把定航向；正在掉头的船舶在流急水域可能难以转向掉头或者在掉头过程中漂向更远的下游水域；已经锚泊的船在流急水域也容易发生走锚……写到这里，笔者想分享一下本人在流急水域的一次离泊经历，记得当时是吹开风 4~5 级并且船尾来流大概 3~4 节的样子，在船上全部缆绳解掉只剩下一根头缆和一根首倒缆之后，稍微等一下让船尾打开至清爽后面的系泊船，然后吩咐大副解掉头缆，谁知头缆一解掉船首开得特别快，以致缆机松首倒缆的速度跟不上船首离开泊位的速度。船首倒缆无法及时解掉，笔者只能放弃继续松首倒缆，并让本船先掉头转向 180°后以呈顶流状态再重新解掉首倒缆。幸亏当时本船前面没有其他系泊船，否则转向之后就有贴上其他系泊船的危险。现在想想觉得自己当时的经验还是不足，如果这种情况能够及时抛下内档短锚，船首倒缆就能及时解掉了。

　　有的驾驶员非常自信，说只要给目的港的经纬度就能将本船安全送达。这样自信的驾驶员我们不可否认他的操船技术，但想要将本船安全送到目的港，还应至少做到两点：首先，驾驶员一定要熟悉目的港的规章制度才行。比如，本船要挂靠新西兰的Auckland港，进港之前有一片鲸鱼保护区水域，当地的规章制度是船舶在该保护区水域内行驶时船速不能超过8节。驾驶员千万不要觉得这么大一片水域，四周又没什么船，故而全速行驶没什么问题。笔者原来管理公司中的一艘船就在超速这方面吃过亏，当时罚了多少纽币还真忘了。现在国内交管对船舶管得比较严，笔者也曾听说有这样一艘船，抛锚时候的船身还在指定锚地里面，但转流时船身却跑到指定锚地外面去了，结果也是受到了交管的处罚，所以说驾驶员无论如何都得遵守港口规章制度。其次，驾驶员一定要对目的港的水文环境熟悉才行。比如，本船进出船闸，驾驶员就得考虑闸门内水域与闸门外水域流态的区别，并尽量选择在流缓的时候进出船闸；否则船首进闸门后，本船可能会因为首尾受流不一致而急剧发生偏转，这时驾驶员就不得不提高船速以尽量稳住船首航向。有的驾驶员可能会说，本船进船闸前，如果船速适当提高的话，船首航向就不容易发生偏转了。这句话没什么问题，但一般来讲，船闸的深度都比较浅，如果说本船速度太快进闸的话，那么过快船速也会造成进闸以后本船无法及时停下来的危险。可以这么说，驾驶员如果不了解当地的水文环境而盲目自信地自引自靠，本船很容易出现险情。

　　以上讨论那么多，突然之间想起对如何挂高船位用一句话概括难免有些草率，现在补充一下：首先，挂高船位要拉开与下游位置危险物标的距离。比如，之前提到过尽量在水流的上游位置行驶，这样就可以避免本船可能会漂向下游位置的危险物标。本船港内航行时，如果说水流方向与航道走向一致，有经验的驾驶员通常也会看看风的来向，并尽量往上风舷方向行驶，这道理其实一样，即挂高船位行驶以避开下风舷的危险物标。有些驾驶员在靠泊前很喜欢过早地接近码头一侧水域并与码头方向保持平行航行，这就可能导致本船在驶向泊位的过程中与岸边越来越近，以致最后不得不反舵加车才能与岸边保持安全距离。本书中是非常不赞成这种靠泊操纵方式的，因为这种操纵方式很难让驾驶员在到达泊位前沿水域时将船速降为零。其次，如果条件允许，挂

第六章　风浪流对船舶操纵的影响

高船位也要拉开与上游位置危险物标的距离。比如在长江100#浮附近（尹公洲的下段），此处通常存在夹堰水，上行船舶为减轻分汊口处的水流对本船造成的影响，在长江100#浮的下游位置经常需要挂高船位行驶；而在接近长江100#浮时又需要往航道中间行驶。上行船舶这样行驶的目的就是避免在驶过夹堰水以后，船首航向突然向右偏转导致本船冲向右边的浅滩的危险。有的驾驶员可能会说，挂高船位既要考虑下游位置的危险物标，又要考虑上游位置的危险物标，这该如何是好？这其实是在考验驾驶员是否熟悉当地的水文环境。就像长江100#浮水域附近的例子，上行船舶的驾驶员如果一味地在主航道中间或者右侧行驶，而对紊乱的水流如何影响本船置若罔闻的话，本船就可能会发生险情。另外，当驾驶员途经乱流水域时，应尽量避免全速用车，这主要为贮备舵力考虑，毕竟关键时刻加车能够进一步改善舵效。不知驾驶员会不会认为对本船计划航线上的水文环境做到全部知根知底可能不太现实。另一方面，驾驶员应该感到庆幸，因为当紊乱的流水导致本船即将发生碰撞危险时，驾驶员利用目测串视线方法也是能够即时察觉出来的，所以还是能够采取迅速有效的避碰行动。

驾驶员从上述例子也可以看出，挂高船位时一定要考虑上游或者下游位置危险物标的距离，这样操纵船舶

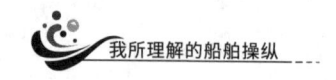

才会留有余地,驾驶员也能够避免紧急情况时的手忙脚乱。有的驾驶员可能会说,如果上游位置没有危险物标,那么船位是不是挂得越高越好?在一定程度上是这样的,但漫无目的地挂高船位可能也会导致驾驶员错过绝无仅有的操纵时机。我曾听说这样一艘重载大船,本来计划是在高平潮的时候就要靠妥泊位,但引航员太过小心翼翼,他先在距离码头前沿水域超过2倍船长的距离把船停下来,然后再用拖轮将船顶进来。这种操纵方法好像没有什么错,但引航员没想到拖轮对重载大船的作用效果太差,以致重载大船在横移靠拢过程中花了太多时间,结果水流又慢慢开始变急了,但码头还是没靠上。没办法,引航员只能硬着头皮继续靠泊,虽然重载大船最后靠上了,但引航员将船位挂得太高,错过了最佳高平潮的靠泊时机,本来简单的活也变得困难了。不可否认,操船技术好的驾驶员总能把船位放在恰到好处的位置,以使本船所有的动作都显得游刃有余,给人赏心悦目的感觉。比如,我们经常看到的加油船靠泊锚泊船,在海上风浪流的环境中,加油船的船长不需要依靠船艏侧推器或者抛锚就能稳妥地靠上锚泊船。这样的操船水平笔者通常将之当成艺术,而不纯粹是技术。

无论如何,驾驶员要学好船舶操纵技术,对水文环境的理解掌握是相当重要的。比如,大型散货船在密

第六章　风浪流对船舶操纵的影响

西西比河靠码头装货时，由于码头传送带的皮带头伸缩长度有限，经常需要大型散货船配合前后移动才能确保每个货舱都能装到货。有些驾驶员认为大型散货船移位很简单，只要前后缆绳松松紧紧就行了，而根本没去考虑水流方向。殊不知在前后移泊的过程中，如果大型散货船与码头泊位形成一个喇叭形口子，而水流刚好流向喇叭窄口子方向，这种情况下大型散货船是很难通过收紧缆绳重新靠泊的，听说有船长为此移泊花了3个多小时，原因就是不懂水流对船舶操纵的影响。这里再举另外一个驾驶员可能会亲身经历的例子，港内自由式降落救生艇演习，假如说驾驶员在放艇之前没有注意到水流从本船的船尾方向过来，那么可以这么说，自由式降落救生艇脱钩以后再重新挂钩可就难了，因为临近船尾位置有限的水域空间很难让救生艇内的驾驶员进行掉头操纵。驾驶员通过上述例子一定能够意识到水文环境的重要性。毫无疑问，驾驶员只有深刻领悟水流对船舶操纵的影响才会懂得趋利避害，从而最大限度地保证本船安全。就像本船进入锚地抛锚一样，虽然有各种进入路径，但本船顶流进入锚地才是最安全的。有些驾驶员喜欢走捷径，总想直接穿插前后锚泊船的空档进去。对于这样的路径选择，虽然驾驶员是有把握才会进去的，但进去过程中万一主机或者舵机突然失控了怎么办？说真的，

235

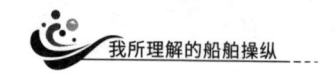

要是运气不好碰上一回就有得受了。写到这里，顺便提一下，本船进出国内的某些港口锚地抛起锚时，交管经常要求驾驶员从距离指定抛锚地点的边界线驶进驶出。交管这种要求通常使得本船很难每次都能顺利顶流进出锚地，特别是在锚地拥挤时，本船进出锚地就会变得异常困难，真心希望交管能够考虑水流对船舶操纵的影响并放宽对如何进出锚地的管制。

以上关于流的讨论感觉差不多了，下面笔者将介绍风的影响。如果说流只是影响水线以下的船体面积，那么风则是影响水线以上的船体面积。水线以上的船体面积越大，受风面积越大，本船受风影响也厉害。像集装箱船、滚装船或者空载船舶等都是水线以上受风面积较大的船舶，驾驶员务必对此类船舶给予重视。我们经常听说有大型集装箱船靠泊时，当吹开风的风力较大时，拖轮帮不上什么忙。毋庸置疑，这是拖轮的功率不足以克服风的影响。当然，驾驶员也不要认为吹拢风对靠泊有利，我们说适当地吹拢风是可取的，但如果吹拢风较强时，本船靠泊速度过快同样会对码头泊位造成伤害。记得船舶操纵讲过关于横风时风压力的计算公式，驾驶员对这个计算公式应该会有印象：$F_a = S_a \times V_a^2 / 18000$（其中，$F_a$ 为风压力，单位：吨；V_a 为风速，单位：米/秒；S_a 为横风时受风面积，单位：平方米）。本船在横风影响较强的情况下靠离泊时，驾驶员一定要心里有个底，能不能顺利完成任务就得比较拖轮马力与风压力的强弱。

风也可以从各个方向影响本船，正横前来风使船速提高，正横后来风使船速降低。不仅如此，风也会导致本船产生横向运动。驾驶员如果不注意这种横移运动，本船在行驶过程中就会慢慢向下风舷漂移，这种情况下本船如果是在狭水道或者航道中行驶就非常费劲了，所以驾驶员挂高船位行驶很重要。写到这里，我们顺便说一下流对本船的影响，笔者认为其本质上与风对本船的影响是一样的。只不过一个从水线以下施加影响，一个从水线以上施加影响。风或流的作用力只要不是在首尾中心线上，本船在前后运动过程中，将难免产生向下风或者下游位置漂移。船舶操纵实践中，本船的运动通常都是受风和流同时影响的，如果风与流均作用于本船同一个舷侧，那么驾驶员将很容易推算出本船的横移运动方向，反之，如果风与流分别作用于本船的两个舷侧时，驾驶员则很难通过眼睛判断出来，除非船首线中心线附近有良好的参照物标。这里顺便说一下，驾驶员也可以利用雷达速度矢量线与船首线的夹角关系，知道本船的横移运动方向。当顶风流靠泊时，自引自靠的驾驶员基本上都是让船首与码头泊位形成一个小角度，让风流作

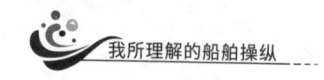

用于本船的外挡舷侧，驾驶员微进车克服本船因风流产生的后退速度，这样本船就只剩下一个横向力，驾驶员依靠这个横向力就能让本船靠拢泊位。

　　我们继续讨论风对本船运动产生的影响。一般情况下，风除了影响本船的纵向和横向运动外，还将使本船发生偏转。当驾驶员知道转心位置之后，他实际上很容易清楚本船在风中将如何偏转。比如，对于高速行驶的本船来说，不管风从何处吹来，由于转心在距离船首大概 1/4 的船长位置，此时水线以上的船体面积在转心后面比转心前面更大，受风面积更大，本船很容易迎风偏转；同样，对于慢速船来说，由于转心位置相较于快速船更为靠后，驾驶员就需要比较转心前后水线以上的船体面积。如果说转心前面水线以上的船体面积更大，本船将向下风偏转，反之则向上风偏转，所以说慢速船在风中可能顺风偏转，也可能迎风偏转。我们再看一下本船后退时的情况，按照本书的观点，由于本船后退时的转心在距离船尾大概 1/4 的船长位置，通常来讲，这种情况下水线以上的船体面积在转心前面比转心后面更大，受风面积也更大，因此本船后退时更容易出现"尾找风"现象。驾驶员可以自己分析一下水流是如何影响本船偏转的，也是一样的道理，这里就不作讨论。

　　就航行中的船舶来说，当风和流同时影响本船时，驾驶员一般不会把风和流分开对待，而是将风流一起考虑，比如驾驶员常说的顶风流或者顺风流，说的就是风流合力作用于本船正横以前或者正横以后时的情况。当驾驶员不得不在风流中转向时，驾驶员需要记住本船顶风流时将比顺风流时更难转向，因为此时转心后面更大的船体面积将顶风流而转，抑制了本船的偏转，驾驶员通常需要更大的舵角才能达到转向目的。同样，虽然本船顺风流转向比顶风流转向来得容易，但驾驶员切记不可在顺风流转向时盲目使用大舵角，否则会造成回转速率太快，届时将难以控制，特别是在大风浪天气中，驾驶员如果处理得不好，本船就会有打横的危险。无论如何，驾驶员在顺风流时应尽量用小舵角转向。在前面的章节中，笔者写过如何将回转速率控制在 15°／分钟，希望驾驶员不要把之前提过的知识忘了。这里顺便说一下，如果本船是斜面受风流影响，那么驾驶员朝风流一侧转向也会比背风流一侧转向更容易，这主要是转心后面一侧风流影响面积更大的缘故。按照本书的观点，如果说驾驶员刚起锚后朝风流一侧进行掉头转向，就可以在更小的水域内实现更大幅度转向的目的。

要说起风和流影响本船偏转的案例，最有趣的案例莫过于锚泊船的偏转。不知驾驶员有没有考虑过为什么锚泊船的旋回圈轨迹有时候呈圆弧形状而有时候只呈半圆弧形状？锚泊船的旋回圈轨迹是呈圆弧形状还是呈半圆弧形状，这跟锚泊水域有很大的关系。有些锚泊水域如果受回转流影响，那么锚泊船的旋回圈轨迹就会因为水流方向呈360°改变而呈圆弧形状；而有些锚泊水域如果只受往复流影响，这种情况下锚泊船的轨迹通常就会呈半圆弧形状。当然，这种说法也不全对，锚泊船在往复流的水域中朝哪个方向旋转还与风向有莫大的关系。假如说风向一直不变，那么锚泊船的旋回圈轨迹呈半圆弧形状就会非常明显；但假如说风向发生改变，那么锚泊船的旋回圈轨迹也是会呈圆弧形状的。有的驾驶员可能会说，如果锚泊船在回转流水域中受风影响呢？这种情况下锚泊船的旋回圈轨迹还是会呈圆弧形状的，只不过锚泊船在风的影响下可能会提前或者推迟旋转。

有的驾驶员可能会说，当风和流作用于本船的不同舷侧时，假如说本船没有任何参照物可以参考，那么能否知道风和流中影响更大的一方？实际上，空载船主要看风的影响，重载船则主要看流的影响。毕竟船舶空载时受风的影响更大一些，而重载时则更多受流影响。驾驶员可能会继续问，如果是行驶中的满载集装箱船，到底是受风影响大些，还是受流影响大些？这个问题还真不好回答，因为满载集装箱船受风和受流影响都会很大。假如说硬要比较出一个结果，应该考虑以受流影响为主，毕竟水的密度比空气密度大很多。不知驾驶员会不会觉得这样回答不够严谨？如果真要寻找答案，驾驶员最好调整一下船首航向，使对地航向与计划航向一致，此时的船首航向与对地航向之间就形成风流压差角，船首航向也就指向风或者流影响大的一边，这便是航海学的知识。

虽然风和流会影响本船的偏转，但本船正常行驶当中，稳定的船首航向非常重要。国内的丙类二等船舶基本没有安装电螺经，没有经验的驾驶员在行驶过程中会发现，假如说船首附近没有参照物就很难判断本船是否也在同时偏转。按照本书的观点，如果本船的航迹向呈"S"形时，当碰撞危险来临时，本船与他船驾驶员就很难对两船间的会遇态势做出正确的判断，以使船舶间的避让关系变得模糊不清。而认为这种情况是非常危险的，驾驶员在航行过程中有必要参考 GPS 的对地航向或者磁罗经航向以尽量避免非直线航行。

写到这里，有必要再梳理一下风浪流对本船的影响。首先，风的影响肯定是逃不过的了，因为本船行驶时，总有一部分船体面积暴露于水线以上，除非是无风或者微风时可以不考虑风的影响。其次，流的影响也基本不能忽略，除非本船在无流水域行驶。在沿岸或者港内航行时，有潮汐影响的水域都会带来流向和流速的改变。潮汐包括往复流和回转流，一般较狭窄的水域内人们都会认为只受往复流的影响，比如河道水域就这样。有驾驶员可能会觉得河道水域的流向只能是从陆地往海洋方向，这只答对了一半。我们说海水具有潮汐作用，涨潮时的海水是从海洋朝向陆地方向的，所以说距离大海越近的河段越能感受到海水的潮汐作用，受海水影响的河道水域就被称为感潮河段，而不受海水影响的河道水域则被称为非感潮河段。再说一下回转流。回转流主要受地转偏向力的影响，一般发生在较为宽阔的湾内水域，比如青岛的胶州湾就容易受回转流的影响。有的驾驶员可能会说，既然到处都有流，但为什么还是会有好多码头水域只考虑风的影响而不考虑流的影响？要回答这个问题，首先，这样的码头水域只能有一个出入口，除此之外码头周围都是封闭区域；其次，该水域虽然有涨潮落潮影响，但潮高差一定会比较小，这种情况下潮汐的水平运动就可以忽略不计。比如，新加坡70%以上的港口都只需考虑风的影响，而不用考虑流的影响。就船舶操纵实践而言，当本船在有风流影响的港内水域航行时，如果说风力超过4级或者说流速超过1节时，驾驶员务必认真对待风或者流。比如，本船沿着港内航道航行时，驾驶员就得考虑航道的风向或者流向，无论如何挂高船位行驶总没错。总体而言，当驾驶员在港内进

第六章 风浪流对船舶操纵的影响

行船舶操纵时,一般只考虑风流影响就够了。再说一下浪的影响,当风力为4级或者以上时,只要是宽阔的江面、湖面或者海面,就容易形成风浪,而风向发生改变或者消失后的浪,则称为涌浪。按照本书的观点,不管是风浪影响还是涌浪影响,本船都将容易产生上下或者左右颠簸现象。当然,这对于抗风等级高的船舶来说还真不是事儿,但对于引航艇之类的小船来说就有莫大的关系了。本船放置引航梯时,为什么一定要强调下风舷?其实就是为了减轻浪对引航艇的影响。另外,浪高跟流向也有一定的关系。如果说风与流不同来向时,产生的浪高就会比风与流为同一来向时更大。浪高关系到本船的行船安全,尺寸小的船舶或者宽阔水域处的船舶受浪的影响会大些。经过以上讨论,驾驶员应该会对本船水域是否受风浪流影响有一定的了解。这里顺便说一下驾驶员对避风锚地的选择,说准确一点,避风锚地就是避风浪锚地,要选择风浪小的水域抛锚。锚地水域最好具备以下这几点:水浅、水流较缓、水面不宽阔、锚地出入口弯曲、锚地周围有高大山型阻挡。这样的锚地不是没有,驾驶员只要认真钻研海图,一定会找到适合本船的锚地。

243

第七章　螺旋桨的致偏效应

第七章 螺旋桨的致偏效应

这一章将主要以最为常见的右旋式单车 FPP 型船舶为例，介绍这种类型船舶的螺旋桨在转动时将产生作用于船体的横向力，该横向力使这种类型的船舶在进车时发生船首左偏、倒车时发生船首右偏现象，即螺旋桨的致偏效应。应该来说，篇幅不会很长。

既然是在讨论螺旋桨的致偏效应，我们有必要先了解一下螺旋桨的类型，现在本书中够列出来的也就 FPP（固定螺旋推进器）、CPP（可变螺旋推进器）、ZP（ZP 传动推进器）、VSP（平旋推进器）这四种类型的螺旋桨，其他比如具有导流式推进器或者外挂式推进器的螺旋桨，因为没有什么大的革新，就没必要作介绍。做过拖轮的驾驶员应该会对 ZP 和 VSP 类型的螺旋桨比较熟悉，笔者将会在后面的章节对这两种类型的拖轮专门作比较。FPP 和 CPP 类型的螺旋桨用在商船上比较多，这两种类型的螺旋旋倘若以旋转方向划分，又可分为左旋式和右旋式；倘若以螺旋桨数量来划分，又可分为单车船和双车船，甚至 N（代表数量）车船。如果我们更进一步讨论双车船，驾驶员从船尾观察两个螺旋桨的旋转方向，又可分为外旋式和内旋式两种，即两个螺旋桨当中一个正车时向左旋转，另外一个正车时向右旋转。就笔者所了解的远洋船舶来说，大部分船舶都是右旋式单车 FPP 结构，而国内南北线船舶吨位不大，经常需要驾驶员在没有拖轮协助的前提下自引自靠，因此新船的螺旋桨类型也越来越多呈现出双车外旋式 FPP 结构，至于为什么是这种结构，驾驶员可以自己思考一下。再简单聊一下 CPP 型船舶，这种类型的船舶还真不多见。CPP 型船舶的优点是比较省油，驾驶员也很方便无级变速操纵；但缺点是倒车功率不足正车功率的 50%。另外，CPP 型船舶在靠离泊时如果没有拖轮协助，驾驶员好靠就不好离，好离就不好靠，除非是双车 CPP 型船舶；但双车 CPP 型船舶造价高昂，所以海上双车 CPP 型船舶数量非常少。

回归右旋式单车 FPP 型船舶的话题。既然大部分远洋商船都是这种结构，本书也将重点介绍此类船舶。事

第七章 螺旋桨的致偏效应

实上，船舶操纵详细介绍过右旋式单车FPP型船舶的致偏效应，这里大概总结一下：对于右旋式单车FPP型船舶来说，螺旋桨进车时的致偏效应是推动船尾向右转，造成船首左偏；螺旋桨倒车时的致偏效应是推动船尾向左转，造成船首右偏。至于为什么这样，无非就是船舶操纵讲的螺旋桨在水中转动时，将同时产生沉深横向力、伴流横向力、排出流横向力和中心偏位，这些作用力导致螺旋桨发生致偏效应。

对于驾驶员来讲，螺旋桨进车时的致偏效应是一个很小的量，而且此时转心在距离船首大概1/4的船长位置，驾驶员很容易用舵克服，所以一般不予考虑。本船在不考虑风流时，向左旋回转向360°比向右旋回转向360°的用时更短，这其实就是本船进车时的螺旋桨致偏效应在帮忙。但总体来讲，两者差别很小，驾驶员可以参考一下本船的操纵数据。这里顺便说一下，有些船舶的紧急操纵数据可能是在不利的风流场试验得出的，这样测出来的数据可能会与笔者的观点有些出入。但无论怎样试验，向左旋回转向360°与向右旋回转向360°所用的时间应该差别不大才对。

我们还是具体分析一下本船分别在前进、静止、后退三种运动状态下倒车螺旋桨产生的致偏效应。首先介绍一下本船在前进中倒车的情况。当驾驶员由前进改

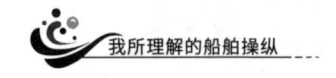

为后退时，在刚开始阶段本船速度仍然比较高，此时伴流横向力起主要作用；但伴流横向力是很小的力，对船首航向影响不会很大；随着船速越来越低，排出流横向力慢慢起主导作用，其大小可能占据相应倒车功率的10%。驾驶员会发现，在排出流横向力的作用下，船首航向将慢慢朝右偏转。如果驾驶员继续倒车，船首航向朝右偏移量就会越来越大，以致驾驶员完全把船停下来后，船首航线可能向右改变了70°～80°之多。关于这一点，驾驶员也可以从紧急倒车后船舶重心的轨迹图看出航向的变化幅度。本船在全速后退之后，航向和船位都将偏离初始航线；驾驶员将无法用舵控制本船不发生偏转。这里顺便说一下，驾驶员既然无法改变倒车时船首向右偏转的趋势，那么最好在倒车之前，即本船还有舵效的时候先向左转向，让船首有左偏的趋势后再开始倒车，这样就能最大限度减缓本船倒车时带来的致偏效应的影响。

我们再看看本船静止或者后退时的倒车情况。毫无疑问，此时排出流横向力起主要作用，船首向右偏转的趋势将非常明显。有的驾驶员可能会说，当后退速度越来越大时，此时排出流有没有可能作用于转心之前，如果这样，岂不减缓了船首的右转趋势？由于暂时缺乏相关资料，只能推测，由于螺旋桨与船宽的比例关系，排

第七章　螺旋桨的致偏效应

出流横向力将主要作用于船尾的曲线部分，所以本船在静止或者后退时的倒车还是不能阻止本船向右偏转的趋势。就船舶操纵实践而言，驾驶员除非是在紧迫危险时的避碰行动，否则是不可能全速拉倒车让本船不受控制地向右偏转的。驾驶员在正常后退当中，基本都会控制后退速度在 1～3 节。这种后退速度不需要驾驶员一直拉倒车，本船在后退过程中如果船首向右偏转也完全可控。驾驶员可以用以下这几种方法克服本船静止或者后退时倒车后船首向右偏转的趋势：1. 在倒车之前或者倒车过程中抛个短锚以便控制船首；2. 有一定退速之时及时把车停住，这样就没有了排出流横向力；3. 如果退速太快，驾驶员可以适当进车并且用舵克服以减缓右转趋势。

　　这里顺便说一下，螺旋桨的致偏效应还与本船倒车时的主机功率大小、作用时间和船舶排水量有关。本船倒车时如果主机功率越大、作用时间越长，则横向偏转效果越明显；另外，空载船舶也比满载船舶的横向偏转效果更明显。不管是有流水域还是无流水域，驾驶员都必须重视螺旋桨倒车时产生的致偏效应。比如本船在狭水道或者航道中航行，水流方向大都与岸侧平行，驾驶员在开始倒车之后，随着船速的下降，水流作用也会加剧本船向右偏转的趋势。以前发生过很多这样的案例，驾驶员在航道里为避免与他船发生碰撞而全速倒车,这种操作虽然避开了他船,但船首朝右偏转却造成本船冲向航道外面的其他锚泊船,所以本书再三提醒驾驶员倒车之前务必小心螺旋桨的致偏效应。再举个例子,驾驶员应该很清楚靠码头时,本船到码头泊位前沿水域的时候肯定要将船速降下来,假如说有拖轮协助,有经验的驾驶员一般会在倒车之前将拖轮置于拖曳或者顶推的姿势,目的就是防止本船倒车之后船首可能不受控制。当然,如果说驾驶员在靠码头之前能够停车淌航一段时间,那么船速下降将依靠水的阻力而不是主机倒车功率,这种情况就会好很多,毕竟驾驶员不需要长时间倒车就能够把船停下来,本船向右偏转趋势也就没那么大。

既然螺旋桨致偏效应会使倒车中的本船发生船首向右偏转的趋势,我们就来聊聊靠离泊时驾驶员的注意事项。为便于分析,假设所有港内操纵均不涉及风流影响。我们先聊一下向左靠泊与向右靠泊时,驾驶员倒车后本船会发生的情况。按照本书的观点,本船驶向泊位时,基本都会与码头形成一个 10°～15°的小角度,当抵达泊位前沿水域时,驾驶员就需要倒车以便及时把船停下来。那么很明显,此时本船如果要向左靠泊,螺旋桨的致偏效应将把船身拉至与码头泊位逐渐平行;反之,本船如果要向右靠泊,则本船与码头泊位的夹角将在螺旋桨致偏效应的作用下越来越大。写到这里，驾驶员是不是可以区别对待向左靠泊和向右靠泊？即本船如果向右靠泊，驾驶员就可以让靠泊角度更小一些或者干脆在倒车之前让船首有些朝外角度，这样本船倒车停下来时驾驶员就能够做到让船身与泊位尽量平行。我们再聊一下离泊时需要倒车的注意事项。对于没有拖轮协助的船舶来说，驾驶员在正常离泊时船尾一般都需要先张开一定角度，这种情况下如果是右离，很明显驾驶员在倒车之后，螺旋桨的致偏效应就会导致船身与泊位的夹角越来越大。这里顺便说一下，随着船速后退，本船也将离开泊位越来越远。有驾驶员可能会担心，如果船首向右偏转太多，岂不造成船首撞向泊位？驾驶员大可不必担心这种情况发生。因为螺旋桨的倒车排出流将有利于船首右舷离开泊位。假如说驾驶员真担心这种情况会发生的话，那么也是可以采取及时停车措施以便减缓船首向右偏转的趋势，残余的后退速度也会让本船继续拉开与泊位的距离。有的驾驶员可能会说，如果是左舷离泊呢？毫无疑问，螺旋桨倒车时的致偏效应将让船尾越来越靠近泊位。为克服这种不利因素，驾驶员在离泊之前务必让船尾摆开的角度越大越好；另外，为避免船尾会向泊位靠拢，笔者建议驾驶员在本船稍有后退速度之后就应及时停车。

驾驶员也许会说，上述靠离泊操纵可能还是不容易控制船首，如果能抛个锚就好了。靠泊时抛外挡锚真能解决很多问题，关于这点将在以后有关锚的章节里再好好叙述。关于螺旋桨致偏效应的运用情况，最著名的莫过于驾驶员起锚后在狭窄水域空间内向右掉头操纵的例子。就船舶操纵实践而言，驾驶员在不考虑风流因素的前提下，在狭窄水域空间内正常情况下都需要选择向右掉头，而不是向左掉头。前面我们说过，本船可以掉头操纵的水域空间较小，所以驾驶员还是需要倒车配合掉头操纵。那么这种情况下向右掉头，螺旋桨倒车的致偏效应将会使船首进一步朝右偏转，这又进一步缩小了旋回圈。驾驶员通过这样进倒车 3～4 次通常就能使本船在 2 倍的船长水域空间内完成掉头转向，这里顺便说一下，驾驶员在掉头过程中务必控制好本船的纵向速度，最好能将速度控制在 1 节以内。有的驾驶员可能会说，如果当时水流速度很快呢？这种情况驾驶员可能就不好进行掉头操纵了，流水太快势必对本船向右造成不利影响，驾驶员更为稳妥的办法是拖锚后退操纵，以便寻找更大的水域进行掉头操纵。

关于螺旋桨的致偏效应写得差不多了，驾驶员无论如何都得记住对于右旋式单车 FPP 型船舶来说，本船倒车时将使船首朝右偏转这一结论，正是因为这一过程中

第七章 螺旋桨的致偏效应

会导致本船不可控，所以驾驶员一定要趋利避害，并避免碰撞危险的发生。至于双车船螺旋桨的致偏效应，这里简单介绍一下，双车船的螺旋桨也分为 FPP 和 CPP 两种结构，驾驶员从双车船的船尾观察螺旋桨的旋转方向，也是分为外旋式和内旋式两种，当双车同时前进或者后退时，螺旋桨由于左右对称，本船并不会发生螺旋桨致偏效应。但如果驾驶员只使用一个车钟或者左右车钟不一致时，此时就开始产生螺旋桨致偏效应了。这里顺便说一下，一般在设计双车船时，设计者都会考虑双车船的右车在倒车时能够与右旋式单车 FPP 型船舶在倒车时有相同的偏转方向，所以 FPP 型双车船多采用外旋式结构；而 CPP 型双车船多采用内旋式结构。这对于驾驶员来说是好事，便于他们更快适应船上操作。有的驾驶员可能会说，双车船如何记住螺旋桨的致偏效应？比如，双车船的两个车钟可以比作驾驶员的左右手，左车前进右车后退犹如驾驶员左手往前右手往后一样，这样驾驶员的身体往右摆即代表本船有右转的趋势。驾驶员要是双车船用习惯了，就会发现它比单车船能更好操作，毕竟驾驶员能更好地控制船尾。

第八章　舵的使用

第八章 舵的使用

我们知道，舵既然是一种既能控制保向又能控制转向的重要操纵设备，一定有它的独到之处。另外，按照本书的观点，舵失灵比主机失控更难应付，所以这里我们讨论一下驾驶员如何使用舵。

作为一名合格的驾驶员，学习船舶操纵首先要从学会如何操舵开始。当然，在练习操舵的开始阶段，学会把定航向很重要，笔者记得自己在做实习生的时候，那时候船长都要求直线航行时左右偏差不能超过1°，笔者当时也是费了好大工夫才练就如此本事的。其实笔者当时在练习把定航向的时候，也不懂为什么船长要求这么做，但后来想想，才感觉把定航向非常重要。把定航向的优点很多，比如说可以缩短航程，节省燃油，减少

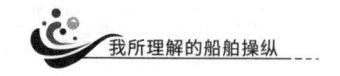

航时，等等。当然，更为重要的是方便本船或者他船驾驶员判断碰撞危险。

驾驶员需要注意，舵虽然具备控制航向或者改变航向的能力，但它并不是每时每刻都能够体现出舵效。比如，开航前的对舵试验，驾驶员虽然左右满舵，但本船的船首航向还是毫无变化，不用解释，驾驶员肯定知道其中原因。舵效好不好，跟船速和舵角有很大的关系，虽然如此，当船速一定时，舵角也不是越大越好，否则这很容易导致本船大角度横倾。曾有这么一个案例，新手驾驶员在海上当班时，接到轮机员的电话说机舱要测试一下满舵，这位新手驾驶员当时觉得外面没有其他航行船舶就答应了，所以没有通知船长。结果在满舵试验过程中，本船突然倾斜了15°左右。船长在房间感觉不对，就急匆匆地跑上驾驶台。新手驾驶员把情况给说明了，但还是少不了船长的教育批评。

我们再来回顾一下船速与舵角的关系：当船速为15节以上时，正常需要不超过5°的舵角即可有效转向；当船速为10～15节时，需要用5°～10°的舵角才能有效转向；当船速为5～10节时，需要用10°～15°的舵角才能有效转向；当船速为5节以下时，则至少需要15°的舵角才能有效转向。舵令叫得好不好，关系到驾驶员的船舶操纵水平是否合格。这里有个关于引航员模拟船舶操纵考试的故事，当时模拟船的速度只有6节多，有位考生在转向时叫了个舵令"右舵五"。很不幸，这位考生就是由于这个原因模拟操纵考试挂掉了，考官过后给的解释是该考生不懂得用舵。驾驶员是不是觉得有点小题大做？只能说这位考生平时太不注意细节了。很多马大哈式的船舶操纵在内行人眼里就是无法胜任，希望有这方面问题的驾驶员一定要注意。再举个例子，有些驾驶员不管航向改变多少，都喜欢直接命令舵工要操多少航向，而不是要操多少舵角。这种操纵如果是小角度转向还可以，但假如说本船需要大角度转向，驾驶员这样的舵令下达方式无疑把本船转向快慢的主动权交给了舵工，而不是驾驶员自己在负责。

  驾驶员在操舵之后，本船能够在较短时间内、较小水域内转过较大的角度，则本船的舵效好，反之本船的舵效差。在给定本船的装载状态及运动状态的情况下，舵力越大，舵效越好。当然，如果想舵力变大，除了与船速有关外，还与主机转速有关。主机转速当然越快越好。比如，很多重载船在从静止到前进的时候，驾驶员直接用港内前进二车钟代替前进一车钟，目的就是在有限时间内增加舵力，提高舵效。另外，舵效的好坏还与驾驶员所工作的船舶类型有关，分别做过肥胖型和瘦削型船舶驾驶员的可能就知道，肥胖型船舶对舵的反应较瘦削型船舶来得慢,所以肥胖型船舶上的驾驶员更应该早用舵、早回舵。

就船舶操纵实践而言,由于本船运动的惯性,驾驶员刚开始操舵时并不能立即产生舵效,而是会有一定滞后时间。如果让该时间与船速相乘,就得到初始产生舵效的滞后距离。初始产生舵效的滞后距离是不可避免的,正因为如此,IMO才会有关于船舶初始转向能力的要求,即营运船速下操舵10°舵角、航向角变化10°时,船舶的进距不得超过2.5倍船长的距离。驾驶员需要记住,行驶的本船基本无法避让进入盲区(即2倍船长距离)内的物标。当然,本书并不提倡在短距离内采取避碰行动,驾驶员可以参考一下我之前对本船与物标发生碰撞危险时,根据距离远近分为三个阶段的阐述。这里顺便说一下,假如说转向的目的不是避碰,而纯粹是为了转向而转向,那么驾驶员又该如何转向才能确保本船在转向过程中尽量行驶在原航线上?通常情况下,转向角度的不同要求到达转向点之前的转向时机也不同。针对这种情况,有必要利用旋回圈进距的数值,因为旋回圈进距表示本船旋回90°时的纵向移动距离,换句话说,旋回圈进距为本船转向90°时需要的提前量。但是,驾驶员还得明白,旋回圈进距是本船紧急操纵时的数据,而正常船舶操纵时,就得将该数值放大一倍。这种情况下，驾驶员不管是小舵角的保向操纵，还是一般舵角的转向操纵或者大舵角的旋回操纵，事实上都可以按照以下比例法得出不同转向角度需要的提前距离，即转向时机。举个例子，假如旋回圈进距为4倍的船长距离，如果需要改变航向30°，驾驶员就可以根据这个得出需要在到转向点还有2.7倍船长距离时就开始转向。更进一步，如果驾驶员再根据船速与舵角的关系操适当的舵角，就很容易将转向速率控制在15°/分钟左右。

  我们再回顾一下附近有参照物时驾驶员该如何进行转向操纵。前面章节讲过，驾驶员可以通过比较船首航向的方位变化率和参照物目测串视线的方位变化率，在转向过程中控制本船与参照物的距离。当参照物在本船正横以前时，驾驶员由等角螺线的性质可知，倘若两者变化率相等，本船在转向过程中会越来越接近参照物，直至最后与参照物发生碰撞。写到这里，可能有些驾驶员对等角螺线的性质有点陌生，也许这么解释：当本船沿着等角螺线这一曲线的切线一直运动下去，最后将越来越接近曲率的中心，这也是网上介绍的"飞蛾扑火"的原理。所以驾驶员如果不想让本船在转向过程中越来越接近参照物，转向时船首航向的方位变化率就得小于参照物目测串视线的方位变化率。就船舶操纵实践而言，当有他船从前方驶近时，本船驾驶员在朝他船转向

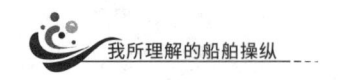

时会不会距离他船太过靠近，同样也是要比较两者之间的方位变化率。这里顺便说一下，如果参照物位于本船正横时，驾驶员在转向时只要控制船首航向的方位变化率，使其等于参照物目测串视线的方位变化率，本船就可以围绕参照物做等距离运动，这相当于本船围绕着圆的切线在做运动。这也是前面讲过的所谓的完美转向。不知驾驶员发现没有，当正横以前的参照物距离本船越远时，驾驶员能够朝参照物转向的幅度将越小，这主要是对于距离越远的物标，驾驶员视觉上越难感到他船的方位变化率。但是有一个例外，除非驾驶员想大角度转向，让参照物过本船的船首。写到这里，不知驾驶员会不会有这样一个问题，如何通过比较船首航向的方位变化率和参照物目测串视线的方位变化率，以确保参照物过本船的船首？关于这个问题，笔者曾听一位引航师傅讲过，本船在转向的时候，如果能够保证船首航向方位变化率超过参照物目测串视线方位变化率的 2 倍以上，就能保证参照物过本船的船首。当然，笔者认为这句话还可以更严谨一些：首先，驾驶员得确保到参照物的距离超过船长距离；其次，驾驶员到船首的距离不能超过转心到船首距离的 2 倍。

我们再讨论一下需要驾驶员提高舵效的情况。驾驶员得明白，提高舵效的目的是更好地保向或者改向。本船不容易保向通常有这么几种情况：1. 停车或者倒车后；2. 大风浪时的低速航行；3. 经过乱流水域。前两种情况比较好克服，驾驶员只要及时加车就可以了。第三种情况驾驶员需要对海图水域地形有足够了解才行。当本船途经乱流水域时，船首航向可能会突然发生改变，这种情况可能有时连舵都克服不了，特别是当本船属于重载的大型船舶时。对于驾驶员来说，最好在经过乱流水域之前先减车降速，这样途经乱流水域之时，当转舵的舵力不足还可以加车进行弥补。我们再看看本船不容易改向的几种情况：1. 船速低；2. 过大弯道。当本船的船速低又遭遇顶流时，驾驶员刚开始转向是没那么容易的，此时驾驶员如果想让船首转得快一点，务必连续进车才能提高船首的转向速率，这就好比前面提到的用前进二车钟代替前进一车钟。本船过大弯道与经过乱流水域差不多，驾驶员最好过弯道前先减车降低船速，等过弯道时如果有必要再加车提高螺旋桨转速，以便提高本船的转向能力。

　　如果说驾驶员满舵时本船还是很难保向或者改向，则意味着本船舵效的丧失。对于操舵的舵工来说，当舵效丧失就得立刻报告驾驶员，否则可能造成本船不可挽回的事故。有这样的一个案例，舵工跟驾驶员个人关系不好，在一次操舵中舵工认为周围都是宽阔水域应该不

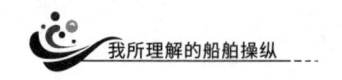

会有什么问题,于是就想吓唬一下驾驶员,所以在无法把定航向的时候也不告诉驾驶员。很不幸,舵工没有预料到周围水深会不足,而驾驶员也没有察觉到本船早已偏离了航道。当船体突然发出剧烈的颤抖声音时,毫无疑问,本船已经搁浅了。驾驶员也不要觉得这种情况属于个例,以笔者自己的航海生涯来看,本船进出港时还是会时不时碰到舵工因为听错舵令或者紧张而导致操错舵的现象。作为一名合格的驾驶员有必要监督舵工操舵是否执行到位。

　　在船舶操纵实践中,舵效的丧失还是常有发生的,随便举几个例子:比如,当舵设备发生故障时,本船就很难再继续保持航向行驶;再比如,驾驶员需要满舵旋回本船,但停车后船速没法及时降下来,驾驶员只能利用余速进行满舵旋回,在这一过程中驾驶员如果没有适时加车,也会造成舵效的丧失,以致最后越转越慢,达不到驾驶员想要的效果;再比如,驾驶员于本船还在高速时为避免紧迫危险而全速倒车,此时也可能导致舵效的丧失,所以理想的状态下的降速应是逐步的,不能一下子全速拉倒车。在多数情况下,驾驶员最为常见的舵效丧失都是因为不希望有太多的船速造成的,当本船靠码头或者抛锚时,驾驶员为了降低船速,常常需要停车滞航一段时间,此时就很容易导致舵效的丧失,没办法,舵效丧失后，驾驶员需要短暂的进车恢复舵效，这也是前面所讲的维持舵效的最低速度。关于维持舵效的最低速度，其实没有一个固定值，本船所处的水域不同维持舵效的最低速度也会不同，比如一般船舶静水时维持舵效的最低速度需要在2～3节，但当顺流时可能变成5～6节甚至更多。驾驶员需要警惕船速高时舵效丧失的后果，这也是笔者前面强调要顶风流操纵的原因。

关于舵的使用，如果操舵失灵了怎么办？不得不说这是一个严肃的话题，虽然SOLAS公约规定每三个月必须对应急操舵作一次演习，但据笔者了解，这样的演习还是无法提高驾驶员的应急反应能力。比方说，驾驶员当班使用自动舵时，突然发现舵角卡在10°不动了，驾驶员可能的应急反应是首先通知船长和轮机员。如果说非要轮机员到舵机间操应急舵，那至少也得等待1分钟的时间；而且说实在的，在舵机间操舵如果没有训练有素的专业人员，不是那么容易把定航向的。我们姑且不说舵机间的事，在这宝贵的1分钟时间里，驾驶员是不是可以将自动舵改为手动舵甚至随动舵试试，或者在驾驶台的不同操舵位置试试，或者在紧急情况下把车停下来甚至紧急倒车？好多新手驾驶员不好意思拉倒车，可能是担心其他人取笑，说周围都没什么船，拉什么倒车？其实，这种玩笑可能导致新手驾驶员以后越来越不敢用车，所以非常不利于提高新手驾驶员的船舶操纵技术。当然，并不是每次舵设备失灵都必须得拉倒车，对于驾驶员来说，最重要的是分清主次矛盾，明白哪些是比较棘手的问题必须先处理。假如说，周围没有什么船，驾驶员最好想办法先恢复舵效，如果不行再把船速降下来也是可以的。当然，如果说周围船舶交通流量大，驾驶员紧急拉倒车也无可厚非。另外，如果时间来不及驾驶员务必记住拖锚制动也会帮忙降速的。

总体来讲，操舵失灵比主机失控更难应付，因为主机失控时本船还有一定的余速，此时操舵还能起到保向作用；而操舵失灵时大多数情况下本船是朝一个方向偏转的，而且在风流作用下，很难说本船将偏转至哪里。对于驾驶员来说，如果说操舵失灵后无法立即恢复舵效，把船停下来才是唯一的办法。

第九章　船舶用锚

第九章 船舶用锚

锚作为最不可或缺的设备，是保证本船安全的最后堡垒。虽说现在新造船舶的尺寸越来越大，驾驶员除了锚泊时有机会用锚外，其他情况比如说走航道、港内掉头、靠离泊等因为有拖轮的协助，所以用锚的机会越来越少，但不可否认，锚除了能够让本船停下来外，还能在某些情况下协助驾驶员进行船舶操纵。驾驶员千万不要把如何用锚这一重要的技能遗忘掉。

我们首先介绍一下抛锚之前的注意事项。驾驶员抛锚之前最好在海图上做一番功课。假如说交管要求在哪个水域或者说在哪个灯塔多少距离位置抛锚，驾驶员倘若对抛锚水域的地名不熟悉，听了肯定是一头雾水。当然，驾驶员更多时候是自己选择锚地水域抛锚，那么

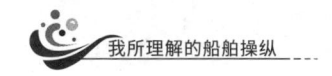

这种情况下驾驶员就得对抛锚地点的水域环境、底质和水深等作一番考究了。关于水域环境的选择，除了考虑风浪流影响外，驾驶员还得清楚当地的规章制度才行。比如说新加坡海峡抛锚，驾驶员如果随便选择在新加坡 OPL 水域抛锚，就会受到相关沿岸国的罚款甚至滞留等处罚。另外，假如说允许抛锚的话，驾驶员选择的抛锚地点还得远离风电场、养殖区、管道区、禁航区、航道、礁石、浅滩或者障碍物，等等。再说一下底质的选择。毫无疑问，底质的好坏，将直接影响抛锚的效果。首先，抛锚的底质要求平坦，即驾驶员抛锚时不宜选择海图等深线密集的地方。其次，质地以软硬适度的沙底和黏土最好，泥沙混合底次之，硬泥、软泥底再次，石底、珊瑚礁底不宜抛锚。最后，抛锚的水底不能含有障碍物比如沉船、弃锚、海底管路、电缆之类的东西。不知驾驶员会不会有这样一个疑问，主机失控了，驾驶员需要紧急抛锚，但如果抛锚会把航道堵住怎么办？关于这个问题，笔者建议更好的选择是冲滩。交管无论如何都不允许事故船舶堵住航道的，比如某集装箱船在苏伊士运河造成"世纪大堵"后，运河当局曾要求 10 亿美金的赔偿，这索赔当中就包括运河被堵住后无法收取其他船舶的通行费。最后说一下水深的考虑，水深总有一个范围，超过 4 节锚链的水深就不宜抛锚，因为这可能造成锚机负荷太大从而回收不了锚；驾驶员也不宜考虑在水深低于1.2倍本船吃水的水域内抛锚，这主要考虑到锚会有触碰到船底的危险；另外，有涌浪时，驾驶员在抛锚时宜选择水深超过1.5倍本船吃水的水域。

当水深要素满足抛锚条件后，驾驶员接下来就要考虑抛锚方法。船舶操纵讲过，水深低于25米时重力式抛锚即可。水深在25米到50米就得利用锚机先把锚放至接近海底时再进行重力式抛锚，或者直接用锚机将锚送至海底。而水深大于50米时最好用锚机直接送至海底。驾驶员这种做法的目的最主要是防止锚机刹不住锚链。笔者在航海生涯当中，也时不时听说有驾驶员在抛锚的时候，把锚链弄丢的事情。这其中就包括同事讲过这样的一个案例，说几年前他们船上有一个大副和水手一起在船头抛锚，当时抛锚的时候大副只顾着把头伸出舷外看锚链方向和标志，但还是达不到船长要求的链长，于是大副把手举起来，头也不回只顾用手势示意水手继续放锚链。水手看着大副手势，刹车越松越大，以致松出锚链的速度也越来越快。大副发现这种异常速度后急忙喊停，但当时抛锚声音太大，水手没听清，等大副回过头来再用手势示意刹住已经来不及了。

好多驾驶员可能会从保护锚机的角度考虑，即抛锚时不管水深多少，驾驶员总喜欢用锚机将锚链直接送入海底，即所谓的离合器抛锚法。按照本书的观点，这种抛锚方法如果说在风大流急时最好还是不要用。首先，这种抛锚方法通常需要时间锚爪才能定住本船，此时本船可能早就因为风流影响漂向另外一个位置了，对于驾驶员来说，真不好控制锚位；其次，即使锚爪定住本船后，驾驶员利用离合器抛锚法也还是会使松出锚链的速度跟不上水流的速度，从而容易造成走锚的风险。驾驶员采用重力式抛锚法就能够避免这些尴尬。顺便说一下，驾驶员的操船习惯也会影响到锚位，有些驾驶员好不容易把船开到指定抛锚位置了，但还是感觉船速太快不好抛锚，于是就想倒车先把船速降下来再进行抛锚。殊不知倒车过程中，风流影响也会把本船漂向下游方向。驾驶员可能觉得这种操纵习惯没什么问题，但当周围有很多其他锚泊船时，驾驶员就会发现再次抛锚时的位置已经偏离原来位置了。降速之前最好把船头对准上风方向，这样就能最大限度地避免降速后锚位相差太多的问题。关于抛锚船的锚位问题，驾驶员还得注意前驾驶船舶与后驾驶船舶的区别，正常情况下驾驶台在哪里GPS天线位置就在哪里，如果说驾驶员按照交管给定的GPS位置抛锚，两种类型的船舶将会有一个船长位置的误差。有的驾驶员可能会说，船舶操纵实践中，要是很难驶向指定抛锚位置怎么办？驾驶员如果能够借助于雷

第九章 船舶用锚

达速度矢量线的帮助，那么本船驶向指定抛锚位置的难度就不会很大。

笔者曾有过这样的一个疑惑，抛锚时到底要不要控制本船的船速？这个问题笔者也是纠结了好久，后来想想好像没有控制船速这一说，不然发生突发状况驾驶员需要紧急抛锚怎么办？当然，这里面讲如何抛锚是有讲究的，如果说本船当时速度过快，锚冠在落地前后的一瞬间，锚爪是不会马上嵌入海底的，而是要等到锚链平铺伸展后锚爪才会嵌入海底。我们进一步分析，如果说锚爪嵌入海底并且锚链平铺过长的话，锚泊力就会很大，而本船的过快船速也会对锚链产生大冲击力，导致出现丢锚断链事故。针对这种情况，驾驶员只要一次性松出不超过2倍水深的链长，此时不管船速如何，就能够确保本船的锚泊力很小，不至于出现丢锚断链事故。本船一次性松出不超过2倍水深的锚链，本书当中也称为抛短锚，或者称为拖锚制动，或者称为应急用锚。关于应急用锚，前面的章节也介绍过，这里就不再啰唆介绍。有的驾驶员可能会说，假如说出链长度不好控制，那么在正常抛锚时不损坏锚机锚链的前提下，本船能够允许最高船速可以达到多少节？关于这个问题，一般网上资料只是简单地认为船舶尺寸越大抛锚时的船速应越低，但笔者曾听一位引航师傅说过，本船正常抛锚时的

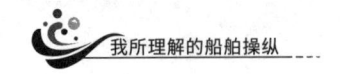

最高船速可以达到 4 节。笔者从来没有在这么快的速度下抛过锚，但有一两次是在船速还有 3 节左右时就开始抛锚了，当时主要是因为风浪太大而且锚地拥挤，所以想先定住船首。从当时抛锚后的情况看，锚机或者锚链并没有出现异常。在写以上这些内容时，并不是要鼓励驾驶员带着速度抛锚，而是想让驾驶员有个正常抛锚时本船能够允许最高船速的概念。无论如何，驾驶员在正常抛锚时船速越低肯定越安全。

我们解释一下抛短锚时为什么出链长度不能超过 2 倍水深。当驾驶员带着速度抛短锚时，如果说出链长度不超过 2 倍水深，驾驶员估算到的锚链俯角不会超过 60°，此时虽然锚冠会触碰到海底，但锚杆与锚链连接会处于斜向上的位置，这种情况下如果说锚爪与锚杆形成的张角小于 30°，就能保证锚爪不会嵌入海底。在船舶操纵实践中，锚爪的实际张角可能在 39°～42°，所以有些资料也因此认为抛短锚时的出链长度最好不超过 1.5 倍水深。写到这里，不知驾驶员会不会因此认为出链长度如果接近 2 倍水深时锚爪就会嵌入海底？即使锚爪嵌入海底，但锚杆处于斜向上位置，锚爪嵌入海底程度不深，锚泊力就会大打折扣，所以锚链能够承受这么小的锚泊力。本船抛短锚时，锚与海底形成的摩擦力会进一步降低船速；如果说驾驶员发现锚链回弹时，则

第九章　船舶用锚

说明本船已拖不动锚了。换句话讲，即锚已经把本船定住了，驾驶员这时如果再仔细观察本船的前后速度，会发现本船的前后速度已经为零。有经验的驾驶员在抛锚时，基本上也是利用抛短锚时锚链的这一特点先出大约2倍水深的锚链，等本船被定住了再松出剩余的锚链。船舶操纵实践中，驾驶员如果想一直拖锚制动行驶，为避免船速降低导致锚泊力变大，就得时不时短暂地进车从而让本船始终保持一定的速度。

　　关于抛短锚操纵，在船舶操纵实践中还是用得挺多的。笔者就曾试过以下这种抛锚制动方法：原计划先起锚再进行掉头转向，但当时周围水域锚泊船众多而且本船掉头所需水域空间过小，所以只有把锚链收起来一部分，然后倒车后退以寻找更大的水域空间再进行掉头转向。这种方法在船舶操纵中也被称作拖锚倒行。关于拖锚倒行，不知驾驶员会不会有疑问，万一船尾发生偏转怎么办？这不是问题，驾驶员如果觉得船尾航向处于不利位置，只需车舵及时调整船尾航向，等把船尾摆正了再重新拖锚倒行就可以了。

　　我们再举个例子，假如说本船在起锚过程中船首朝不利方向偏转，此时驾驶员就可以停止起锚，并利用车舵让船首航向转至有利角度后再继续起锚，这种方法也可以称作抛短锚操纵。

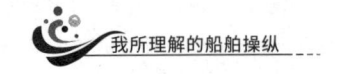

国内南北线船舶的驾驶员自引自靠，有些驾驶员还没到泊位时就开始抛外挡短锚，毫无疑问，这种做法既容易控制船首航向又会使船速进一步降低。我们更进一步，当本船抵达码头泊位前沿水域的时候，驾驶员只要松长外挡锚链，那么抛短锚操纵就会变成抛开锚操纵。抛开锚使靠泊变得相对简单，因为驾驶员容易控制船首和船尾。不仅如此，抛开锚也会有助于驾驶员进行离泊操纵，驾驶员只需收紧锚链并通过车舵配合就能够让本船离开码头泊位。

关于抛短锚操纵写得差不多了，我们接着另外一个话题，即驾驶员一般抛锚时需要出多少节锚链的话题。可以说，正规管理公司的 SMS 体系文件都会对驾驶员停泊用锚时的出链长度作一番规定，驾驶员肯定也会遵守管理公司的相关规定。但如果是引航员抛锚，这种规定可能就要被打破了，他们经常不管船舶尺寸大小，对于 20～30 米的水深一般也就抛 4～5 节链长的锚链。但这种做法经常引起船长的不满，说出链长度过短会有走锚的风险。引航员只得解释这种出链长度不会走锚，理由是其他锚泊船也是这种出链长度，但船长多半还是会持半信半疑的态度。关于这点，如果我们把管理公司的规定放在一边不说，正如前面章节讲过的，当本船锚泊时，转心位于海底平铺链长与悬垂链长的交点处，锚泊船都是围绕这个点进行旋转的，只不过这个点会随风浪流的变化而变化。当大部分锚泊船的出链长度都差不多时，引航员正是观察到其他锚泊船的锚链俯角非常小，所以会认为4～5节的链长能够确保本船始终都有一部分锚链平卧于海底，因此锚泊力是足够的。笔者这样写的目的不是鼓励驾驶员抛锚时出链长度越短越好，而是想让驾驶员对本船的锚泊力有比较客观的认知。

当本船抛锚后，假如说天气海况没有发生剧烈变化，本船平卧于海底的那一部分链长就基本保持不动，转心位置也将始终大概在交点位置不变。转心位置到船尾的距离决定了本船的旋回圈。对于驾驶员来说，在抛锚前估算本船和相邻锚泊船的旋回圈很重要，因为驾驶员无论如何都不希望两两相邻的锚泊船在围绕各自转心旋回时发生碰撞。在具有均匀流场的水域里，两两相邻的锚泊船在转流时的旋回几乎是同步进行的，这种情况下驾驶员在考虑指定抛锚位置时，假如说本船尺寸较相邻锚泊船大，那么驾驶员只需考虑相邻锚泊船在本船的旋回圈之外就可以了；反之，如果说本船尺寸较相邻锚泊船小，则驾驶员的抛锚位置就得尽量远离相邻锚泊船的旋回圈。在航道边上如果说锚泊船众多，我们经常会发现两锚泊船的间距小到只比其中一艘锚泊船的船长尺寸多一点，其实这都是基于均匀流场考虑的。当两锚泊船的间距如此小时，其实也是锚地拥挤的反照，驾驶员想找个距离其他锚泊船较远的位置抛锚一般概率很小。假如说真有这种可能，那么过不了多久本船附近空档水域也会被其他新到的抛锚船占据，广州东江口的小船锚地就经常出现这种情况。就船舶操纵实践而言，在船多拥挤的锚地进行抛锚操纵是很需要技术含量的，具体来讲，锚位的选择、进出锚地路径、船速控制、出链长度、旋回圈大小等都非常考验驾驶员，要是其中一环做不好就会影响到整体。比如驾驶员好不容易到了抛锚位置抛锚，但松出锚链太长又导致抛锚后太过靠近后面的锚泊船，其实说白了还是抛锚位置没有达到最佳。

我们再谈一下本船在非均匀流场水域里的锚泊船情况。在前面的章节中我们讲过可能出现乱流的一些水域，假如说本船没有其他水域可以选择，而只能在乱流水域里抛锚，驾驶员就会发现这种水域里两两相邻锚泊船的船首向经常不一致。驾驶员需要记住，容易出现乱流水域的地方水流一般也急，当本船不得不在乱流水域里抛锚时，就应该抛出更长的锚链并且与相邻锚泊船保持更远的距离。这种情况下，驾驶员就得确保本船锚泊时的旋回圈不能与相邻锚泊船的旋回圈交叉。

船舶操纵实践中，驾驶员如果没有对抛锚水域环境进行深入的了解，是很难精确判断抛锚水域是否为均匀流场，多数情况下只能通过其他锚泊船的船首向进行大概的判断。驾驶员有些时候虽然假设抛锚水域为均匀流场，那么同样尺寸的两艘锚泊船，也可能会因为吃水不同，造成风流影响不同，以致两锚泊船无法同步转向，或者说两锚泊船在旋回转向后的船首向很难达成一致。正因为如此，驾驶员在选择抛锚水域时，除非锚地锚泊船众多需要另做打算之外，不然最好按照周围锚地水域为非均匀流场考虑，这样才能保证本船抛锚时的锚位与其他锚泊船有更远的距离，本船也会更安全。

那么，驾驶员该如何抛锚才能确保本船与相邻锚泊船的旋回圈不会交叉？这与驾驶员到抛锚地点的行驶路径有很大关系。多数驾驶员会选择顶流进入锚地，并在其他锚泊船的尾部抛锚，即所谓的顶流抛锚法。这时驾驶员在考虑本船的旋回圈时，只要保证锚位距离其他锚泊船的船尾至少有 2 倍的本船长度与链长之和就行了，即 $A_{本顶} \geqslant 2 \times (L_{本} + L_{链})$。有的驾驶员说顺流进入锚地，不想掉头而直接在他船的船首抛锚，那么该如何确定本船锚位？这种情况下就必须考虑本船抛锚后会发生旋回转向及他船的旋回圈，所以 $A_{本顺} \geqslant 2L_{本} + L_{他} + 3L_{链}$，即本船到他船的距离为至少 2 倍的本船长度加上 1 倍的他船长度再加上 3 倍的链长。驾驶员是不是可以自己考虑一下本船横流进入锚地，那么本船抛锚位置到他船距离

是不是 $A_{本横} \geq L_本 + L_他 + 2L_链$？这边有必要说明一下，以上公式均假设驾驶台位置在本船的船尾，且他船出链长度与本船相等。就船舶操纵实践而言，当锚地锚泊船的船首向都差不多且他船与本船差不多尺寸时，以上公式还可以进一步简化，即驾驶员考虑本船抛锚位置到他船的距离时，只需 $A_{本顶} = A_{本横} \geq 2L_本$ 或者 $A_{本顺} \geq 3L_本$ 即可。事实上，在锚泊船众多的水域附近抛锚时驾驶员都是这样考虑本船的锚位的。

本书并不建议顺流或者横流进入锚地，驾驶员读了本书也应该知道，顺流进入锚地有各种弊端，比如船速不好控制、舵效丧失早、倒车越久螺旋桨的致偏效应越多、锚位不好控制、抛锚掉头转向可能导致走锚，等等。同样，横流进入锚地，本船相当于斜着航行，当距离抛锚地点越近时，驾驶员减速可导致风流影响越大，同样有碰撞其他锚泊船的危险。这样的案例肯定不少见，比如有些驾驶员就是想走捷径，一不小心被水流压到其他锚泊船上，那么就没补救的机会了。按照本书的观点，驾驶员最好遵守顶流进出锚地的原则。写到这里，不知驾驶员会不会还有想法，比如本船原来在航道里顺流航行，那么进入锚地时再掉头操纵岂不是很麻烦？关于掉头操纵，驾驶员在看了本书相关内容后，应该不会有任何问题。

我们再介绍一下顺流抛锚掉头操纵。国内南北线自引自靠的驾驶员肯定对此深有体会。比如，狭窄航道内的本船靠泊操纵，假如说码头前沿水域是顺流，那么驾驶员一般需要抛短锚掉头操纵以便能够顶流靠泊。对于驾驶员来说，首先，寻找可供掉头的水域空间。一般我们认为所需的掉头水域空间应不小于2倍的船长距离，这也是顺流抛锚掉头所需要水域空间的底线。有时候码头前沿水域空间并不满足这样的条件，驾驶员别无选择，要么提前掉头，要么推迟掉头。当然，推迟掉头比提前掉头好，主要原因是驾驶员掉头后不需要再后退靠泊。其实离码头也一样，如果码头泊位前沿水域空间不足，驾驶员该推迟掉头就得推迟掉头。曾听说××船在防城港外离泊掉头时船底刚好触碰到了浅点，驾驶员如果当时能够意识到浅点存在而寻找其他掉头水域空间就好了。这里顺便说一下，即使掉头水域空间足够，驾驶员也不宜选择在一些敏感水域掉头，比如航道的弯曲地段、桥区、警戒区、禁掉区、干支流交汇处，等等。其次，寻找合适的下锚点，这主要取决于当时的船舶密度。如果说航道水域船舶流量大，那么就不宜在航道中间位置抛锚掉头，而应选择在航道边缘掉头。在航道边缘我们说还是有好处的，通常来讲，航道中间比航道边缘水深更深，流速更快，驾驶员选择航道边缘掉头，那么航

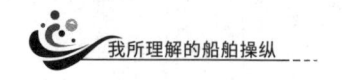

道中间的水流速度更快,更方便本船进行掉头转向。虽然如此,驾驶员选择航道边缘掉头,还需要警惕船尾如果甩过头可能就出不来的问题。为避免这种尴尬,驾驶员无论如何都得控制船尾与水浅一侧的距离,即本船不需要旋回180°。第三,抛锚之前需要与流向保持一定的夹角,这个夹角很重要,本船在掉头过程中将朝哪个方向偏转通常也是取决于这个夹角。写到这里,驾驶员会不会想到需要抛哪一舷侧锚的问题。一般来讲,朝哪边掉头就抛哪一舷侧的锚。当然,如果航道非常狭窄,驾驶员也可以抛外挡锚。第四,顺流抛锚掉头时的出链长度。我们说,顺流抛锚时本船通常具有一定的余速,而且掉头过程中本船惯性对锚链负荷也有一定的影响,所以出链长度宜控制在 2.5～3 倍的水深。驾驶员需要记住,正常掉头过程中本船的前后速度会下降到接近为零的状态,假如说驾驶员在掉头过程中发现本船出现明显的前伸后缩,那就说明锚链负荷太大,本船有走锚的风险,驾驶员宜用车舵进行控制,而不宜出更多的锚链。有的驾驶员可能会说,顺流抛锚时如果锚链松出越多是否越好?这样不一定正确,因为松出的锚链越多,驾驶员越难控制顺流抛锚过程中的掉头位置,搞不好就会出现其他险情。驾驶员如果想要更大的锚泊力,可以在掉头后视情况松出更多的锚链。第五,驾驶员如果想让顺流抛锚时的旋回圈更小，风向也是驾驶员需要重视的一个问题。在船舶操纵实践中，风向和流向很少能够达成统一，尤其在河道里抛锚更是如此。驾驶员选择顶风抛锚，将会有更小的旋回圈。

我们常见的港内顺流抛锚掉头操纵都是1万载重吨或者以下的小型船舶居多，而中大型船舶一般在港内都会有拖轮协助掉头操纵，关于这点将在后面的章节慢慢介绍。我们接下来将讨论走锚的话题。关于本船的走锚，有多种判断方法。前面我们讲过，驾驶员如果在一些敏感地段或者风流较大的水域抛锚，就得警惕本船走锚的危险；另外，锚泊船如果重载或者出链长度较短，也容易走锚。本船走锚时，最为明显的特征是船舶轨迹离开驾驶员原先设置好的锚泊警戒圈。驾驶员可能会问，抛锚后如果忘记设置锚泊警戒圈怎么办？要回答这个问题，还是得回到锚链的负荷上来。当本船有走锚风险时，此时锚链方向将位于上风舷，并且始终于处于绷紧状态。当然，此时本船不一定走锚，只不过锚链负荷有点大；如果说锚爪不再固定于同一处海底时，就发生走锚了。当走锚时，驾驶员将会发现本船一直是在后退的，这也是本船船位超出锚泊警戒圈的原因。另外，从船舶轨迹的角度来看，驾驶员会发现走锚船的轨迹基本呈"I"字型变化，而不是原来的圆弧形状或者半圆弧形状。有

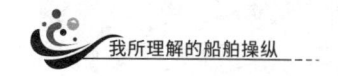

些驾驶员认为走锚时锚链会发生间歇性的剧烈抖动，这可能跟海底不平或者驾驶员在走锚之前的出链长度不够有关，导致锚爪间歇性脱离海底。另外，有些资料提到无杆锚在海底持续被拖动之下，锚爪将翻转180°，这可能是锚链与锚爪方向不一致时的走锚。当锚爪不再固定于海底时，事实上本船在后退过程中也容易呈现出横向受风流状态，所以说驾驶员如果发现本船的船首向与附近其他锚泊船的船首向不一致，就得寻找原因了。

当驾驶员发现本船走锚后，是否要抛另一舷侧的锚需视情况而定。如果说此时本船距离碰撞危险还有很长时间，驾驶员完全可以不要担心，只需要备好车后把锚链收起来再重新抛锚即可。在船舶操纵实践中，有些资深驾驶员碰见这种情况可能不管不顾，在他们看来，本船即使走锚也不会发生什么险情，而且风小了锚爪又将重新固定于海底，没必要大惊小怪。这虽然没错，但一般有责任心的驾驶员还是会考虑重新起锚抛锚。我们继续，如果说驾驶员在本船走锚后预见会发生险情，就有必要先抛另一舷侧的锚链了。这里顺便说一下，驾驶员抛另一舷侧的锚链时只要出大概2倍水深的锚链即可，过多锚链将无法及时把船定住。有的驾驶员可能会说，如果加抛另一舷侧的锚链会不会使锚链发生绞缠？答案是不会。首先，本船走锚时，最先抛出的锚通常会位于上风舷，而且呈现持续绷紧状态，而后面抛的短锚为下风舷锚，两者不会发后冲突；其次，左右锚链孔有一定的间距，这样两者发生绞缠的可能性更小。驾驶员也不要认为下风舷的短锚能把船定住了，于是就不需要再采取行动了，这只是临时措施，如果风速变大了，本船还是会有走锚的可能。另外，驾驶员如果不再采取行动的话，当风速减小以后，两边锚链还是会有发生绞缠的可能。有的驾驶员可能会说，发现走锚后如果继续松长锚链行不行？这样不行，因为松长锚链很难保证锚爪将会重新抓底成功，而抛另一舷侧的锚概率会更大些，再说也不容易漂到更远的地方。船舶操纵实践中，有时候驾驶员发现本船太过靠近其他锚泊船，也不一定是本船在发生走锚，也有可能是他船在发生走锚，特别是驾驶员发现本船太过靠近处于上风舷的其他锚泊船时，就基本可以断定是他船而非本船在发生走锚，驾驶员碰见这种情况，除了要告诉其他锚泊船外，自己也要做好备车起锚再抛锚的准备。

总体来讲，正常锚泊时本船发生走锚的概率会比较小，而只会围绕某一中心点做周期性的摆动，船舶操纵把这种现象称为偏荡运动。有的驾驶员可能认为本船的偏荡运动一般只会出现在风浪比较大的水域。没错，但确切地说，只要存在风浪流，锚泊船一般就会产生偏

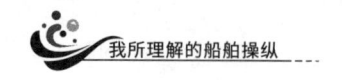

荡运动，只是有时候不明显，有时候明显。当偏荡运动不明显时，本船通常只有左右横向运动，而没有前后纵向运动；当偏荡运动明显时，本船除了横向和纵向运动外，还将产生上下颠簸和左右横摇现象。毫无疑问，风浪流的影响加大了。驾驶员如果将锚泊船的轨迹放大的话，就会发现，本船的偏荡运动将围绕某一新的中心点展开，而且这个中心点将更加靠近锚泊船的锚爪位置。驾驶员如果仔细观察的话，当风浪流影响加大时，锚泊船新的摆动轨迹也会离开原来的摆动轨迹区间，而且可能更加杂乱无章。驾驶员会不会因此担心这种现象本船是不是走锚了。要判断本船是否走锚，最为重要的是看船位是否离开原来的锚泊警戒圈或者说本船是否有持续的后退速度；另外，假如说附近有其他锚泊船的话，驾驶员也可以对本船与他船的船首向进行比较，如果本船真的在发生走锚，驾驶员总能看出端倪。有的驾驶员可能会说，即使本船没有发生走锚，但也不想偏荡太过剧烈。减轻偏荡有以下几种措施：1. 增加吃水，特别是增加船首吃水。当本船或者船首重量增加了，偏荡现象可能也就没那么厉害了；2. 将单锚泊变为八字锚。这里顺便说一下，驾驶员在抛八字锚后务必把两个锚链收紧，使之受力均匀，否则还是很难减轻偏荡。一般万吨级以下的小船都会采取这种方法减轻偏荡；3. 加抛止荡锚。

大型船舶只要另外一舷松出 1.5～2 倍水深的锚链就能有效减轻偏荡。而且前面我们也分析过，只要风浪流没有减小的迹象，双锚基本不可能发生绞缠现象；4. 如要说上述措施还是无法减轻偏荡，驾驶员就需要车舵配合了。当驾驶员需要利用车舵顶住风浪时，此时也可以将锚链收起来，但这种情况下船员在前面进行收锚作业可能不怎么安全。

这边说一下如何抛八字锚。在没见过如何抛八字锚之前，我们可能以为抛八字锚会很难，因为根据八字锚的示例图片，八字锚抛好后本船的两个锚点连线基本与风向垂直，而且左右锚链基本差不多长度，在实际船舶操纵中应该很难做到这一点。后来有幸见过小船船长利用八字锚过驳作业，他们的做法与船舶操纵中讲的不一样，对他们来讲关键是要看装卸位置在哪里，再具体确认左右锚的下锚位置。但不可否认，船舶操纵中讲的是如何利用八字锚抗台，这与小船如何利用八字锚过驳不一样，所以驾驶员想利用八字锚抗台，还是得找准风向抛锚。我们举个例子，台风来临之前，驾驶员如果想将单锚泊改为八字锚，一般需要先将原来的锚链缩短至 4～5 节甲板，在确保锚链有朝前受力的倾向之后，改变航向 45°～75°让船首朝未抛锚的一侧行驶，在大约前进 100 米后，当原来锚链有受力的倾向后，驾

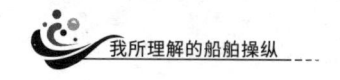

驶员就可以调整航向，让船首呈顶风状态再抛出另外一舷的锚。当第二个锚抛下去以后，驾驶员就可以松出第二个锚的锚链，并确保与原来的锚链差不多链长即可。这里顺便说一下，如果驾驶员觉得左右锚的抛锚间距还是比较小的话，驾驶员在抛出另外一舷的锚之前还是可以继续松出第一个锚的链长，从而使左右锚的间距变大一些。有的驾驶员可能会说，抛八字锚的时候如果无法做到本船的两个锚点连线基本与风向垂直怎么办？驾驶员只需等待本船稳定下来再将两个锚链调整至同等程度受力即可。这点很重要，如果两个锚链没有同等受力，那么转流时就有可能使双锚发生锚链绞缠。驾驶员可能继续说，锚泊船的稳定状态是风浪流影响下的某种平衡状态，所以在抛第二个锚时不能只看风的来向。这个很好解决，驾驶员在抛第二个锚之前只需参考附近其他锚泊船的船首向就可以了。当然，本船在抗台时一般也是要等到风力6～7级的时候才将单锚泊改为双锚泊，我觉得看风的来向也没有错，因为当风力影响增大时，风向将很大程度上决定流向和浪向，正所谓风流和风浪就是这么叫过来的。这边顺便讲一下，关于八字锚还可以有多种抛法，比如抗台时一般抛的是正八字锚，船首靠泊时抛的是倒八字锚，地中海式靠泊抛的是正八字锚，驾驶员在只有一个浮筒系泊船尾时抛的也是正八字锚，等等。

  在船舶抗台中，驾驶员抛八字锚的概率会小一些，而更常用的抗台方式是抛平行锚。毫无疑问，驾驶员抛平行锚的锚泊力会比八字锚大很多，因此更不容易走锚。驾驶员抛平行锚的时候一般是在顶风的时候同时抛下左右两个锚的，但在船舶操纵实践中，驾驶员在抛锚之前很难做到真正的顶风，一般都会与风向形成一个比较小的角度；另外，在抛锚作业的过程中，左右锚机的水手也很难做到将双锚在同一时间内抛出。驾驶员可以想象一下，如果在抛锚作业过程中不小心先抛下风舷的锚，再抛上风舷的锚，此时两个锚的下落地点会不会距离很近？这种情况如果避免不了，大副在船首指挥时务必保证先出上风舷的锚，再出下风舷的锚，这样就能最大限度地保证双锚的下落地点不会彼此太过接近。驾驶员也不用担心会形成八字锚，因为如果抛出的锚链足够长，两个锚链的方向还是基本平行的。当两个锚链松出足够长后，驾驶员需要将两个锚链调整到均匀受力的状态，这样就能最大限度地避免锚链发生绞缠。有的驾驶员可能会说，万一锚链发生绞缠怎么办？如果驾驶员操作正确，锚链发生绞缠的概率很低。但如果说驾驶员不想在台风过后风力降为 6～7 级的时候将平行锚及时改回单锚泊，而是等到风力完全变小时再换为单锚泊；驾

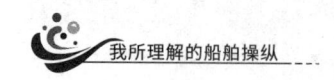

驶员如果这样做，双锚发生绞缠的概率就会比较大。就船舶操纵实践而言，如果从风力发生改变的角度讲，台风前和台风后风力最多变化180°，因此本船最多旋转180°，此时两个锚链发生绞缠最多也就"半花"，即两个锚链交叉一次，驾驶员还是会很容易清解锚链的。

我们再讨论一下一字锚。按照本书的观点，一字锚主要运用于河道宽度不够的水域，经常在珠江水域里看到内河船舶抛前后锚以避免发生旋转。毫无疑问，内河船舶利用前后锚抛一字锚就比一般商船用左右锚抛一字锚更有优势，毕竟内河船舶的船身能够与首尾锚链形成真正的"I"字形，驾驶员也无需担心转流时船首会发生变化。就一般商船而言，驾驶员通常只能利用船首左右两个锚在河道里面抛一字锚。当驾驶员抛一字锚时，不管是顶流前进抛锚法，还是顶流后退抛锚法，驾驶员在抛第一个锚时需要一次性松出7～8节的链长；当第一个锚受力后就可以抛第二个锚并松长锚链，并收紧第一个锚的锚链；当一收一紧的两个锚控制差不多链长时，则说明一字锚已经抛好。有些驾驶员可能认为顶流后退抛锚法不利于控制船首航向，但驾驶员在抛惰锚之前还是能够利用车舵对船首位置进行调整的。这里顺便说一下，驾驶员如果想在顺流的时候抛一字锚就没那么简单了，毕竟船首航向没那么好控制。有驾驶员可能会问，本船有左右两个锚，在抛一字锚时到底先抛左锚好，还是右锚好？驾驶员记住一句话，抛锚遵循顶风流原则，所以当风向知道了，此时不管是顶流前进抛锚法，还是顶流后退抛锚法，驾驶员应该很清楚要先抛哪一舷的锚。如果我们更进一步，当一字锚的船首对准风向时，本船转流时的旋回圈轨迹最多呈半圆弧形状。当然，这主要取决于抛锚时惰链的受力情况，如果说惰链受力很大，那么抛一字锚的本船发生转流时，船尾摆动的幅度就很小。一字锚有个特点就是两个卧底锚链当中，永远只有力锚受力，但力锚的链长一般不会很长，可能也就3～4节甲板的长度，所以本船还是会有走锚的风险。针对这种情况，有经验的驾驶员一般都会在抛一字锚时，让力锚比惰锚多一节左右的链长，从而降低本船走锚的风险。另外，当本船发生转流时，惰锚和力锚相互转换，驾驶员需要警惕原来的惰锚变为力锚但锚泊力会相应减小。针对这种情况，驾驶员最好重新调整力锚和惰锚的链长，以让本船有更好的锚泊力。驾驶员抛一字锚相较于八字锚和平行锚而言，锚链最不容易发生绞缠，这主要从一字锚的锚链呈"I"字型考虑，即使风向发生改变时，一字锚的船首只会围绕力锚旋转，力锚和惰锚的锚链不会相互碰到。不知驾驶员有没有想过这样一个问题，本船在河道里抛一字锚，驾驶员通常都

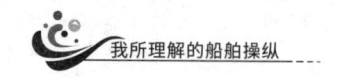

是让船首受风并朝向岸侧的,这种情况下如果风向突然发生180°改变,船尾有没有可能被甩向岸侧?这种情况发生的可能性还是会有的,但如果说驾驶员加大惰锚的受力程度,那么船尾朝向岸侧转向的概率就会变小,毕竟惰锚能够很好抑制一字锚的船首发生偏转。另外驾驶员也还是能够利用舵或者车舵形式,以减缓船尾朝向岸侧旋转的趋势。这里顺便说一下,本书虽然认为驾驶员很少有机会在河道里抛一字锚,但不可否认,一字锚作为八字锚的基本功,驾驶员无论如何都要掌握好抛锚要领。

有资深驾驶员曾说过,如何用锚比靠离码头还难,这个认知没错,因为抛起锚作业在某种程度上是比靠离码头更难的技术活。比如停泊用锚,驾驶员抛锚时要考虑抛锚位置,要吃透风流影响,要选择进入锚地路径,要控制好船速,等等,这每一步都在考验驾驶员。再比如操纵用锚,虽然本章我们只讲解了抛短锚和抛锚掉头,其实本质都是在考验驾驶员如何利用锚控制船首和船尾。同样,假如说驾驶员没有亲身经历过双锚作业,比如八字锚、平行锚、一字锚,等等,仅仅依靠船舶操纵的理论知识是远远不够的,驾驶员最好有机会参与其中。驾驶员务必意识到锚的重要性,做到能用则用,能用尽用。比如,本船停靠在有涌浪的码头泊位,驾驶员

第九章 船舶用锚

如果能够松出大约 1.5 倍水深的锚链，那么就能够缓解本船在系泊后的偏荡运动。曾听说有船长利用此方法在港内有效地抵住了海啸的侵袭，而其他系泊船全部缆绳断裂，并被海啸冲向陆地。

第十章 侧推器的运用

第十章　侧推器的运用

严格来讲，这一章应叫作艏侧推器的运用，毕竟兼有尾侧推器的船舶比较少。这主要与船舶的操纵性能特点有关，因为船尾能够利用车舵进行控制，所以没有安装尾侧推器的必要。虽然如此，在现有的船舶当中，安装有艏侧推器的船舶也不多，比如远洋散货船就基本没有安装艏侧推器，这主要考虑到远洋散货船靠离码头泊位的次数较少。笔者这两年接触国内南北线的船舶比较多，也没什么机会接触有艏侧推器的船舶，所以在写本书时，笔者只能按自己原来的记忆进行描述。

我们就假设本船装有艏侧推器吧，不然写作就没法开展下去。艏侧推器是一个比锚好用，但比拖轮难用的操纵设备。本船如果装有艏侧推器，驾驶员在一定程

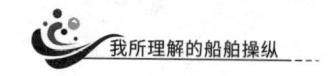

度上就不需要进行抛开锚靠泊了。另外，如果说本船打算进入锚泊船众多的锚地里面抛锚，或者说本船需要在狭窄水域内原地掉头转向，这时艏侧推器也能够派上用场。不知驾驶员会不会认为只要有车舵，本船进入锚地就不需要艏侧推器协助了？笔者建议驾驶员最好还是备着艏侧推器，毕竟不怕一万，只怕万一。曾听说××船差点出这么一个事故，船长抛好锚后但交管还是觉得××船距离前面的其他锚泊船太近，所以要求船长重新移锚位。船长不想轮机员太麻烦，所以只备车但不启动艏侧推器。结果××船后退时，船首被吹向了下风舷，船长觉得不对劲赶快通知船首大副立即抛锚。不用说，××船还得再起锚后退，并重新定位抛锚。××船在第一次后退时，如果船长能够依靠艏侧推器进行协助，那么后退操纵也就不会那么尴尬了。

不知驾驶员会不会想到这样一个问题，艏侧推器好不好用是否会有一个标准？在笔者印象当中，即使本船安装有艏侧推器，但在港内靠离泊操纵时，很多引航员宁愿相信拖轮也不相信艏侧推器，这其实是引航员担心艏侧推器不好用。假如说艏侧推器的功率能够达到主机倒车功率的10%以上，就会觉得艏侧推器就相当好用了。这里解释一下为什么是10%。前面提到过，排出流横向力会占到相应主机倒车功率的10%，排出流横向力使本

第十章 侧推器的运用

船发生偏转，而艏侧推器就必须能够克服这种偏转。远洋船舶艏侧推器功率基本在主机功率的5%～10%，如果换算成主机倒车功率的百分比，也能达到主机倒车功率的10%甚至更多，这对于驾驶员来说的确够用了。有的驾驶员可能会说，既然艏侧推器够用，为什么引航员还需要拖轮协助呢？这取决于当地的风流环境，就船舶操纵实践而言，当风力大于4级或者流速大于1节时，艏侧推器可能就难以发挥出作用。这里顺便说一下，如果本船有拖轮协助，那么驾驶员评价拖轮是否好用的衡量标准，也是拖轮是否能够克服排出流横向力。

按照本书的观点，艏侧推器的作用首先是能够帮助本船克服偏转。比如本船静止时，驾驶员如果利用艏侧推器并结合车舵一起使用，那么本船将产生3种横移现象：左前方横移、右前方横移、右后方横移。确切地说，本船在艏侧推器的帮助下，是在进行斜移运动，而不是横移运动。有的驾驶员可能会说，虽然本船能够借助于艏侧推器进行斜移运动，但与驾驶员所需要的靠离泊还是差了一丁点，毕竟驾驶员靠离泊需要的是本船平移运动，而不是斜移运动。这个判断没错，但驾驶员想象一下，本船靠泊位时的船首航向一般是呈顶风流方向的，假如说风流合力刚好与螺旋旋进车作用力抵消，那么本船就能够平移靠泊。这里顺便说一下，艏侧推器既然可

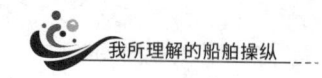

以帮助本船平移靠泊，那么也一定能够帮助本船平移离泊。比如本船离泊时，驾驶员可以通过舵角朝里，艏侧推器作用力朝外这种操纵方式，理论上也是可以让本船平行离开码头泊位的。当然，这种操纵方式主要适用于本船在无风流水域时的离泊操纵。假如说本船在离泊期间船首比船尾离开得更快，驾驶员可以通过短暂的进车使船尾进一步拉开；另外，驾驶员也无需担心本船会产生多少进速，因为短暂的进车对进速影响非常有限。这边更进一步，驾驶员如果不想让本船迅速离开码头泊位，还可以降低艏侧推器作用力，缓一缓船首离泊速度。写到这里，不知驾驶员会不会觉得靠离泊时本船只需要横移运动，而不需要斜移运动。驾驶员如果在前后无遮挡的码头泊位靠离泊时，还是经常需要用到"斜移"操纵技术，特别是当本船大角度靠泊时。当然，这里讲的"斜移"操纵技术可不是向左前方或者向右前方横移这么简单，驾驶员需要能够恰到好处地利用车、舵、艏侧推器缩小本船与泊位的夹角。有个英语单词叫"Skidding"，那么如果翻译成中文叫作"侧滑"，这个中文翻译应该能够形象地表达这种操纵技术。

　　艏侧推器的第二个作用是帮助本船进行旋转。前面我们说过，本船是围绕其转心位置进行旋转的，假如说艏侧推器作用力距离转心位置越远，本船转向越多，横

第十章 侧推器的运用

移越少；反之，艏侧推器作用力距离转心位置越近，本船转向越少，横移越多。船舶操纵讲过，当本船速度超过 4 节时，艏侧推器就基本没什么效果，说的正是艏侧推器发挥不了转向效果。驾驶员可以自己想象一下本船速度超过 4 节时的转心位置，就知道艏侧推器发挥不出转向效果的原因了。毫无疑问，驾驶员想发挥出艏侧推器的转向效果，就得让船速低于 4 节。写到这里，不知驾驶员会不会联想到我前面讲过的正常抛锚时能够允许的最高船速？的确，艏侧推器发挥出作用效果时能允许的最高船速与正常抛锚时能够允许的最高船速还是有一致性的。

当本船速度低于 4 节时，我们就可以利用艏侧推器的另外一项功能，即驾驶员可以借助于艏侧推器对本船进行控制，以弥补低船速时舵效的不足。船舶操纵实践中，驾驶员需要利用艏侧推器进行转向的常规操作当中，还包括掉头操纵。这里需要提醒一下驾驶员，本船静止时，驾驶员如果想借助于艏侧推器进行掉头转向，那么在转向过程中艏侧推器还会使本船产生额外的向前速度，这主要是因为水流通过艏侧推器的管弄时，船首将产生一定的负压造成本船不自觉地向前移动。这里顺便说一下，驾驶员如果想借助艏侧推器发挥出掉头转向操纵的最大效果，那么本船最好有轻微的后退速度。

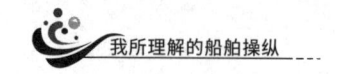

我们继续讨论艏侧推器的其他功能。当本船倒车后退时，按照本书的观点，艏侧推器还可以当"舵"使用，这是不是与前面讲的拖锚倒行有些类似？没错，当本船倒车后退时，驾驶员也可以利用艏侧推器来控制船尾航向。笔者以前在新加坡 Keppel Terminal 的时候，曾有引航员利用艏侧推器将一艘集装箱船从 K23 泊位后退移驳到 K13 泊位，集装箱船在后退过程中需要涉及两次转向操纵。引航员在操纵过程中也只依靠艏侧推器及车舵；拖轮虽然当时在旁边待着，但引航员并没有让拖轮协助转向。这种操纵技术，可以说引航员对车舵和艏侧推器的把控非常完美，因为这种利用艏侧推器的操纵方法并不容易，首先，本船倒车后退时，驾驶员的视线感觉将变得完全不一样，如果说驾驶员没有驾驶过前驾驶类型的船舶，这种视线感觉还不一定能适应过来。其次，本船后退时的转心在距离船尾大约 1/4 船长位置，驾驶员需要利用艏侧推器进行大幅度摆动船首才能引起船尾航向的明显变化；假如说驾驶员不具备过硬的目测串视线知识，当船首进行小幅度改变时，驾驶员可能感受不到船尾航向的变化。第三，从对艏侧推器发号施令开始到船首横向力的产生通常会有 10 秒钟左右的延迟，驾驶员如果没有考虑这个时间差也会导致船尾航向控制不好。第四，风流也会影响到艏侧推器的作用效果，本船倒车

第十章 侧推器的运用

后退时，驾驶员应注意艉侧推器作用力朝下风舷方向与朝上风舷方向时的区别，两者的转向效果不一样。写到这里，驾驶员应该也注意到了本船倒车时的螺旋桨产生的致偏效应同样也影响到了艉侧推器作用的发挥，这里就不再叙述。

第十一章 拖轮协助

第十一章 拖轮协助

　　这一章的标题叫作拖轮协助，驾驶员千万不要认为如何利用拖轮只是引航员需要关心的事，其实如果国内南北线船舶跑多了，驾驶员还是会发现有一些码头泊位强制要求拖轮协助，所以驾驶员有必要学会如何使用拖轮。有的驾驶员虽然能够利用外挡锚把靠离泊操纵玩得很溜，但如果码头泊位强制要求配置拖轮了，他们就会不知所措，以致得不偿失。这就是驾驶员不懂如何使用拖轮的错。

　　我们首先讨论一下拖轮的种类。现在拖轮各种各样，用途也分得越来越细，如果按照航区分类，可以将拖轮分为外海拖轮和港作拖轮。对于驾驶员来说，港作拖轮可能会接触更多一些，所以本章将以讨论港作拖轮为主。一般大型港口都会有形形色色的码头以容纳不同种类、不同大小的船舶。对于驾驶员来说，所需的港作拖轮也会因为船舶不同而不同。我们举个例子，一艘只有几千载重吨的成品油轮靠泊时，如果港口提供一艘大功率拖轮协助驾驶员进港操纵，其实有些不合适。假如说这种拖轮在成品油轮的船首缆跟船的话，驾驶员可能因此难以控制航向。驾驶员应该清楚，不同大小的船舶需要的拖轮总推力不一样，如果说两者相差太大肯定不合适。可能有驾驶员认为大部分港作拖轮的推力都是3000～5000马力，因此差别都不大。港作拖轮根据不同的螺旋桨结构，可以分为FPP型、CPP型、ZP型和VSP型四种。就算这四种类型拖轮的前进推力都是3000～5000马力，后退推力也会有差别，所以不能一概而论。更何况FPP型和CPP型拖轮一般被称为传统拖轮或者老式拖轮，这主要是因为这两种类型拖轮出现得比较早，它们的实际前进推力可能低于3000马力。恰恰相反，ZP型和VSP型拖轮属于后来的技术产品，所以被称为现代拖轮。后面两种类型拖轮总推力是3000～5000马力为再正常不过的事，甚至有些后面造的现代拖轮推力可能是5000～8000马力。有的驾驶员可能会说，传统拖轮通过技术革新，总推力超过3000马力也很正常。虽然如此，我还是想说传统拖轮操纵不方便，比如很难进行斜拖，而且后退推力相比较前进推力也是大打折扣，所以在一般大型港口中传统拖轮并不多见。

一般来说，驾驶员应能从拖轮外观上区分出不同种类的拖轮。我们先比较一下传统拖轮与现代拖轮的区别。第一，这四种类型的拖轮外观虽然看起来都像是普通商船的缩小版，但如果仔细比较，传统拖轮的长宽比较现代拖轮大，所以传统拖轮看起来更像普通商船，而现代拖轮的外观会比传统拖轮肥胖很多。第二，传统拖轮的个头尺寸比现代拖轮小，吃水一般不超过3米；而ZP型拖轮吃水通常在3～4米，VSP型拖轮吃水则可能超过5米。第三，为弥补操纵不灵敏的缺陷，有些传统拖轮可能额外安装舷侧推器，所以驾驶员会在传统拖轮的舷侧看到画有舷侧推器的标志，而现代拖轮操纵性能好，一般不会安装舷侧推器。至于如何区分传统拖轮是FPP型还是CPP型，只能依靠拖轮螺旋桨的排出流进行区分。FPP型拖轮停车时螺旋桨不具有排出流，但CPP型拖轮停车时螺旋桨还在转动，所以驾驶员会看到CPP型拖轮在停车后一直有排出流产生。我们再从传统拖轮的操纵特点考虑，传统拖轮不适合生存在有风流的港口当中，毕竟拖轮驾驶员一边要协助商船操纵，一边要克服风流影响，并不是件容易的事；另外，传统拖轮本身

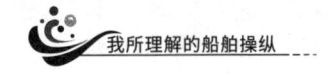

推力有限，对商船协助也会显得能力不足。有的驾驶员可能会说，好多港口外面都设有防波堤，里面的码头泊位受风流影响会比较小，这种港口会不会存在传统拖轮？关于这个问题，只能说防波堤里面的码头泊位如果只适合小型船舶进行靠离泊或者说进入码头泊位的航道非常狭窄或者非常浅，那么传统拖轮就有存在的必要。

我们再比较一下 ZP 型拖轮与 VSP 型拖轮。ZP 型拖轮的外观应具有以下特征：1. 甲板从上往下看可能呈半椭圆或者椭圆形状，呈半椭圆形状的 ZP 型拖轮会比较多；2. 船首比船尾更高、更坚固、更适合顶推操纵；3. 绞缆机设置在生活区的前面；4. 推进器位置在拖轮的尾部；5. 驾驶台前面视线会比较好，烟囱可能会挡驾驶台后面的视线。ZP 型拖轮的这些外观特征都与传统拖轮比较相像，只不过是将推进器类型进行改变罢了。我们再看一下 VSP 型拖轮的外观特征：1. 从上往下看甲板可能呈半椭圆或者椭圆形状，呈椭圆形状的 VSP 型拖轮会比较多；2. 船首甲板可能比船尾高，也可能一样高；3. 船首虽然能够顶推操纵，但船尾更适合顶推操纵；4. 绞缆机设置在生活区的后面；5. 推进器在距离船首大约 1/3 的位置；6. 驾驶台前面和后面视线都比较好，烟囱不会挡住驾驶员后面的视线；7. 拖轮船尾的下面中间装有一个稳定鳍。驾驶员如果单从水线以上部分看拖轮，而不对生活区、烟囱和绞缆机三者的位置关系进行分析比较，那么对 ZP 型和 VSP 型拖轮进行区分还是有点难度的。关于 VSP 型拖轮的外观结构，推进器在距离船首大约 1/3 的位置的并不都是 VSP 推进器，也可能是 ZP 推进器。按照本书的观点，大部分的 ZP 推进器都是装在拖轮的船尾，因此在说 ZP 型拖轮时，一般只认为是推进器设于船尾的拖轮；而 VSP 推进器都是安装在距离拖轮船首大约 1/3 位置，所以如果说到 VSP 型拖轮，驾驶员应该联想到的是推进器设于船首的拖轮。这里顺便说一下，有些现代拖轮在生活区前面和后面都装有绞缆机，拖轮驾驶员也能够在驾驶台前面和后面操纵拖轮，这种情况将很难对这种拖轮区分种类。值得庆幸的是，网上资料一般把这种拖轮认为是多用途拖轮，有些多用途拖轮也会把生活区后面的绞缆机用拖钩进行替代。

根据 ZP 型拖轮与 VSP 型拖轮的外观特征，可以尝试进行如下总结：第一，从拖轮的带缆位置可以看出，ZP 型拖轮驾驶员面向拖轮船首对商船进行协助；VSP 型拖轮驾驶员面向拖轮船尾对商船进行协助。当然，如果 VSP 型拖轮只进行港内拖带作业，则拖轮驾驶员只需面向拖轮船首操纵即可。第二，ZP 型拖轮更适合顶推操纵，VSP 型拖轮更适合拖曳操纵。正因为如此，本书也把 ZP 型拖轮称为顶推拖轮，把 VSP 型拖轮称为拖曳拖轮。写

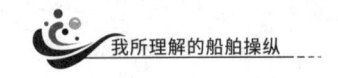

到这里，我们提出一个问题：如果港口提供相同功率的ZP型和VSP型拖轮各一艘对本船进行靠泊协助，驾驶员该如何对本船进行首尾拖轮配置才最理想？这里就不准备提供答案了。第三，ZP型拖轮因为具有更高更坚固的船首结构，耐波性比VSP型拖轮要好；虽然如此，ZP型拖轮的船尾高度会比VSP型拖轮低，因此船尾比VSP型拖轮更容易上浪。第四，VSP型拖轮的绞缆机在生活区的后面，而生活区后面的甲板空间通常比生活区前面更大，这样当VSP型拖轮进行顶推操纵时，就可以比ZP型拖轮更能深入商船首尾的曲面。第五，VSP型拖轮进行横向拖曳时，可以承受的倾斜幅度会比ZP型拖轮来得大，这主要与VSP型拖轮在拖轮船尾中间下面装有稳定鳍有关。关于稳定鳍的作用，VSP型拖轮在稳定鳍位置的吃水比在推进器位置的吃水更大，所以当拖轮驾驶员在浅水区进行操纵时，稳定鳍还能起到保护推进器的作用。第六，从两种拖轮推进器的特点来看，VSP推进器相对于ZP推进器更能够精确控制和迅速改变拖轮推力的大小和方向，所以VSP型拖轮比ZP型拖轮的快速重新定位能力更强、旋回圈更小，更能适应在狭窄水域里进行协助操纵。单从这点看，VSP型拖轮比ZP型拖轮更不惧怕被商船横拖和倒拖。第七，我们比较ZP型拖轮与VSP型拖轮推进器的位置，会发现VSP型推进器在

第十一章 拖轮协助

距离船首大约1/3位置，这种设计使拖轮朝各个方向的推力更加均衡。这也许是VSP型拖轮更适合横向拖曳的原因。

驾驶员在看了上述比较后，如果可以选择拖轮协助，肯定优先考虑VSP型拖轮了。当然，VSP拖轮也有缺点，比如说单位推力不及ZP型拖轮；但若比起FPP拖轮和CPP拖轮来，应该绰绰有余，毕竟传统拖轮的个头尺寸比现代拖轮小，总推力也不会那么大。现在国内大部分港口中，VSP型拖轮还是比较少见，这可能与此种类型拖轮的造价太高有关。在接下来的篇幅当中，笔者将主要以传统拖轮为例，介绍本船需要传统拖轮协助时，驾驶员务必要考虑的注意事项。这里顺便说一下，虽然现代拖轮在协助本船作业时出现类似传统拖轮状况的可能性会比较小，但现代拖轮还是会有传统拖轮一些特点的，所以驾驶员无论如何都不能掉以轻心。为方便书写，以下把传统拖轮简称为拖轮。

我们首先讨论一下需要协助拖轮数量的话题。驾驶员都学过，船舶操纵是根据载重吨大小对协助拖轮数量进行配备的，但在船舶操纵实践中，很多港口却按照船长尺寸对协助拖轮数量进行配备。比如，长度小于90米的船舶不需要配备拖轮；长度在90～150米的船舶只需配备一艘拖轮；长度在150～250米的船舶需要配备

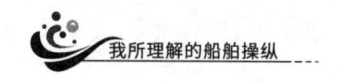

两艘拖轮；长度超过 250 米的船舶则需要配备三艘甚至四艘拖轮。当然，每个港口规定都不尽相同，这主要取决于船舶的操纵性能，以及目的港的通航宽度和水文环境。另外，如果说本船装有艏侧推器并且处于良好工作状态，港口当局一般也会考虑减免掉其中一艘拖轮。写到这里，不知驾驶员会不会存在这样一个疑问，如果说港口没有考虑到本船的实质性需求，而胡乱配置拖轮，就像前面讲过的大型船舶配置小功率拖轮或者小型船舶配置大功率拖轮，这种情况该如何处理？这种情况下拖轮将难以发挥应有的作用，驾驶员有权利更换拖轮。这里顺便说一下，如果是国内南北线，很多船长认为只要能够进行抛开锚操纵，一般长度不超过 150 米的船舶都可以不需要拖轮协助。

我们再讨论一下是否需要带拖轮缆绳的话题。按照本书的观点，驾驶员务必要清楚本船需要拖轮以什么样的方式协助本船。比如，本船需要拖轮护航时一般都不需要带拖轮缆绳，除非本船速度较慢。再比如，本船顶流离泊掉头，很多驾驶员都喜欢在本船平行离开泊位后就先把船首拖轮解掉了，驾驶员这样做的目的是方便拖轮在本船船首另外一个方向进行顶推。有的驾驶员可能会说，拖轮在同一个方向拖曳本船与在另一个方向顶推本船道理不是一样吗？其实，拖轮前进时的总推力与后退时的总拉力不是一样的，一般拖轮倒车后退如果能有进车前进功率的60%～70%就算不错了。另外，本船顶流离泊掉头时，驾驶员通常需要让船首朝外进行掉头，除非本船与泊位的横档距离拉得很宽，驾驶员朝哪个方向掉头都无所谓。同样，本船顶流离泊掉头过程中，驾驶员一般都会让本船有微小的前进速度以克服流的影响，但这样操纵将会使本船的转心前移从而影响到船首拖轮作用的发挥。为使拖轮发挥出最大作用效果，驾驶员在掉头转向前解掉拖轮缆绳也是合情合理的。本船平行离开泊位后船首是否需要解掉拖轮还得看本船尺寸与拖轮功率的关系，如果拖轮倒车拖曳能够让本船发生偏转，就不需要解开拖轮缆绳。拖轮缆绳带着还有一个好处，假如说本船船首过度偏转了，这时拖轮驾驶员就可以迅速收紧拖缆并进行顶推操纵，以克服本船船首的过度偏转。关于船首拖轮协助本船顶流离泊操纵，其实还有一个更为折中的方案，如果驾驶员既想提高拖轮总推力，又不想解掉拖轮缆绳，那么也可以考虑将拖轮缆绳挂于拖轮船尾，这样拖轮只要进车就既能拖曳本船离开泊位，又能协助本船掉头操纵。这里顺便说一下，这种方法拖轮驾驶员也要考虑到拖缆的负荷，拖轮驾驶员一般不会施加100%的前进推力。同样道理，如果本船顺流离泊，很多驾驶员也是在本船平行离开泊位后就把船

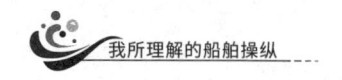

尾拖轮解掉了，这里就不再叙述原因了。

当然，如果说本船的确需要拖轮带拖轮缆绳时，驾驶员当时行驶本船的速度最好不超过6节。这主要考虑到本船速度太快时，拖轮驾驶员不好操纵，甚至严重一些可能导致拖轮发生船间效应。虽然如此，驾驶员并不是每一次带拖缆时都要将本船速度降到6节以下，我们说功率大的拖轮克服船间效应的能力会强一些，驾驶员带拖缆时船速也可以适当提高，比如8节左右的速度。这里顺便说一下，如果从安全方面考虑，驾驶员最好在拖轮贴近本船的过程中短暂停车淌航。写到这里，可以看出拖轮在贴近本船的过程中可能进行不友好操纵。这取决于拖轮驾驶员，有些拖轮驾驶员为操纵方便，在本船带拖轮缆绳时故意让拖轮船首碰上本船，这种情况下如果说力度小一些还好，力度太大就可能导致本船发生偏转。笔者就曾吃过带拖轮缆绳造成本船发生偏转的亏。记得当时本船是并排靠拢向其他系泊船，船与船之间只有两个雅马哈碰垫，笔者让两艘拖轮分别带缆本船的船首和船尾。但第一艘拖轮贴上后，本船船首就向内档其他系泊船偏转过去，幸亏当时及时纠正才没造成损失。事后想想，这不能怪拖轮，而是自己当时经验不足没有对拖轮事先交代。写到这里，驾驶员会不会联想到在带拖轮缆绳时形势判断很重要？没错，不仅如此，进出港操纵时如果本船需要拖轮带缆协助，双方驾驶员都需要考虑到彼此可能发生的状况。常见的拖轮对本船不友好操纵有以下这些：1. 拖轮缆绳带好之后，拖轮驾驶员停车让本船带着拖轮行驶，可能造成本船维持舵效的最低速度提高，从而不利于驾驶员在码头泊位前沿水域及时把船停下来；2. 从拖曳变顶推的过程中，拖轮驾驶员收紧拖缆但保持拖缆带力，可能造成本船航向把定不住或者发生偏转；3. 从顶推变拖曳的过程中，拖轮驾驶员喜欢让拖轮船首顶一下本船以方便转向操纵，这也可能造成本船航向把定不住或者发生偏转；4. 在顶推或者拖曳的过程中，拖轮顶推或者拖曳角度未与本船呈90°，这将让本船增加额外的向前或者向后速度；5. 拖轮驾驶员未经本船驾驶员同意，对本船靠离泊时擅自协助，这可能导致本船靠泊或者离泊速度过快。按照本书的观点，拖轮带缆协助本船的过程中，不光拖轮驾驶员会对本船进行不友好操纵，本船驾驶员同样也会对拖轮进行不友好操纵。我们再举几个本船对拖轮不友好操纵的例子：1. 本船未留出足够水域空间供拖轮安全行驶，从而造成拖轮操纵不便；2. 本船突然加车可能造成拖轮被倒拖；3. 本船突然改向可能造成拖轮被横拖；4. 本船突然倒车可能让船尾拖轮受到本船排出流影响，从而使船尾拖轮被倒车水流吸进去；5. 本船速度太快造成拖

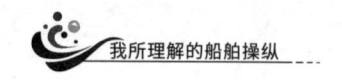

轮驾驶员不好推或者拖曳，等等。那么，该如何处理不友好操纵？双方驾驶员彼此沟通是最好的解决办法。具体来讲，拖轮驾驶员如果觉得拖轮不易操纵就得及时通知本船驾驶员，比如，拖轮驾驶员如果告诉本船驾驶员拖轮带在船首位置无法进行顶推操纵，本船驾驶员一定会考虑让拖轮缆绳带在靠近主甲板前面的位置。同样，本船驾驶员也应告诉拖轮驾驶员操纵意图以让其做好准备。比如，本船驾驶员需要让拖轮从顶推协助变成拖曳协助，本船驾驶员就得让拖轮驾驶员有足够的时间做好拖曳的准备。

有关拖轮协助本船的话题，本书不能只写坏的一面，也要写好的一面。当本船带上拖轮缆绳以后，拖轮将为驾驶员控制本船提供极大的便利。比如，驾驶员想进行减速操纵，此时不管拖轮带在船首还是船尾都能为本船提供帮助，当然，这种情况下拖轮带在船尾时会比带在船首效果更好。再比如，驾驶员想低速控制本船，此时拖轮带最好在船首。拖轮除了能够帮助本船保向外，也能够帮助本船改向，这将是低速行驶的本船无法做到的。本船靠离泊时，驾驶员如果仔细观察拖轮对本船的顶推或者拖曳过程，就会发现当有风流影响时，拖轮首先得自己摆好位置，然后才能对本船进行顶推或者拖曳协助。换句话说，拖轮在协助本船靠离泊的过程中，其顶推或者拖曳角度并不总是与本船垂直，这当然也会顺便改变本船的纵向速度。驾驶员思考一下，这种纵向速度是不是对本船有益？这种纵向速度确实能够让本船得到实惠。随便举个例子，本船顶流靠码头，拖轮斜角度向前顶推本船将在一定程度上延缓本船因受流产生的后退；同样，假如说本船靠拢太快，拖轮斜向前拖曳也会帮助延缓本船因受流影响导致的后退。

在船舶操纵实践中，驾驶员也是利用拖轮使本船产生纵向速度，让拖轮实施拖带或者护航作业。关于拖轮实施拖带作业，这里顺便说一下，当拖轮在宽阔水域进行拖带作业时，拖缆长度可以放长一些，而在狭窄水域进行拖带作业时，拖缆长度就应该减短一些。驾驶员需要注意，当拖带拖轮在海上进行防碰撞危险的避让时，是不可能做到拖轮与被拖物体同步转向的，拖轮驾驶员务必要考虑到这种延迟性。曾有这么一个案例，一艘拖轮在拖带无动力驳船的时候，于河道的拐弯位置发生了搁浅。事故发生后，按照我个人的理解，调查组将从这几方面入手：1. 事故发生时的天气海况。2. 拖带设置及其长度是否合理？3. 拖轮协助数量是否足够？4. 是否有驾驶员在正确的位置上以目测串视线进行协助指挥？下面我们就这几个问题进行逐一分析：第一，天气海况因素将决定是否适合拖带，有些驾驶员在进行拖带

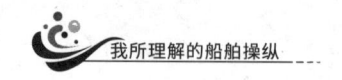

作业时不考虑这一因素，很容易导致断缆事故发生。其实如果按照本书的观点，如果浪高超过拖轮平均吃水的一半，就不适合拖带。第二，关于拖带设置，如果将拖缆设置成"Y"型就比"I"型更适合拖转向轮操纵；同样，拖缆长度短些，无动力驳船的转向半径也会小些。驾驶员可以想象一下，当拖缆长度很短时，拖轮改变航向的动作将很快传递到被拖物体上面，在河道的拐弯位置驾驶员肯定希望无动力驳船能够早点转向。第三，关于协助拖轮数量，这点很好理解，协助拖轮数量越多，无动力驳船的机动性能就越强。在船舶操纵实践中，我们经常看到合理的无动力拖带至少需要2艘拖轮协助。第四，关于驾驶员位置问题，前面的目测串视线章节也介绍过了，驾驶员必须选择该物标上最具代表性的一点来判断是否存在碰撞危险。很明显，被拖物体无法做到与拖轮同步转向，驾驶员在无动力驳船上进行目测串视线观察判断将是更明智的选择。

按照本书的观点，本船带上拖轮缆绳以后，毕竟是拖轮驾驶员在对本船进行操纵协助，而不是本船驾驶员自己进行船舶操纵，所以本船驾驶员务必谨慎用好拖轮。有些超大型船舶配置了4艘拖轮，但引航员没有将4艘拖轮的位置顺序写在纸上，以致在发号施令时叫错对象，引航员这种马大哈行为非常危险。前面我们介

第十一章 拖轮协助

绍过拖轮的种类,可以这么说,不同种类的拖轮灵活性不一样。比如,相较于现代拖轮,传统拖轮的反应更显迟钝,从一个动作到另一个动作需要更长的时间调整,驾驶员就要充分考虑这一时间内本船是否足够安全。比如,本船离泊刚开始时,拖轮通常需要放长缆绳做好拖曳准备,这一过程中驾驶员可能需要短暂的进车或者倒车才能克服风流的影响。假如本船是一艘无动力驳船,那么驾驶员该怎么利用拖轮才能使本船安全离泊?驾驶员肯定不希望拖轮花费过长时间调整缆绳,所以拖缆长度必然要缩短;另外,为克服风流的影响,驾驶员也需要调整拖轮的拖曳角度,才能确保本船安全离泊。这里顺便说一下,即使驾驶员给完全相同的前后两艘拖轮发布一样的指令,两艘拖轮也会因为本船的前后吃水、速度及风流影响不同导致对本船发挥的效果不一样。

　　说到拖轮对本船发挥的效果,有必要提一下拖轮作用力与本船转心的位置关系:拖轮作用力距离转心位置越远,本船转向越多,横移越少;反之,拖轮作用力距离转心位置越近,本船转向越少,横移越多。针对这种情况,驾驶员有必要清楚拖轮协助本船的目的。比如,在狭窄航道内航行,驾驶员将拖轮带于本船的船尾中间缆孔,拖轮势必起到制动辅助和转向辅助的双重作用。有的驾驶员可能会说,如果是传统拖轮,可能起不到转

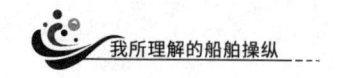

向辅助的效果。没错，传统拖轮的斜拖效果不好，所以上述"拖轮"还需要理解成现代拖轮。另外，本船如果既需要拖轮制动辅助，又需要拖轮转向辅助，驾驶员务必清楚辅助的先来后到，那么就可以以此考虑拖轮的带缆位置，并在一个辅助完成后改变拖轮的系带位置，以达到拖轮作用效果的最大化。

我们再比较一下本船带缆单拖轮与带缆双拖轮的区别。单拖轮一般只带于本船的船首或者船尾。驾驶员控制得好，单拖轮除了能使本船发生偏转外，也能实现本船的向左或者向右平移。还真别说，驾驶员就是这样依靠单拖轮进行靠离泊操纵的。写到这里，不知驾驶员还会不会纠结单拖轮应该带缆于本船的船首还是船尾的问题。单拖轮系带本船的船首有诸多优点，除了上述所说的能使本船发生偏转或者左右平移外，最大的优点莫过于方便驾驶员对本船进行慢速控制，这也正好弥补本船临近码头泊位时舵效因船速降低而变差的缺陷。有的驾驶员可能会说，船首如果装有侧推器并且处于良好工作状态，是不是可以将单拖轮置于本船的船尾？没错，这种情况下单拖轮配置于本船的船尾更有利于实现本船的平移。当然，也有驾驶员不屑一顾，认为本船的船尾可以依靠车和舵进行控制，因此不需要将拖轮系带于本船的船尾。这句话没问题，这主要取决于驾驶员的个人习惯吧，怎么方便怎么来。这里顺便说一下，假如说顺流靠码头，驾驶员如果有艏侧推器或者外挡锚协助控制本船的船首，那么最好将拖轮置于船尾，因为船尾拖轮能够有效抑制本船发生偏转。当然，如果有双拖轮协助，那就方便多了。可以说，双拖轮可以轻而易举地帮助本船实现任意方向上的平移或者旋转，而驾驶员只需控制好本船的前后速度即可。至于如何使用双拖轮，这里就不再叙述了，一旦用好了单拖轮，自然而然就会懂得使用双拖轮。

这里再说一下驾驶员在解拖轮缆绳时可能会犯的一个错误。有些驾驶员认为拖轮将本船置于安全水域以后，就不需要拖轮协助了。比如离泊时的拖轮协助，当本船距离泊位的横距足够大时，驾驶员可能就开始解拖了。按照我个人的理解，假如说本船还没开始产生舵效就不宜解掉拖轮。有的驾驶员可能会说，本船开始用车后，螺旋桨旋转不是不利于解掉船尾拖轮吗？没错，但在解拖轮缆绳的过程中，驾驶员如果先短暂停车等拖缆清爽后再动车，也还是可以兼顾本船舵效与拖缆安全的。当然，也有驾驶员可能会觉得拖缆解掉以后拖轮并不会马上离开，而会对本船实施短暂的护航。这应该属于拖轮工作的一部分，但前提是驾驶员必须对拖轮有明确的指示才行，不然拖轮驾驶员在拖缆解掉以后就会跟

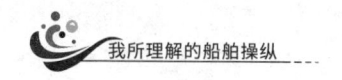

本船说一声"再会",然后什么都不管了。

关于拖轮部分,写得差不多了。每个驾驶员对车、舵、锚、侧推器或者拖轮都会有不同的理解,假如说驾驶员具备高超的船舶操纵技术,很多时候车和舵就可以直接代替锚、侧推器或者拖轮。当然,如果有锚、侧推器或者拖轮的协助,驾驶员进行靠离泊操纵将会更加从容;而这其中,拖轮是当之无愧的"协助之王",只因它能做到锚或者侧推器无法做到的事情。虽然如此,但拖轮也不是万能的,比如重载大型船舶在流急水域进行操纵,拖轮可能也会无能为力,所以驾驶员应该首先立足于本船的车和舵,坚守船舶操纵应有的原则和底线。另外,拖轮虽然能够协助本船,但也有可能不会朝着驾驶员期望的方向发展,比如在船舶操纵实践中,本船驾驶员也经常会碰到拖轮反应迟钝或反应过度的情况,所以无论如何都要谨慎用好拖轮。

第十二章　港内掉头

第十二章 港内掉头

关于港内掉头，原因各种各样，总的来说，既有抛起锚掉头，又有靠离泊掉头。这一章我们将主要讨论港内掉头时的注意事项。

在第二章中船舶旋回性能里面，我们提到过本船做正常旋回操纵时，当考虑正常旋回所需要的水域空间时，就不能低于旋回圈进距的 2 倍。虽然如此，港内掉头可能没有这么宽阔的水域，所以对于驾驶员来说，寻找可以掉头的水域很是关键。驾驶员会不会觉得，港内掉头时，一定要寻找足够宽阔的水域才行？理论上是这样的，但驾驶员也应该记住，这种考虑如果影响到了后续的船舶操纵，就有点得不偿失了。比如靠泊前的掉头操纵，如果说泊位前面的航道宽度刚好足够本船掉头，但驾驶员一定要选择更远更宽阔的水域掉头操纵，然后再倒车行驶靠泊，这样操纵并不会使本船靠泊变得更轻松，因为本船毕竟被设计成朝前行驶，而非朝后行驶。对这个例子来说，如果说驾驶员能够在更远更宽阔的水域掉头操纵后，再进车行驶靠泊，无疑选择将更加明智。

我们再具体讨论一下什么水域是"刚好足够本船掉头"。驾驶员自行掉头操纵时，一般需要2倍船长的航道宽度作为掉头操纵所需要的水域空间，即驾驶员能够安全掉头操纵的最低标准空间。这里顺便说一下，有些资料可能会将最低标准水域空间分得更细，认为在有风流水域需要2倍船长的航道宽度；而在无风流水域只需要1.5倍船长的航道宽度。有的驾驶员可能会说，在这么小的水域空间内自行掉头操纵，本船会不会被风流压向位于下游位置的其他危险物标？这就要考验驾驶员的智慧了，驾驶员在自行掉头操纵前一定要清楚需要用哪种方法，才会避免进入尴尬的境地。比如，顺风流时相较于顶风流时的掉头方法就明显不一样。驾驶员可能继续问，如果是斜风流时的自行掉头操纵呢？只要能够顶着风流进行掉头操纵，就会有利于缩小旋回圈。另外，驾驶员如果想在这么小的水域空间内自行掉头操纵，那么在掉头转向前务必将船速降下来。本船在这样的水域

第十二章 港内掉头

空间内自行掉头转向，船速无论进退最好不超过1节，否则将难以控制。这里顺便说一下，驾驶员在港内自行掉头操纵时，螺旋桨的致偏效应也会影响到掉头操纵所需要的水域空间。前面我们讲过，对于右旋式FPP型船舶来说，螺旋桨致偏效应将使其倒车时发生船首向右偏转现象。驾驶员应充分考虑右旋式FPP型船舶的这一特点，如果条件允许，务必让本船向右掉头转向，从而缩短掉头时间，减小风流影响。写到这里，不知驾驶员会不会有这样一个疑问，对于右旋式FPP型船舶来说，假如说驾驶员想向右掉头操纵，但风从本船的左舷吹来怎么办？这种情况驾驶员就得考虑风力大小是否会影响到向右掉头操纵。一般来说，风小都可以忽略不计，但风大难免影响到本船的转向能力。比如，空载超大型船舶左舷受风5～6级时，可能很难向右进行掉头转向。至于个中原因，驾驶员从船舶转心的角度思考一下就能明白。

　　我们继续讨论驾驶员能够安全掉头操纵的最低标准空间。在船舶操纵实践中，驾驶员经常会遇见各种不同情况。比如驾驶员想自行掉头操纵，但本船当时的水域空间小于这个最低标准空间，那么驾驶员就得寻找是否有更大的水域空间进行掉头操纵。笔者原来管理公司有一艘船在新喀里多尼亚的Noumea港离泊时发生过搁浅

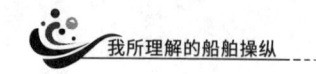

事故，当时引航员离泊掉头操纵时，这艘船刚好擦碰到了距离泊位不远的浅滩。假如说当时船长自己有个关于本船能够安全掉头操纵的最低标准空间的衡量标准，就能阻止引航员随意掉头操纵。笔者也曾听说有这样一个无证船长，他并不认可所谓的最低标准空间，而是相信自己的能力就能够操纵本船在狭窄港池里面进行掉头转向，很不幸最后还是发生了险情。事故发生后，无证船长这样自我检讨：他高估了海船的操纵性能，把海船当成内河船使用才导致事故发生。我们且不说海船与内河船的操纵标准不一样，但如果驾驶员想在小于最低标准空间的水域里进行掉头操纵，也是需要借助锚链、缆绳、拖轮或者侧推器才可以，还得注意控制好前后速度。比如130米的集装箱船在宁波甬江镇海港码头掉头离泊，码头泊位前沿水域宽度200米左右，刚开始掉头时我也是需要利用船首缆绳控制好到泊位的距离。即便是内河船，如果在狭窄的内河航道中掉头操纵，也需要抛短锚协助掉头。这里顺便说一下，抛短锚掉头操纵更多适用于顺水掉头场景。

如果说能够掉头操纵的水域空间比最低标准空间大很多，驾驶员就可以尝试带着速度进行掉头操纵。能够掉头操纵的水域空间只要不超过旋回初径，驾驶员在掉头转向前就务必将船速先降下来，再满舵加车旋回操纵，这样就可以安全进行港内掉头操纵。具体来讲，这种掉头方法所需的水域空间通常需要3倍的船长距离，而旋回初径通常比3倍的船长距离大很多，所以驾驶员采用这种掉头方法还是会有一定的安全余量。当然，有些船舶的旋回初径可能比较接近3倍的船长距离，那么驾驶员采用这种方法掉头就得相当谨慎。有驾驶员可能会问，在刚开始掉头前，顺流或者顶流对所需掉头的水域空间有影响吗？其实影响不大，顺流掉头虽然进距大，但转向速度快；而顶流掉头虽然进距小，但转向速度慢。这两者比较起来，驾驶员掉头操纵所需要的水域空间应差不多。驾驶员可能会继续问，假如说可以掉头操纵的水域空间是2倍船长距离到旋回初径，那么该如何掉头操纵？驾驶员在这样的水域空间内掉头操纵，不光掉头前需要将船速降下来，而且掉头过程中也要视情况适当加减车才是安全的。即适当的加减车操纵主要是为了与危险物标保持安全距离，即留有一定的安全余量。

以上既然说到可以掉头操纵的水域空间是2倍船长距离到旋回初径，我们就来聊一下驾驶员掉头转向前需要将船速降到多少才算安全的话题。举个例子，假如说当时可以掉头的水域空间为4倍的船长距离，那么驾驶员将船速降到4节时，再进行掉头操纵是否安全可行？我们首先分析一下驾驶员采取满舵加车旋回的掉头方

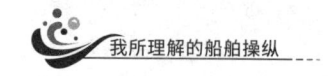

法。驾驶员应该清楚，基于前面的观点，当本船以4节速度行驶时，驾驶员满舵加车掉头需要的水域空间为3倍的船长距离，因此本船在掉头过程中与危险物标最近时应该是1倍的船长距离。不知驾驶员对这个富余距离有何感想？本书中不认可这个安全余量，主要考虑到本船满舵加车过程中，船速并不一定会降下来，因为船速与加车力度、加车时间及风流环境有着非常重要的关系。正是如此，我们通常假设满舵加车时的船速会保持不变。另外，当本船以4节不变的速度掉头转向时，假如说驾驶员突然觉得无法安全转向便想采取制动措施，也不一定能够把船及时停下来。我们回顾一下前面关于制动冲程的观点：4节船速属于港内速度，至少需要4倍的船长距离作为正常制动冲程，或者说至少需要2倍的船长距离作为紧急制动冲程。很明显，本船以4节不变的速度进行掉头转向时，如果说驾驶员突然觉得无法安全转向便想采取制动措施，当正前方危险物标不到4倍船长距离时，驾驶员是很难通过正常制动把船停住的；同样，当正前方危险物标距离不到2倍船长距离时，驾驶员的紧急制动措施也将于事无补。综合以上考虑，本书中并不认可这个例子中当本船速度降至4节时，驾驶员能够采取满舵加车旋回这种掉头方法。

我们再看一下驾驶员在掉头过程中视情况适当加

减车操纵的掉头方法。具体来讲，驾驶员在掉头过程中应能够根据本船到危险物标的距离，通过加减车操纵使本船与危险物标始终保持一定的安全距离。那么，究竟与危险物标多少距离才能算是安全余量？驾驶员是不是能够从上述例子的满舵加车旋回掉头方法分析中看出端倪？没错，驾驶员带着速度进行港内掉头操纵时，不光得考虑如何掉头，还得考虑万一无法安全转向时能否采取制动措施。按照本书的观点，驾驶员要想与危险物标保持一定的安全距离，就得考虑正常制动冲程不能超过本船到危险物标的距离，这也是我们说的安全余量。这里再次强调一下，本书不把紧急制动冲程作为安全余量衡量标准主要是考虑到紧急制动冲程是极限负荷下的试验数据，驾驶员在近距离时全速拉倒车毕竟不符合驾驶员的常规做法。这个例子中，假如说掉头过程中本船距离正前方危险物标还有1倍船长距离时，那么本船当时的船速就不能超过1节，才能满足正常制动冲程的要求。

我们继续探讨这个例子。假如说这个例子发生的场景是驾驶员在码头前沿水域进行掉头操纵，那么，当本船转至90°时将距离码头最短，因为此时船首航向是与码头泊位呈垂直状态，本船也需要达到相应的速度要求才能保证万一无法安全转向时，正常制动冲程满足要求。当本船转至超过90°后，驾驶员只要正常制动冲程

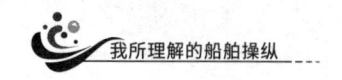

满足要求又可以慢慢提高船速。有的驾驶员可能会说，在码头前沿水域掉头，本船从刚开始转向至 90°时，船速越来越低，会不会影响到掉头操纵？这个顾虑没错，随着速度越来越低，本船不但越来越难以掉头，而且还会影响到船位。当然，船位发生改变也不是一无是处，比如本船掉头完毕后的靠泊，如果说船位发生改变，驾驶员也许就能够以更小的角度接近泊位。这里顺便说一下，可能也有驾驶员不喜欢掉头过程中船位改变幅度太大，这种情况驾驶员就需要在掉头前将速度降至更低，以至在掉头刚开始时能够满舵加车旋回，这样就能使船位改变的幅度更小。驾驶员可能继续说，掉头过程中船速一直在改变，如何保证本船始终与危险物标保持一定的安全距离？如果认真看过相关书籍的驾驶员一定会觉得这个问题很简单，雷达速度矢量线 L_1 或者 L_2 长度值就可以告诉我们一切，因为只要矢量线的箭头终端不触到危险物标，L_1 或者 L_2 长度值就能够满足本船正常制动冲程的需要。在这个例子中，我们使用的是 4 节船速，属于港内前进一或者前进二的速度，确切地说 L_1 长度值就是本船的正常制动冲程。

　　经过以上讨论，驾驶员应该可以得出这样的结论：如果能够掉头的水域空间为 4 倍的船长距离，那么驾驶员以 4 节初始速度进行掉头操纵还是安全可行的。但在

第十二章 港内掉头

实际操作中,一边掉头一边减速不符合海员的通常做法。正因为如此,掉头操纵前,进一步降低船速还是必要的。那么,驾驶员认为掉头操纵前需要将船速降到多少才算合理?关于这个问题,笔者思考了很久,才实践出一套行之有效的方案,即利用雷达速度矢量线 L_2 长度值代替 L_1 长度值,作为驾驶员掉头操纵时的参考。这样的好处是便于驾驶员在刚开始掉头操纵前,能够将船速控制得更低。就像这个例子中,如果采用雷达速度矢量线 L_2 长度值,那么掉头前就可以将船速减到 2 节,这个速度既方便驾驶员掉头过程中进行加减车操纵,又能有效缩小旋回圈。更为重要的是,假如说驾驶员发现无法安全转向时,以致 L_2 长度值的箭头终端触到危险物标了,驾驶员只要采取正常制动措施就能够将本船及时停下来,并且停下来后还能够使本船与危险物标保持一定的安全余量。不知驾驶员对这个掉头速度有何感想?笔者自己经过多次的实践,证明以 L_2 长度值决定掉头速度还是相当合理的,这也是本书认为的最佳掉头速度。写到这里,我们来回顾一下本船能够在最低标准空间中安全掉头时的速度要求,即驾驶员在大约 2 倍船长的航道宽度内进行掉头操纵,船速不能超过 1 节。从雷达速度矢量线的角度出发,驾驶员在刚开始掉头前只要准确设置好 L_2 长度值,就能有效控制掉头过程中船速不会超过

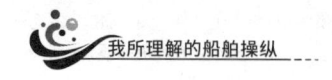

1节。

这里顺便说一下,驾驶员千万不要认为L_2长度值触到了危险物标,就无法安全转向。当L_2长度值触到了危险物标,这是在告诉驾驶员转向过程中纵向速度太快了,需要注意控制好纵向速度;或者说,这也是在提醒驾驶员转向速度太慢了,需要加快转向速度。有的驾驶员可能会说,他们经常发现转向过程中船首航向与雷达速度矢量线的方向不一致,这该如何解释?出现这种情况,除了与雷达速度矢量线有一定的滞后性有关外,最主要还是跟风流影响相关。风流影响越大时,本船的船首航向将与雷达速度矢量线方向的偏差越大。正因为如此,驾驶员千万不要觉得本船掉头转向时,当船首航向离开了正前方的危险物标,本船就已经脱离危险了。本船是否已经脱离危险,驾驶员不光要看雷达速度矢量线是否已经离开危险物标,还要结合目测串视线方法进行观察判断,毕竟雷达速度矢量线有一定的滞后性。

这里既然写到驾驶员能够利用目测串视线方法判断本船能否安全转向,有必要再次强调一下这种方法也有它的局限性。在目测串视线章节里,我们曾经分析过驾驶员基于目测串视线方法只能判断驾驶员所在位置是否存在碰撞危险,不能判断本船的其他位置是否也存在碰撞危险。这个局限性同样适用于驾驶员带着速度进行掉头转向操纵，具体来讲：如果是前驾驶船舶，驾驶员带着速度进行掉头转向时，此时驾驶员虽然用眼睛容易判断出船首是否会清爽最近的危险物标，但也要警惕船尾的动态，毕竟本船掉头转向时船尾摆动的幅度比船首大很多；同样，如果是后驾驶船舶的驾驶员带着速度进行掉头转向时，驾驶员虽然用眼睛也容易判断出船尾是否会清爽最近的危险物标，但也要注意船首航向的变化率，因为船首航向改变幅度小了，本船出现碰撞危险的概率也会相应提高。驾驶员会不会因此觉得本船掉头转向无法像直航时一样，只需选择本船上最具代表性的一点进行碰撞危险的判断？没错，驾驶员在掉头操纵时必须船首尾兼顾，除非是在周围无危险物标的水域空间内掉头转向。有驾驶员可能会问，驾驶员一般只在本船的驾驶台位置进行掉头转向操纵，这样如何兼顾船首尾？关于这个问题，本书中比较倾向于利用雷达距标圈锁定本船的船首或者船尾，驾驶员只要在掉头转向过程中保证雷达距标圈与危险物标有一定的安全余量即可。这里顺便说一下驾驶员如何利用目测串视线方法进行掉头转向。假如说驾驶员能够利用目测串视线方法知道船首或者船尾的水线位置，那么在掉头转向过程中其只要保证该水线位置到危险物标有一定的距离也是可以的。当然，此时驾驶员看船首或者船尾的水线位置要有全局观

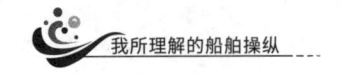

才行，即驾驶员必须清楚掉头转向过程中船首或者船尾所有可能经过的水线位置。另外，如果是后驾驶船舶，驾驶员在掉头转向过程中务必确保船首航向方位变化率超过背景参照物方位变化率的 2 倍以上，本船才能够安全转向。如果说无法同时满足这些要求，驾驶员就有必要先将速度及时降下来。

以上主要介绍了驾驶员在航道宽度是 2 倍船长到旋回初径时进行掉头操纵的方法及注意事项。按照笔者个人的理解，只要能够掉头操纵的水域空间小于 2 倍旋回初径，驾驶员在掉头转向操纵前务必先把船速降下来，并且把船速降到矢量线箭头终端触到危险物标时对应的雷达速度才能算作合理。写到这里，有的驾驶员可能会问，如果雷达速度矢量线的 L_2 长度值在掉头转向操纵前没有触到危险物标，那该如何确定 L_2 长度值？驾驶员只要是朝着危险物标的方向进行掉头操纵，那么此时不管危险物标在哪个方向，驾驶员掉头转向前务必把到危险物标的距离当作 L_2 长度值，这就好比在码头前沿水域掉头一样，驾驶员在掉头转向之前务必控制好 L_2 长度值不超过本船到危险物标的距离。有的驾驶员可能会说，如果在航道宽度为旋回初径到 2 倍旋回初径的水域内掉头操纵呢？只要以 L_2 长度值触到危险物标时对应的雷达速度作为初始速度，驾驶员就能够得心应手地进行掉头操纵。当本船能够掉头操纵的水域空间大于2倍旋回初径时，驾驶员掉头转向时对船速应该不会再有什么顾虑了，毕竟这是本船正常旋回操纵所需的水域空间，驾驶员满舵旋回时没有必要降低船速。当然，驾驶员可能考虑到本船全速满舵旋回时会发生倾斜，因此在旋回过程中会适当降低舵角。虽然如此，如果降低舵角，能够掉头操纵的水域空间还需要继续放大，这里不再讨论。

我们还是具体分析一下驾驶员如何带着速度在码头前沿水域掉头操纵的全过程。首先，驾驶员掉头操纵前应根据本船到码头的距离确定L_2长度值，从而把船速降到合理的数值。这里顺便说一下，驾驶员掉头操纵前没有必要让本船的船首航向与码头呈平行方向，但一定要保证L_2长度值的方向始终朝向泊位的前方，这也是为了方便本船掉头完成之后能够形成一个靠泊角度。其次，从掉头刚开始到船首航向与码头呈90°的过程中，本船将与码头越来越接近，驾驶员在这一过程中应继续调整船位，以确保本船转向后有一个较好的靠泊角度；驾驶员应注意这一过程中L_2长度值尽量不超过本船到码头的距离。第三，当船首航向转至与泊位呈90°时，假如说此时L_2长度值方向朝后偏离船首航向较多，说明本船受风流影响较大，驾驶员就应当继续转向，而不是等L_2长度值的箭头终端触到码头时（即L_2长度值的方向转等于

90°）才继续转向。第四，当 L_2 长度值的方向开始远离码头后（即 L_2 长度值的方向转超过 90°），驾驶员又可以重新评估船位与码头的关系，如有必要可以继续缩小船位到码头的距离以减小靠拢角度，这也是驾驶员能够调整靠拢角度的最后机会。驾驶员应注意这一过程中船速最好不超过本船到泊位的距离为 L_2 长度值时对应的雷达速度。第五，当靠拢角度调整完毕后，驾驶员就可以适当提高船速驶向泊位。本船在驶向泊位的过程中，驾驶员应保证泊位"N"旗（假设为驾驶台位置）后面的背景参照物不断向前错开，以确保本船能够到达泊位。

驾驶员只要把上面的方法琢磨透了，当掉头转向完成之后进行靠泊或者抛锚都不算太难。另外，上述掉头转向应用的场景是驾驶员在码头前沿水域附近或者狭窄锚地水域附近带着速度进行掉头转向操纵，驾驶员转向过程将同时涉及控制船速、观察转向速率、调整航向及评估船位等一系列船舶操纵，平心而论这种掉头方法相较于其他掉头方法更难。驾驶员也可以选择在距离泊位较远的水域进行掉头操纵，这样掉头完成之后调整好靠拢角度也会相对容易一些；或者说在到泊位还有大约 2 倍船长距离的时候把船停下来再进行掉头转向，那么也基本不用担心本船掉头转向过程中会与泊位距离越来越近。当然，如果说驾驶员想带着速度进行掉头转向操纵，笔者建议驾驶员不管是掉头转向之前,还是掉头转向过程中,均以 L_2 长度值作为控制本船到码头的距离,更以此决定本船掉头转向过程中需要的速度。当驾驶员熟悉之后,就可以慢慢试着提高本船掉头转向的速度,但无论如何不应超过 L_1 长度值对应的船速。有的驾驶员可能会说,在掉头转向过程中万一发现很难进行掉头操纵怎么办?驾驶员如果发现这一问题,就要即时终止掉头并倒车后退查找原因,特别是在码头前沿水域掉头操纵时更需要如此处理。这种现象多半是因为掉头过程中船速变慢了,造成舵效变差;或者码头前沿水域的风流发生改变了,造成难以继续掉头。写到这里,可能也有驾驶员认为不需要倒车操纵,继续加车也可以把本船掉过来。然而,在没有找到原因之前这一切都很难说,当然,假如说本船到码头的距离还有至少 L_2 长度值时,驾驶员可以尝试加车掉头操纵;但当本船到码头的距离少于 L_2 长度值时,本船掉头转向的速度可能有点快,驾驶员最好终止掉头并倒车后退查找原因。按照本书的观点,驾驶员如果在加车时发现很难进行掉头操纵,那么倒车操纵对于本船想继续掉头来说,将是更好的选择。

第十三章 靠离泊操纵

第十三章　靠离泊操纵

国内南北线船舶对资历船长的要求是必须懂得自引自靠，但跑外船长可能就没这么幸运能够自引自靠，而是把这项差事交给引航员了，以至其对靠离泊操纵的掌握不像跑内船长一样熟练，这可能是跑外船长的遗憾，同时也是很多航海院校的悲哀。很多航海院校在招聘船舶操纵老师时只要求必须是甲类船长并取得相应的远洋船长资质，但对他们的操船水平并没有相应的要求。长此以往，航海院校培养出来的学生虽然具备一定的理论知识，但不具备相应的操船实践能力。

本章的标题叫作靠离泊操纵，本章的很多知识点在之前的章节里已经陆陆续续涉及了，所以现在温故而知新一下。靠离泊遵循的是顶风流原则。毫无疑问，驾驶员在靠离泊之前应清楚码头前沿水域的风流情况。如果是顶风流靠泊操纵，驾驶员就可以在驶近泊位的过程中，思考该如何小角度靠泊。这样的好处是当本船在泊位前沿水域完全停下来的时候，船身基本能与泊位平行。这边再次强调一下，本船小角度靠泊，驾驶员还应保证泊位"N"旗（假设为驾驶台位置）后面的背景参照物不断向前错开，否则本船将无法到达泊位。这里顺便说一下，小角度靠泊，当本船到泊位还有一定距离的时候，驾驶员可能会因为角度的关系不好观察到"N"旗后面的背景参照物是否不断向前错开，此时驾驶员就非常有必要利用雷达速度矢量线，确保矢量线的箭头始终朝向泊位的前方，等距离近了才利用目测串视线观察"N"旗及后面的背景参照物。

  上述我们提到了靠离泊遵循的是顶风流原则，一些资深船长认为最好将风和流分开考虑，这样很有必要。因为风和流都有大小和方向之分，但不管怎样，驾驶员只要是在做靠离泊操纵，本船受风流影响也会比在航道内行驶时更厉害，原因很简单，驾驶员靠离泊时的船速更慢，所以更需要关注风和流。如果是吹拢风，靠泊时就没有必要距离码头泊位太近；同样，离泊时驾驶员就有必要考虑本船是否能够顺利从码头泊位离开，特别是当风力大于4级的时候；而当为吹开风时则刚好相反，这里就不叙述。一旦风力4级以上时驾驶员就必须得认真对待。有超大型集装箱船资质的驾驶员一定知道，超大型集装箱船虽然有拖轮的靠离泊协助，但风力达到4级以上时拖轮的作用就非常有限；而当风力超过6级时，即使两艘拖轮协助靠离泊也看不出什么效果，以致需要增加协助拖轮的数量。有的驾驶员可能会说，当风力达到8级以上时，如果不能进行靠离泊作业，停靠在码头泊位的船舶还会安全吗？关于这个问题，一般港口当局基本在风力处于6～7级之时就开始清场了。当然，如果来不及清场，也会要求停泊船舶增加系泊缆绳数量，甚至要求停泊船舶申请拖轮顶推协助，特别是吹开风的时候。这里再说一下，当吹拢风或者吹开风的风力达到6级以上时，驾驶员如果自引自靠，那么最好能够根据本船的实际情况，如有需要务必申请拖轮援助，千万不要为了省钱而忽视本船安全。主要考虑有两点：首先，外挡锚抵挡不住吹拢风的风压力，驾驶员抛开锚操纵可能在靠拢过程中发生走锚失控现象。写到这里，不知驾驶员是否会在台风来临之前，当风力达到6～7级时，将单锚泊改为双锚泊？这说的正是单锚泊船无法克服风力超过6级时的风压力，抛开锚操纵靠泊也是同样如此。其次，很多自引自靠船舶都是丙级一类甲板，丙级二类机舱，如果说吹开风的风力超过6级时，受风

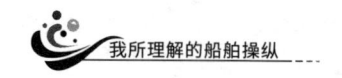

面积大的船舶不一定容易靠拢得上。

驾驶员一定要有这样的意识：顺风时船速降得慢，顶风时船速降得快；靠泊时吹拢风靠拢速度快，吹开风靠拢速度慢，离泊时则刚好相反。当顺风或者顶风导致船速太快或者太慢时，驾驶员一般可以用车进行调节。有的驾驶员可能会说，顺风时不是需要考虑先掉头再顶风靠泊吗？这样考虑必须有个前提条件，即本船在无流水域而且顺风时的风力较大时。一般来说，顺风时的风力在4级以下时不需要考虑掉头操纵，但如果顺风时的风力达到4级以上，可能就会对本船的操纵产生影响，驾驶员在无流水域有必要考虑先掉头再顶风操纵。当顺风时的风力达到6级以上时，驾驶员在无流水域如果不先掉头再顶风操纵，本船将难以顺利靠拢泊位。当然，假如说有双拖轮协助本船，那么即使顺风时的风力达到6级以上，靠泊也不会有什么问题。有的驾驶员可能会说，当顺风时的风力为6级以上时，如果本船装有艏侧推器而且处于良好工作状态，靠泊时还需要双拖轮协助吗？答案是肯定的。驾驶员想要艏侧推器发挥出作用，一般需要风力在4级以下；而当风力达到4级以上，艏侧推器的作用效果就不大了。驾驶员也不要觉得顶风或顺风时的风压力不大，艏侧推器抵得上一个拖轮应该没问题。本船在靠泊过程中,船首航向都是不断在变化的,所以本船不可能一直呈顺风或者顶风状态。正因为这样，当风力超过4级时，假如说艏侧推器发挥不出作用效果就有可能使本船产生危险，特别是满载的超大型集装箱船或者滚装船更是如此。

船舶操纵实践中，驾驶员碰到更多的情况可能是吹拢风或者吹开风时进行靠泊。针对这种情况，驾驶员如果自引自靠，就有必要选择大角度靠泊，即靠泊时船首航向朝内。这主要是从减小风压力的影响考虑，特别是风力大于4级时，自引自靠的驾驶员更应该如此操纵。有的驾驶员可能会说，吹拢风不是有利于本船靠拢泊位吗，为什么还要大角度靠泊？这不是考虑本船能不能靠泊的问题，而是担心本船靠泊速度太快的问题。虽然自引自靠船舶有外挡锚控制船首，有车舵控制船尾，但如果吹拢风的风力大于4级时，自引自靠船舶可能会因为外挡锚的锚链抛得不够长，从而导致靠泊过程中发生走锚失控现象；而驾驶员选择角度靠泊将会减小风压力的影响，所以降低锚链负荷。当吹拢风的风力达到6级以上时，自引自靠船舶最好有拖轮协助靠泊，这点在前面已讲过，就不再叙述。我们再说一下吹开风时自引自靠船舶的情况。自引自靠船舶的驾驶员在吹开风时进行船首朝内操纵会比吹拢风时容易很多，毕竟是在顶风操纵，驾驶员唯一需要担心的是风力为6级以上时，船尾

351

可能会靠拢不上的问题。这里顺便说一下，无论是吹拢风还是吹开风，驾驶员选择大角度靠泊一般只适合1万载重吨以下的自引自靠船舶；当本船超过1万载重吨而且有拖轮协助时，驾驶员最好选择平行靠拢泊位，毕竟船舶尺寸越大，曲线也越大，也越不适合大角度靠泊。另外，当吹拢风或者吹开风的风力达到4级以上时，超大型船舶的驾驶员就有必要根据本船实际情况决定是否增加协助拖轮的数量，这里就不再讨论。

我们还是具体讨论一下自引自靠船舶的靠泊注意事项。当驾驶员发现船首快接近泊位时，最好先把锚链刹住，这主要是为了防止船首撞上码头泊位。可能有的驾驶员会觉得如果是吹开风不必要，先把锚链刹住，没错，但前提是驾驶员能够做到必要时能把船首及时稳住。虽然如此，笔者建议驾驶员在吹开风时还是先把锚链刹住，因为锚链受力了，驾驶员用车的力度也能够大一些，也更能控制好船首。驾驶员稳住船首以后，就可以将一根首倒缆甚至一根头缆先上桩。这里顺便说一下，吹开风与吹拢风时船首缆绳上桩的用途将不一样，吹开风时船首缆绳上桩主要是方便驾驶员利用车舵甩进船尾。针对这种情况，驾驶员在甩进船尾过程中不要让头缆先受力，否则船尾就不好靠拢了。驾驶员需等待船尾缆绳带上以后，再同时绞首尾缆绳以让自引自靠船舶平行靠泊。我们再看一下吹拢风时的情况,驾驶员在船首缆绳上桩以后,就可以继续松锚链让船首慢慢接近泊位。驾驶员切记要逐步松放锚链,因为一次性松出锚链太多,可能导致船首太过接近泊位,而此时如果船尾同时受风力压迫的话,再利用车舵控制船尾将造成船首触碰到码头泊位。驾驶员需要等到船首无限接近泊位时再及时收紧船首缆绳。当船首缆绳绞紧了,也能够防止船尾进去太快,这样自引自靠船舶就能较为顺利地靠拢码头泊位。驾驶员需要记住,当自引自靠船舶靠妥以后,外挡锚链务必放松以避免妨碍附近航行船舶。

　　这里补充一些容易忽略掉的靠泊时的注意事项。首先,如何保证本船能够顺利靠拢泊位?驾驶员在靠泊过程中一定要盯紧泊位上的驾驶台位置标志(比如说"N"旗)。当"N"旗后面的背景参照物向前或者向后移动太快,则说明本船实际靠泊位置会比原计划位置更为靠前或者朝后,驾驶员最好在靠泊过程中及时把纵向速度调整到位。船舶操纵实践中,很少有驾驶员能够做到本船靠泊过程中不需要再前后移动距离。针对这种情况,只要不是与原计划位置偏差太多问题都不大,驾驶员甚至可以在靠泊后也用车或者缆绳继续调整船位。其次,如何看待本船靠泊速度是否太快或者太慢?船舶操纵讲过,一般万吨级船舶靠泊速度不超过 0.15cm/s。驾驶员对这样的数据应该没什么概念，但如果换成另外一种表达方式：一般万吨级船舶靠泊速度不超过 0.3 节，驾驶员在靠泊时就可以利用雷达对本船的横向速度实施监控了。写到这里，不知驾驶员会不会认为本船在靠泊过程中如果横向速度超过 0.3 节，靠泊速度就有点快了；反之，如果横向速度低于 0.3 节，靠泊速度就有点偏慢了？这和认知没有对错，因为资深船长可能更倾向于这种靠泊速度只是代表本船触碰泊位边缘时的速度，本船在靠拢泊位的过程中横向速度快一点也是没问题的，驾驶员只要在本船快触碰泊位边缘的那一刻将横向速度降到 0.3 节以下就可以称得上完美靠泊了。就船舶操纵实践而言，驾驶员如果把本船靠拢过程中的横向速度控制在 0.3～0.6 节，其在最后关头应该很容易把横向速度降下来。这里顺便说一下，超大型船舶靠泊速度不超过 0.05cm/s，驾驶员有必要在超大型船舶快触碰泊位边缘的那一刻将横向速度降到 0.1 节以下。第三，如何看待船首与船尾靠泊速度不一致的问题？驾驶员首先得确认雷达上的横向速度是船首的横移速度，还是船尾的横移速度，然后以此横向速度为参考，并在靠泊过程中通过船首航向的变化，确认另一端的横移速度是否会更快或者更慢。值得一提的是，在无流水域驾驶员还可以依此判断靠泊时是吹拢风还是吹开风。我们以前驾驶船舶为例，假如靠泊过程中雷达上显示船首的横向速度为0.4节，同时驾驶员发现本船在靠泊过程中船首航向有朝远离泊位方向移动的趋势，即表明船尾朝向泊位的横移速度更快，很明显这是较强吹拢风所致，驾驶员有必要采取措施降低横移速度。写到这里，可能有驾驶员觉得这些靠泊注意事项没必要，因为在靠泊时远洋商船的驾驶台都有足够的配员，也有拖轮协助，船长及引航员可以方便地在驾驶台两翼进行监督指挥。所以这些内容主要是写给自引自靠船舶的驾驶员作为参考的，毕竟自引自靠船舶的驾驶台在靠离泊时最多也就两个人，这与一般远洋船舶的驾驶台团队有很大的不同。

我们再具体分析一下本船在无流水域时的离泊。下面将主要介绍自引自靠船舶的离泊注意事项，因为有引航员的船舶一般都有拖轮协助，操作也会更简单一些，没有必要再介绍。驾驶员应该清楚，本船离泊时，通常需要先将船尾甩开一个角度。那么，如果离泊时是吹拢风或者顶风，将不利于甩开船尾；反之，如果离泊时是吹开风或者顺风，则有利于船尾离开泊位。写到这里，驾驶员应该不会对如何甩开船尾有疑问吧？本船解缆离泊时剩一根首倒缆很重要，首倒缆留着将有利于驾驶员用车舵甩开船尾。当然，这种说法也不能太过绝对，如果说本船离泊时的码头前沿水域不是很宽敞并且需要掉

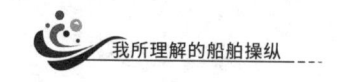

头才能出港时，驾驶员希望在船首尽量靠近码头的前提下将船尾甩开更大角度，这时船首就有必要留一根头缆和一根首倒缆。有的驾驶员可能会说，如果利用车舵将船尾甩开，船首会不会碰到码头上的障碍物？自引自靠船舶在靠泊时一般都会抛外挡锚，如果说码头泊位存在障碍物的话，驾驶员离泊时最好先让外挡锚链先受力，然后再把船尾甩开，这样船首就不容易碰到码头上的障碍物了。驾驶员可能继续说，如果靠泊时没抛外挡锚呢？不抛外挡锚一般适合5000载重吨以下的自引自靠船舶，驾驶员离泊时可能依靠码头泊位的防撞碰垫，让船尾甩开一定的角度。写到这里，不知驾驶员会不会联想到如果右舷离泊时，本船倒车可能使船首朝右偏转，从而触碰到码头泊位。对于右旋式FPP型船舶来说，本船倒车船首向右偏转的幅度主要取决于倒车的时间。驾驶员短暂的倒车并不会使船首明显向右偏转，除非是长时间的倒车操纵。另外，从离泊时船尾甩开的角度来看，驾驶员在离泊时甩开船尾的角度越大，那么本船倒车后退时也越不容易触碰码头泊位。

我们具体讨论一下离泊时船尾需要甩开的角度。有些资料认为离泊时船尾甩开30°或者一个船宽距离为佳。这里不好评论，离泊时船尾甩开多少角度最好根据本船当时的实际情况。比如前面提到过的离泊时如果是在吹拢风或者顶风的条件下，船尾甩开的角度就需要比吹开风或者顺风时更大。如果驾驶员想进一步比较吹拢风和顶风，那么吹拢风离泊时船尾需要甩开的角度还要比顶风离泊时更大。这当中原因很简单，吹拢风时本船受的风压力更大，船尾更容易被重新吹向码头泊位，所以驾驶员打开船尾的幅度需要更大一些。写到这里，再列举一些本船离泊时通常需要大幅度甩开船尾的例子：比如，本船离泊时如果有较强吹拢风的前提下，船尾甩开的幅度也要比一般吹拢风时更大；再比如，对于右旋式单车FPP型船舶来说，在螺旋桨致偏效应的影响下，左舷离泊就要比右舷离泊时船尾甩开的幅度更大；又比如，离泊时本船船尾如果存在其他系泊船，驾驶员通常甩开船尾的幅度也要比船尾没有其他系泊船的时候更大一些。以上虽然有那么多例子，但在船舶操纵实践中，不知驾驶员会不会觉得本船离泊时也有不需要甩开船尾的情况。这也没错，但前提是得吹开风才行。这里顺便说一下，本船离泊不需要甩开船尾还有另外一种情况，即本船当时是顺流离泊的。驾驶员在离泊时只需要把船尾缆绳解掉了，水流就会帮助驾驶员把船尾打开。有的驾驶员可能会说，既然顺流离泊不需要甩开船尾，顶流离泊也应该不需要甩开船尾，因为只要把船首甩开了，船尾借助于水流的力量自然而然也就打开了。道理没

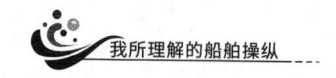

错，但说句实在话，虽然顶流离泊也可以做到不需要先甩船尾就能离泊，但笔者还是建议驾驶员在顶流离泊时先甩船尾再甩船首，因为甩船首时可能造成船尾朝泊位方向回撤，但之前先把船尾甩开就有助于避免船尾万一回撤时触碰到码头泊位。

　　上文既然提到了流，我们就顺便讲一下流是如何影响驾驶员的靠离泊操纵的。通常来讲，驾驶员基本可以假设泊位前沿水域的流向与码头方向平行。当然，也有少部分码头泊位例外，比如之前讲过的位于河道转角附近的泊位，或者主流与支流河口附近的泊位，等等，这就需要驾驶员认真学习海图知识。当流向与码头平行时，驾驶员就要具体考虑流从哪个方向过来，并以此决定如何靠离泊。前面我们说过，靠离泊遵循的是顶风流原则。本船呈顶流状态在码头前沿水域停下来之后，接下去以何种角度靠拢泊位，驾驶员务必认真对待。驾驶员可能觉得这很简单，顶流时只要船首航向朝内，本船就能向泊位靠拢了。没错,但船首航向朝内的角度越大，本船的靠拢速度将越快，本船也越容易后退。这对于驾驶员来说是一个考验，需要其在靠拢过程中及时对横向速度和纵向速度进行调整，本船才能顺利靠泊。有的驾驶员可能会说，本船在有流水域靠泊时不是能够平行靠拢泊位吗？如果有拖轮或者艏侧推器协助，本船是能够进行平行靠泊的；但如果只借助于车舵锚协助，本船的平行靠泊几乎不可能，驾驶员需要采取船首朝里方向进行靠泊。当然，这取决于流急流缓程度，流急的时候角度小一些，流缓的时候角度大一些。

写到这里，不知驾驶员对流急或者流缓的概念有没有一个标准。本船靠离泊时如果流速超过2节，就认为是流急；而流速在1～2节就认为是中等流速；当流速小于1节时才认为是流缓。有驾驶员可能会认为流速无法准确估计，因为大多数码头泊位都没有确切的潮流信息。虽然如此，但判断流速还是很重要的，毕竟对于驾驶员来说，自引自靠船舶一般都喜欢在有流时靠离泊；而有拖轮协助的大型船舶则喜欢在平潮或者停潮前后靠离泊。至于如何判断流速，在之前的章节已经介绍过一些方法了。这里再补充一下，对于一般远洋船舶来说，驾驶员可以通过对水速度与对地速度的区别了解流速信息。国内南北线船舶的驾驶员就没这么幸运了，他们的船基本不配置计程仪。虽然如此，即使没有配备先进的助航仪器，驾驶员在靠泊过程中还是可以通过以下方法判断码头前沿水域是否流急：1. 本船的船首朝向泊位时，假如说船首航向与雷达速度矢量线方向形成的角度越大，说明当时流越急；2. 本船顶流驶向泊位时，假如说驾驶员通过减车操纵，船速很容易降下来，则表明当

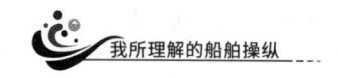

时流很急；3. 本船顺流驶向泊位时，假如说驾驶员通过减车操纵，但船速不容易降下来，也表明当时流很急；4. 驾驶员带着速度在码头前沿水域顺流掉头操纵时，假如说转过90°之后船速迅速降下来，也表明当时流很急。5. 驾驶员选择角度靠拢泊位时，假如说靠拢角度很小，但船身进去很快时，也表明当时流很急。同样的道理，本船离泊前，驾驶员可以通过水面垃圾的漂移速度、泊位防撞碰垫水流痕迹的弯曲程度、拖轮排出流的方向、甲板水落到舷外以后形成的水花漂移快慢等判断码头前沿水域是否流急。

有的驾驶员可能会说，如果在靠泊过程中码头前沿水域发生转流怎么办？对于有拖轮协助的船舶来说，问题应该不大，驾驶员还是能够依靠拖轮协助进行靠泊操纵的；但对于自引自靠船舶来说，驾驶员可能很难进行靠泊操纵。不知驾驶员是否认可笔者的观点？没关系，本段才刚开始，即便靠泊水域发生转流，自引自靠船舶还是会有一些应对措施，驾驶员接下来一定会对这些应对措施感兴趣。我们首先假设一下,本船在靠泊过程中，船首缆绳还没带上，靠泊水域就已发生转流了。很多驾驶员可能会采取这样一种措施，即改变靠泊舷侧。改变靠泊舷侧是最正确的应对措施，因为本船掉头完成后，驾驶员就能方便进行顶流靠泊操纵。虽然如此，有些驾驶员可能会持不同意见，他们认为靠泊水域刚刚发生转流时的流速较为缓慢，本船即便顺流靠泊问题也不大。没错，但有这种想法的驾驶员靠泊速度一定要快，否则随着时间的推移本船将越来越不好控制。写到这里，会不会有驾驶员联想到如果顺流靠泊时一定要以船尾朝里的方式进行靠泊？理论上是这样的，但在船舶操纵实践中，笔者还是建议流缓的时候，如果有机会还是船首缆绳先带，毕竟带上之后驾驶员能够更好控制靠泊角度；当船首缆绳带上去以后，假如说利用车舵船尾甩不进去的话，此时驾驶员就可以放松船首缆绳并后退操纵，船尾一般就能顺利靠拢上。有的驾驶员可能会说，本船即使在流缓的时候，也很难让船首缆绳先带上但又不想掉头重新靠泊怎么办？针对这种情况，驾驶员有必要把抛开锚靠泊改为抛倒锚靠泊，这样就能更好控制船速和船首。这里更进一步，这种操纵手段船首缆绳上桩速度要快，否则船尾可能就自己进行掉头转向了。船舶操纵实践中，如果说船首缆绳带不上也没关系，驾驶员在必要时还是可以采取船尾朝里的方式进行靠泊的。这种靠泊方式驾驶员在后退操纵过程中本船也会自动拉近与码头泊位的距离，驾驶员只要船尾靠拢角度控制得当问题都不大。

对于自引自靠船舶来说，可能还会遇见第三种情况：

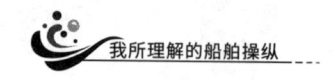

驾驶员在船首缆绳还没带上去，就发现船首甩不进去了。这说明第三种情况驾驶员多半是在码头前沿水域碰见回流了。假如说码头前沿的回流水域宽度足够大时，驾驶员还是可以采取掉头再重新靠泊这种方式的。驾驶员可能继续说，如果码头前沿的回流水域的宽度不是很大怎么办？这种情况驾驶员就不好掉头重新靠泊了，驾驶员最好采取抛倒锚靠泊方式，务必让船首缆绳先上桩；当船首缆绳带好以后，驾驶员就可以把船尾甩进来；如果说船尾甩不进来了，说明船尾也进入回流区了，此时驾驶员再适当放松缆绳并倒车操纵，这样船尾就能顺利靠拢泊位。这里说一下回流水域靠泊与顺流靠泊的区别：1. 驾驶员在回流水域靠泊如果船首缆绳还没带上的话，驾驶员一般不宜采用船尾朝里这种靠泊方法，特别是码头前沿的回流水域的宽度不是很大时，驾驶员将很难控制船尾靠泊角度；2. 驾驶员在回流水域先带船首缆绳时，驾驶员一般不需要担心船尾会自己掉头转向；3. 驾驶员在回流水域倒车甩船尾的时候，船首缆绳不需要放松太多，这主要为避免船首被主流影响到。

按照本书的观点，假如说码头前沿回流水域的宽度超过1倍船长距离，驾驶员最好顶回流靠泊。虽然如此，在船舶操纵实践中，驾驶员实际很难清楚主流与回流的界限，所以正常来讲，驾驶员还是首先得遵循顶主流靠泊原则。如果说驾驶员在靠泊过程中突然发现本船无法按照预定设想靠拢码头时，就说明碰见回流了。驾驶员可以评估一下此时本船到泊位的距离，再决定是否顶回流靠泊。这里顺便说一下，在潮差比较大的一些港口，如果本船在转流的前后时刻靠泊，驾驶员也经常会发现码头前沿水域的流向与主航道的流向不一致，这种回流现象主要是由码头前沿水域的涨落潮时间通常比主航道的涨落潮时间来得更早引起的。如果我们更进一步，随着时间推移，主航道的流向将慢慢变得与码头前沿水域的流向一致。针对这种情况，本书也是建议驾驶员按照下个潮水进行靠泊。当然，可能也有驾驶员不屑一顾，认为这种情况下的回流流速小于1节，即使顺着回流靠泊问题也不大。这也没错，但前提是驾驶员靠泊速度要快，否则随着时间推移，转流后的流速势必越来越快。

有驾驶员可能还会说，码头水域万一碰见压拢流或者排开流，本船该如何靠泊？在笔者印象当中流向呈90°方向的码头泊位应该也就只有新加坡Banyan Basin口子上的UTB No.11泊位，这个泊位主要是靠大型油轮的，靠泊时间通常需要安排在高平潮前后，否则驾驶员很难进行靠泊操纵。虽然如此，流向呈小角度方向的码头泊位倒是挺多的，比如宁波舟山港的大榭招商国际码头落潮时候流水基本是斜角度朝向码头方向，而涨潮时刚好相反。一般来说，只要是流向与码头泊位呈小角度方向的压拢流，驾驶员都不需要太担心，因为压拢流有这个特点：越靠近岸侧水域时流速越慢。这跟码头建筑的阻挡有很大关系，岸侧流水不顺畅势必导致回流现象产生，从而减缓主流速度；另外，当流向与码头泊位呈小角度方向时，其在90°方向上的分量也较小，对驾驶员的靠泊操纵影响也较小。驾驶员唯一需要考虑的就是本船在码头前沿水域停下来的时候，应确保有足够的横距。有的驾驶员可能会说，既然压拢流在接近岸侧水域时流速会变缓，那么流向完全呈90°方向靠泊也应该问题不大。回流虽然可以减缓主流的流速，但如果说主流的流速很快的话，那么靠近岸侧水域压拢流的流速哪怕只有主流的一半也是很快的。

我们再说一下排开流的情况。排开流在靠近岸侧水域的地方流速也是较为缓慢的，毕竟边上有码头建筑在阻挡着；另外，排开流不存在回流这一说，因为排开流是从码头泊位始发的，遇见障碍物的可能性极小。不知自引自靠船舶的驾驶员会不会有这样一种感觉，既然排开流是从码头泊位始发，而且刚开始流速又较为缓慢，那么自引自靠船舶的靠离泊应该还是很容易的。一定程度上是这样的，相较于压拢流时的靠离泊，排开流时的靠离泊应该更安全才对，毕竟没有跟压拢流一样，源头有比较快的流速。虽然如此，驾驶员也不能掉以轻心，因为排开流也有可能不是从码头泊位开始，比如突堤式码头，这种码头下面是空心的，很方便流水的进进出出，所以出现压拢流或者排开流的时候，突堤式码头边上水域的流速也会比实心码头来得快。我们再举个例子，转角附近的码头泊位，像新加坡的 PSA No.36 泊位，假如说驾驶员在涨潮靠泊的过程中将部分船首暴露于转角外面，那么船首势必受到另外一股排开流的影响，导致本船难以靠泊；更有甚者，万一流急时本船可能因此急剧偏转以致船尾触碰到码头泊位。驾驶员如果遇到难以操纵的情况，一定得弄清楚问题的根源，才好对症下药。

以上写了那么多，不知驾驶员是否能够区分吹拢风与压拢流对靠离泊操纵的不同影响，以及吹开风与排开流对靠离泊操纵的不同影响。总之，它们最大的不同就是当驾驶员在吹拢风或者吹开风进行靠离泊操纵时，无论本船距离码头泊位有多少距离，吹拢风或者吹开风都是一直在影响本船；而压拢流或者排开流对驾驶员靠离泊操纵的影响将会随着本船与码头泊位距离的减小而减小。有的驾驶员可能会说，水的密度比风的密度大很多，在靠离泊时如果同时出现压拢流和吹拢风，要不要考虑以流的影响为主？前面已经讲过，驾驶员在做靠离泊操纵的时候最好将风和流分开考虑，因为靠离泊时船速更

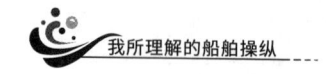

慢，更需要关注风和流。驾驶员可能继续问，如果考虑风向风力及流向流速的各种可能在一起的情况，就会有无数种组合。没错，这也是好多船长感到骄傲的一个原因，每次靠离泊完成后都会有不一样的成就感。虽然如此，但千变万化不离其宗，这里笔者分享一下有位引航师傅说过的这样的一句话：靠离泊时，当风力小于4级时，以考虑流的影响为主；当风力大于4级而流速小于1节时，以考虑风的影响为主；当流速大于1节时，以考虑流的影响为主。引航师傅的这句话还是非常给力的。我们举个例子，比如驾驶员驶向码头水域准备靠泊时，如果船首来风的风速大于4级，但船尾来流的流速小于1节时，选择顶风靠泊会比顶流靠泊好。

关于本船在风流环境下的靠离泊，本书的最后再聊一下自引自靠船舶离泊掉头时的注意事项。当本船需要离泊掉头时，驾驶员就得清楚船首需要朝向码头掉头，还是需要远离码头掉头。有些驾驶员可能觉得船首随便朝哪个方向掉头都可以，但实际上，在无风无流水域可以这样做，在有风流影响的水域就要遵循顶风流掉头的原则。具体来讲，如果风流影响来自本船的船首，驾驶员就要采取船首远离码头的掉头方法；反之，如果风流影响从船尾方向过来，驾驶员就要采取船尾远离码头的掉头方法。这里有必要解释一下，不管是船首远离码头，还是船尾远离码头，都是为方便本船与泊位形成一个喇叭口形状，以便借助于风流的力量使本船远离码头。有驾驶员可能会问，如果离泊时风与流影响不是来自同一个方向，那该如何考虑离泊掉头？这个问题之前就回答过，驾驶员需要考虑哪个因素的影响会更大。笔者建议驾驶员可以按照上述引航师傅的建议考虑如何离泊掉头操纵。

我们继续。驾驶员在知道离泊应该朝哪个方向掉头以后，就有必要对驾驶员接下来的离泊掉头操纵进一步规范，具体表述如下：在采取船首远离码头的掉头方法时应避免本船有退速；同样，在采取船尾远离码头的掉头方法时应避免本船有进速。驾驶员应该清楚，当风流影响来自船首方向时，将很容易导致本船后退；而驾驶员在采取船首远离码头的掉头方法时又会造成船尾向泊位靠拢。正因为如此，本船的船首正在朝外的同时，船身又在后退是船舶操纵的大忌，船尾将有可能触碰到泊位。有的驾驶员可能会说，当本船与泊位呈喇叭口形状时，流水不是会迫使船尾远离码头吗？说得虽然没错，但在船舶操纵实践中，驾驶员是很难用眼睛同时比较本船后退与船尾靠拢的快慢程度，所以驾驶员在采取船首远离码头的掉头方法时应尽量避免本船同时有后退速度。有驾驶员可能会继续问，既然这样，当风流影响来

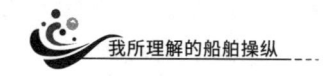

自本船的船首时，不是可以采取船尾远离码头的掉头方法吗？这样肯定违背了驾驶员靠离泊操纵时必须遵循顶风流的原则。虽然在船舶操纵实践中，我们偶尔也能看到有些自引自靠船舶在顺流离泊时为避免掉头，而尽量采取平行离开码头泊位的操纵方法，这种离泊措施仅适用于流速小于 1 节的前提下，假如说流速超过 1 节，驾驶员将很难控制让船尾不发生偏转。

上述我们分析了当风流影响来自船首方向时，驾驶员在采取船首远离码头的掉头方法时应避免本船有退速的原因。这边再补充一下，假如说本船离泊不需要进行掉头操纵，驾驶员也有必要遵循这一规范动作。毫无疑问，好处是显而易见的，比如驾驶员在打开船首的同时，适当的进车将有助于本船远离码头；另外，驾驶员如果需要掉头操纵，那么遵循顶风流原则也有助于控制速度，缩小旋回圈。驾驶员可能唯一需要担心的是本船打开船首时可能会造成船尾触碰到泊位的问题，关于这点，之前我们也已讲过驾驶员在开船首之前先开船尾，将有助于避免船尾再次回撤到码头。不知驾驶员会不会联想到如果在无风流水域进行离泊操纵时，后驾驶船舶如果有抛外挡锚将非常适合进行船首远离码头这一操纵方法？没错，毕竟驾驶员在离泊过程中将能更有效地监控本船船尾到码头的距离。写到这里，我们会发现很多道理都是相通的，驾驶员也应能明白当风流影响来自船尾方向时，驾驶员在采取船尾远离码头的掉头方法时应避免本船有进速的原因，这边就不再叙述。

写到这里，笔者突然想起码头前沿水域如果有回流是否会对离泊掉头操纵产生影响的话题。当回流影响来自船尾方向时，驾驶员在采取船尾远离码头的掉头方法时船尾势必首先遇见主流，这种情况下肯定不利于驾驶员继续甩开船尾。本船如果船尾打不开，那么驾驶员倒车后退在一定程度上也是有利于继续把船尾打开的，这也能顺便让船首远离码头。有的驾驶员可能会说，如果说回流影响来自船尾方向时，有没有可能考虑船首远离码头的掉头方法？笔者非常不赞成这种操纵，原因是驾驶员在甩尾过程中也很难判断到何时会遇见主流。可能也有驾驶员认为，万一船尾回流的流速很慢还是可以尝试一下。即使船尾回流的流速很慢，但本船离泊掉头操纵时的船速也是很慢的；换句话说，回流对本船的影响还是相当大的，所以当回流影响来自船尾方向时，驾驶员无论如何还是开船尾顶回流掉头操纵安全。同样道理，当回流影响来自船首方向时，驾驶员想安全离泊掉头操纵，就要开船首顶回流。这里还想再强调一下，因为驾驶员在离泊时无法判断何时会遇见主流，所以不管是顶回流开船首还是顶回流开船尾，在安全可行的前提

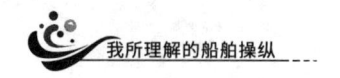

下还是尽量把船尾角度甩大一些好。

  关于驾驶员如何靠离泊操纵，写到这里就差不多了。这里将最后讨论如果靠离泊时需要涉及掉头操纵，驾驶员除了要注重掉头水域是否有足够的空间外，也要注重完成掉头所需要的时间。船舶操纵实践中，很多驾驶员在掉头转向操纵时，通常只考虑掉头转向所需要的水域空间，而没有考虑掉头转向所需要的时间，这样驾驶员如果是在狭水道或者航道内进行掉头操纵，经常会与其他在狭水道或者航道内行驶的船舶发生碰撞。驾驶员需要记住，1万载重吨左右的船舶掉头大概需要6分钟，而超大型船舶的靠离泊掉头大概需要12分钟。驾驶员把这个数据记住了，在掉头前跟其他在狭水道或者航道内行驶的船舶打一下招呼，驾驶员进行掉头操纵就不会妨碍在狭水道或者航道内正常行驶的其他船舶。写到这里，驾驶员该不会对如何判断是否会妨碍其他船舶再有疑问了吧，驾驶员把雷达速度矢量线的时间值设置成本船需要完成掉头转向所需要的时间，然后在雷达上标绘并观察其他过往船的速度矢量线，假如说他船速度矢量线的箭头终端触到本船，就基本可以假设驾驶员掉头操纵将对他船造成妨碍。